生命呼吸·当代散文名家丛书

倒读与反写

蒋蓝　著

人民东方出版传媒
东方出版社

倒读与反写

目录

买旧书的境遇（代序）

我一直有收购旧书的习惯。我不高雅，不是收藏市场上那种待价而沽的明清版或面目可疑的雕版书，买书人期望时来运转赚上一把。我指的旧书乃是持有人或读过或装潢门面之后，扔进废品收购站的书。我甚至不太去正规的旧书店，我认识一些"破烂王"，常去他们的垃圾堆淘书。

现在的生意人鬼得很。几毛钱一斤收进的书，卖给我一本也要几十倍的价钱，这就是经济。但这总比离谱的新书价格低得多，时间一长，也节约了不少银子。

大约是在 6 年前的一个黄昏，我驾车路过一个小镇，一眼瞥见一个收购站高耸的夸张招牌，不仔细看还以为是宾馆呢。我决定去看看。老板从一大堆纸壳和苍蝇飞舞的塑料桶后钻出来，原来里面还有一张床。他问明来意，立即拖出一个烂口袋，哗哗哗地倒出一摊书，说只有这些了。我一看就怔住了，这是些什么书呀！陈映真主编的煌煌 63 册由台湾远景出版事业公司出版的《诺贝尔文学奖全集》、尼采的《苏鲁支语录》、全套黑格尔的《美学》《逻辑学》、亚里士多德的《形而上学》、休谟的《人性论》以及《李嘉图选集》等几十种，大都是商务印书馆出版的"汉译名著"系列。其中有些书我也买过读过。再翻翻书页，见到很多批注与钢笔勾画的线条。我问老板要多少钱，他举起手，伸出 4 根粗大的指头。

"4000？"

"400 块！"

我给了他 450 块，他很惊喜。看得出，这是个雏儿。

我把书放到汽车行李箱，慢慢行驶回家。心思一直盘踞在这堆书上，我走得很慢。买这类书而且认真读过的人，是不会卖书的，更不会当废纸卖掉。因为这样做，就等于让剑客交出利刃，作废铁处理。一个真正的剑手，即使要他的命，也不会交出兵刃的。也许，书的主人出国了，已经不需要这些东西了。也许，书的主人亡故，家人觉得这些书太占地方，一并清除了事。读这种书的人一定是个男人。也许他的婆娘是个赌棍，怕"书"，必须避瘟神。也许……

在这个势利的年月，严肃文学、哲学乃至一些形而上的学科，好像走到了各自的尽头。它们就像登山者遗留在高地上的几面旗帜，还在那里忘情地迎风招展，指点攀登者的路途。可事实是，在既没有登山者也没有观众的群峰之间，那些攀援者曾经留下的心血乃至生命，那些被景仰被欢呼、涤荡着灵魂的身影和足迹，不但被记忆所覆盖，也被时光与风雨冲刷得不露一丝热气和痕迹了！物质的诱惑，像汪洋恣肆的水流，浮载起一切愿意或者拒绝的人们，漂荡而去。发展就是生产力，经济就成为诺亚方舟！

我想，最大可能性，在于书的主人明白了一个道理，因为一直把形而上与形而下摆错了位置，现在正本清源，放弃这些纸上谈兵的理论，到大市场中去寻找真理。孔夫子说："形而上者谓之道，形而下者谓之器。"现在，"器"就像生产钞票的机器一样，以至尊的地位，成为了太上皇。如果真是这样的话，读书可以让人明白世事，读书同样可以使人由清醒到糊涂，或者由无知到更无知。与其读书读得傻不唧唧的，不如不读书！

这样一想，买书时高兴的心情就变得沉重起来了。好比你捡到一个皮包，质地优良、做工精致。别人告诉你，皮包是一个艾滋病患者的，死了，就扔了。

我有约 2 万册藏书，一直勤奋地阅读，拼命地写作。我想过没有，读的书与思考的问题，会不会是一些谬种发芽壮大起来，煽动大脑风暴，让我以偏见来洞察这个世界呢？有心栽花花不发、无心插柳柳成荫的事很多！以至于不少真诚的奋斗者，在严肃对待命运时，是正打不着、歪打也不着！最后老啦，只好泡在酒缸里，发着既怨天也怨地而唯独不怨自己的牢骚，甚至对因此造成的物质损失捶胸顿足！那些往日殚精竭虑的努力，不过成为了眼眸中飞逝而去的惊鸿……

命运是残酷的。在经济汹涌的年月，对一个人最大的考验不是聪明，而是毅力！诗人里尔克说过："有何胜利可言，挺住就意味着一切。"在伸手不见五指的时候，在摸着石头过河而置身于摸不到石头的深水区的时候，也只好念念有词了。

学术乃天下之公器。形而上之学是薪火相传的事业。薪尽火传的过程，的确缺乏扬厉生命的喷张呐喊，缺乏雷电交加的淋漓风暴。它是绵长的、无声的、悲壮的、义无反顾的河流。它延伸的过程是从无数大脑沟回中发育起来的，在血的耻辱和胜利的摇篮里成长的。把自己视作它延续的成分，然后让它把一己的汁水吸收燃尽，一个人成为了它蜿蜒前行的肢体。之所以可以坦然交付自己，是在于自由的人却恰恰无条件地愿意相信！这是一条火的河流，就如同哲赫忍耶的教徒穿上了上一代的血衣；就如同释迦牟尼将衣钵授之于伽叶；就如同天父让基督肩负传道使命！心火催燃的火炬，从一双手骨传递到另一双手骨，那些焚膏继晷、前仆后继的精神，以"虽万千人，吾往矣"的大无畏气概，谱写出人类精神生生不息的夜歌。

但更为铁硬的事实是，无论是歇斯底里的鼓吹或者深入骨髓的批判，对失聪的时局而言，多半不会因此有丝毫的改变！也因此凸显出一个清晰的流程：即形而上的精神之火在被强权彻底无视的一贯情形下，仍然让这一流程伸延过自己身体的人，从来就是不惮于无声地消泯自己的。公允地讲，我甚至不如这个卖掉藏书的人。能够将形而上之书弃之如敝屣，这一潇洒的举动中蕴涵着很多悲壮的成分。人在清醒地做着一件被理智视为"不义"的事情时，他就必须具备超越一切压力的至尊信仰，支撑自己在尚未倒地时干完这件顺乎精神资源的事。从事"薪传"的人，首先应该是一个被鲁迅先生称之为的"精神界战士"！在力竭之即甘心情愿放弃自己而让血性负载精神流过，这样的举动，无异于壮士割腕，无异于断臂求悟，无异于舍生取义式的真正解放！放弃者已经没有任何遗憾可言了，因为他圆美了使命。既然如此，说不定在一个无梦醒来的早晨，我一下彻悟了，是否要把我的藏书通通拉进废品站呢？这是一个冷汗与热汗交替而下的时刻！这是我的解脱与流变，这是我的遁词！冷静地回想一番，就必须承认，我的成长跟葆有的恒定精神却有着盟血的关系！抢先撕毁盟约的，总是韧性薄脆的人，而不是精神。与其说是我们捍卫着原道，不如承认是精神撑硬了我的脊柱。但是，堡垒一定是首先从内部攻破的，这一价值判断已经成为铁律。这一大限的时令，像无声的猛兽，注定将逼近我日趋脆薄的理智与更为沉默的光荣吗？……

我突然想到了书的主人在书页间用钢笔画出的那些线条。日后，我的目光将像犁铧一样从他的痕迹上犁过去。他为什么要在一个或平淡或偏执的观点上停留或者逃逸？那些辐射万端的歧路淹没了终极意义的去向，他是他自己的终结者？他停伫在大师们的锋刃之上，是彻底剖开了自己？还是从锋刃上展翅飞去？

这些思绪，如同某个神秘的交接仪式，使我无声地受孕于一瞬……也许是车内的高温吧，我觉得浑身灼热，心情安静而怪异，一种坚硬的东西横亘在胃囊里，拒绝被消化。在晚霞燃尽时分，我进入华灯初上的市区！……

收入这本《倒读与反写》中的不少篇章，读的第一手材料，往往来自我收购的旧书。自然了，也有以上这一次不期而遇的收获。买旧书是一种艳遇，我的读书笔记是否也暗含这样的境遇呢？我想，肯定会有——那不是文学、哲学出了问题，乃是很多人处境的一种反应。

蒋蓝

2012 年 9 月 8 日在峨眉山

鲁迅的黑暗与博尔赫斯的黑暗

来自黑色物质的光，总是以持续冷彻的照耀，进入我感觉的暗区。泪水最丰沛的时候，就是眼睛最能够发现黑暗的时候。一片黑色的风景翩然而至，世界的原色呈露无余。这是最能够击溃一切颜色的喧嚣，刻骨的黑，以硫酸的质地而流淌，就是存在的本色。而这个时刻，顾城却叫嚷着用黑色的眼睛寻找光明，他的格言诗歌其实是阻止了一代人对黑暗的彻底进入的。手电筒既不能洞悉历史，更无法打穿黑暗，它至多只有舞台上聚光灯的效应。诗人和知识分子只好退回到阳光与黑暗交错的灰色地带，昂扬地走起了文化的猫步。

现在，大地上都是猫步飘摇的身影。影子不同于别的事物，没有光亮就仿佛不存在，影子是灰暗的，然而，影子之于光，大概就类似于钱财与贞节的关系。在追求与拒斥的悖论里，光表面上就是影子的生命，影子无法申辩，它一开口光就立即遁去。沉默的影子也因此成为光明和黑暗的混成体；在光亮下，影子又显示出黑暗的铁血本质。

这个地带，是御风与御用交相辉映的区域，是时间的零度和思想的零度。罗兰·巴特划出了冷硬的墨线，使得邯郸学步者不敢越雷池一步。当黑色的太阳撑开它午夜的丝缕时，我就清楚地看见，写作的零度是建立在黑暗向度上的，在它的深处，矗立着两座黑色建筑，一座是鲁迅的铁屋子，一座是博尔赫斯的迷宫。的确，只有他们才配居住在黑暗的纯光当中，成为我的文学世界的唯一风景。

余华说："在我看来，博尔赫斯和中国的鲁迅是我们文学里思维清晰和思维敏捷的象征，前者犹如山脉隆出地表，后者则像是黑暗陷入了进去，这两个人都指出了思维的一目了然，同时也展示了思维存在的两个不同方式。一个是文学里令人战栗的白昼，另一个是文学里使人不安的夜晚；前者是战士，后者是梦想家。"（见《博尔赫斯的现实》）可是，这个界定是不太完备也不甚准确的。可能再没有什么人，能够比他们更多地书写过黑暗，让人感到黑暗才是他们生生不息的给养，甚至，黑暗就是他们的全部所在。

鲁迅的世界是一个拒绝窗子的铁屋子，暗无天日，回避了时间和美色与蛇腰的巡视，只有历史的黑影与权力的身形在门前觊觎。房子的下面却是一个深广的空洞。偶尔，从门缝里漏进来的消息都显得轻飘，完全不能超出他的估计，都必须臣服于至尊的黑暗之足下。什么东西放进去都沉默了，包括他一度想照亮黑暗的念头。"风雨如磐暗故园"，"故里寒云恶，炎天凛夜长"，"如磐夜气压重楼"，"万家墨面没蒿莱"，这是何等凝重、悲苦的感觉！置身在黑暗里，有的人习惯了、麻木了，甚或融入其中，把固有的黑暗与环境进行完美的对接。这既不是与环境结盟，也不是被环境同化，更非彼此的异形；黑暗的脉管，其实与血是一脉相承的。鲁迅说："我常常觉得惟有'黑暗与虚无'乃是实有，偏要向这些绝望作战，所以有许多偏激的声音。"（1925 年 3 月 18 日致许广平的信）这固然是他的战斗宣言，但这里高频率出现的"黑暗"却容易引起误读。

按照词典的解释，黑暗是与白炽相对，不与光明相向。黑暗是物体完全吸收日光所呈现的颜色。即是说，黑暗是事物的"未明"状态，是尚未被命名的事物总称。单纯的黑不是指缺少光明，而是一种收敛、储存的形态，成为一种与光相左的色调。而作为隐喻使用的黑暗，则是指向了专制下的哑灭与心死如灰。在鲁迅的世界里，两者的使用难以区别，就犹如我们无法将鲁迅厘定为单向度的人。

在同一年里，他又对许广平解释说："我所说的话，常与所想的不同，至于何以如此，则我已在《呐喊》的序上说过：不愿将自己的思想，传染给别人。何以不愿，则因为我的思想太黑暗，而自己终不能确知是否正确之故。"（《鲁迅全集》第 11 卷 79 页）这就清楚表明了他的黑暗，很多尚处于"未明"状态。

他在《野草》里进一步承认："我不过是一个影，要别你而沉没在黑暗里了。然而黑暗又会吞并我，然而光明又使我消失。"这就等于说：光、黑暗、影子，是三个性质不同的东西。

我逐渐感到，先生手里举着一张黑纸，他既不愿黑纸被黑暗吞没，使黑纸彻底脏化，又不愿意黑纸在强光下体现出依附的性质。他要让黑纸之镜彰显黑暗，唯一的办法，就是要让黑纸具有比黑暗更为纯化的黑度。

这是先生选择的零度，是思想的零度，这是无计徘徊之际的"有计"。他"于天上看见深渊"，因为黑夜才需要光，因为浓墨就显示出了黑夜做假的水分，因为权力构成的黑暗才需要异端思想的纯黑予以朗照！置身其中，鲁迅的依靠是来自"黑色人"手里的复仇之刃。他与它互为照应，当他与刀合一时，黑暗的思想，就像一块混淆了生与死的黑铁，它自明，那些被黑色空气拉长的光与影，词与物，均是思想粗重的呼吸。

在《眉间尺》当中，在侠客成为真正的黑色人的时候，一个经过提炼之后的纯黑轮廓出现了：孤身一人要战胜强大的无物之阵，就必须消除自己的劣势，唯有使自己与黑暗的背景融为一色，使自己的行为、身份变得彻底隐秘，让无物之阵的强大，露出虚弱的死穴。当黑衣人无法以正常的秩序寻求公正时，那就只能寻求黑暗里的彰显的另外一种公正。所以，黑是反击力量的先决条件——只有黑到极处，才能坚硬如铁；唯有黑到发亮，才能刺杀黑暗。

日本学者丸尾常喜在《复仇与埋葬——关于鲁迅的〈铸剑〉》（见《中国现代文学研究丛刊》1995 年第 3 期）里认为，眉间尺与黑色人关于复仇的那段对话，就使《铸剑》的表现主题上升到"思想剧"的高度。鲁迅于1924 年 9 月 24 日在致李秉中的信里就表达了与黑色人同出一辙的思想：

"我很憎恶我自己，因为有若干人，或则愿我有钱，有名，有势，或则愿我陨灭，死亡，而我偏偏无钱无名无势，又不灭不亡，对于各方面，都无以报答盛意，年纪已经如此，恐将遂以如此终。我也常常想到自杀，也常想杀人。"这种黑到尽头的色素，唯有在既无须依靠外力，甚至也无须仰仗内力的情况下，让死与生，恩与仇，光明与黑暗，彻底打成一片。

1955 年 10 月 17 日，博尔赫斯知道自己要出任阿根廷国立图书馆馆长，任命将于次日发布。当晚，他和母亲忐忑不安地来到漆黑的图书馆，母亲鼓动他进去逛一逛，巡视黑夜里知识的模样。博尔赫斯说："不，还是不进去吧，等我真能进去的时候再说。"终于，在他双眼全瞎时，80 万册藏书在他黑色的天空渐次展开飞翔的呼啸。他承认，"上帝同时给了我书籍和黑夜，这可真是一个绝妙的讽刺。"失明像冷气一样慢慢降临了。黑暗使博尔赫斯重新命名写作。他意识到，暗夜里，那些更黑的文字开始放光，锋利的笔画如裁纸刀一般把黑打开。当他在黑暗、树林、楼阁、灯笼、巴比伦砖、中国音乐之间摸索着这些多米诺骨牌时，深渊般的迷宫已经宣告落成。他其实是害怕死神的，迷宫就是为了摆脱死神的追捕而建，但他置身于迷宫的那一刻起，他就是迷宫，他就是黑暗，死神已经落座，成为黑暗的心脏！

但是，博尔赫斯的黑暗除了瞎眼这个事实之外，还有一个构成，则是他想象的黑暗。正如纳博科夫所说，纳博科夫说过："生活中存在我们所见到的一般现实，但那不是真正的现实。我们所应重视的，不应该是这样陈腐的现实，而应是那些非同一般的'刻骨的现实'。" 这个想象的黑暗真实世界，它叠加在眼眸的深渊之上，并修补了前者的信心，成为了博尔赫斯黑得发亮的特征。

博尔赫斯的那段被称为经典的话句是——"在我之前很久，另一人在渐渐逝去的黄昏中／把这些书籍和黑暗视为自己的命运／迷失在曲折的回廊上／带着一种神圣而又莫名的恐惧／我意识到我就是那个人，那个死者，迈着一致的步伐，过着相同的日子，直至终结／世界先是变丑，然后熄灭。"

在黑暗里，在从黑暗里日益清晰化的迷宫当中，迷宫搅动了黑暗"无解"的布局，迷宫的永无休止的变异使得黑暗与之分离。迷宫就成为了黑夜里的一座进行着无穷变化的建筑。博而赫斯曾发挥了他的迷宫观：说每读一次古画，那本画也在变化。还说，我们仿佛读到成画之日以来经过的所有岁月，也从中读到我们自己。这种使诗人能够"自明"迷宫观的亮点，鬼火一般变幻不定。为了进一步看清自己博弈黑暗的高空作业技术，博尔赫斯借助的光，正是老虎的黄金。他甚至莫名其妙地怀念"蓝色老虎"变成的石子，他需要那一道光，那一道戳穿梦境的锋线。这是他梦的零度。零度的老虎以暴跳的黄金掀起黑暗之舞。

比较起来，我还是更倾心鲁迅式的黑，但这更危险，因为他吞噬了太多的权力之黑，稍不留神，全力漫漶的黑暗就自足为一个可以跟主体分庭抗议的克隆——这个大限已经窄如刀锋。

诗人任洪渊的确是个暗时代的"光明使者"，他指出："黑暗破了。生命痛楚得雪亮。筑声开放，玉兰花，一盅一盅斟满白色的韵，叮叮咚咚敲亮夜。眼睛窥不见的神秘，银灿灿的泄露。"（见《女娲的语言》）我们就该承认，博尔赫斯瞎得好灿烂；但鲁迅呢，却如无垠之水，黑得通透。

这就使我们发现，胡风先生以铁血诗句概括的鲁迅式的黑暗，就是要有"割下我的头颅，抛掷过去，击破那肮脏的铁壁"的精神，这固然是鲁迅式黑暗的感情向度，但其黑暗的理性向度，总是那么暧昧，它浸在黑水里，却在积累比黑暗更黑的力量，并希望它在某个极点上转身，开始反光。

黑暗不可能在自身之内获得照耀，但黑暗之外的世界对黑暗却无能为力。

痛苦和黑暗不能为时代所理解，它就必然会异化，这是从理性主义走向当代哲学的一个关键的转折点，因为它使人明白，黑暗，尤其是人性的黑暗是不可逾越的。那么，以此来对抗权力的黑夜，就成为了自由思想胜利的可能。

当代学者陈家琪在黑与白的厮杀中，触及到了混沌似的本质，他在文章里引述指出——

古典哲学家说：光线的奇迹就是思想的本质；现代哲学家说：光线的奇迹就是不思想，即为黑暗的本质。前者因光而得以认识，后者因光而发现了认识的局限。光线使人看到了光明，光明也使人看到了黑暗。光明有限，黑暗无限。有限在无限之中，无限因有限而呈现面前。但我们永远也照亮不了无限，那里有着一种空间意义下的永恒寂静。

从物质性质上说，黑夜是白天的惯性，而白天却不是黑夜的延伸。理性主义尤其是当下的实用主义已经把白天的经验当作了真理，比如说"摸着石头过河"，但在黑暗的广水中，这点摸索的努力就像手电企图跟黑暗做自由公平的贸易，它除了显示自己的幼稚和无知之外，一事无成。它甚至比愚公移山更糟糕。但是，愚公移山也是完全不成立的，就像回避了人性黑暗的有关乌托邦的畅想。

对黑夜人们自然可以无话可说，但对黑暗我们却一定要陈述。连通俗小说家劳伦斯也说出了刻骨的发现："说也奇怪，精神生活，若不根植于怨恨和不可名状的无底的深渊里，好像便不会欣欣向荣似的。"真正的思想就是无休无止的挣扎，既是形而上的，也是形而下的。思想本就是暗生的植物，带着刺，甚至在被命名之上或之外，就存在并成长壮大。它的作用自然不是栋梁之材，它只是一片黑森林，从鬼影幢幢里凸显沉默的景色——这就是思想的作用。在某次不期然的相遇中，我发现在黑枝条上，那些缠绕的亮音，就像凝脂的分泌物，倒挂着痛，以鸟的轮廓，欲飞。

在欧阳江河《站在虚构这边》中，他企图通过《深度时间：透过倒置的望远镜》一文来打捞光明："也许并不是难以看见，而是拒绝看见。透过倒置的望远镜，我们究竟能看到些什么？荷马瞎了，弥尔顿瞎了，博尔赫斯也瞎了。三个瞎了的诗人各自代表一种黑暗，荷马代表历史和英雄的黑暗，弥尔顿代表原罪的黑暗，博尔赫斯代表知识和想象的黑暗。三种黑暗加在一起就是时间的全部光亮……"这个结论很有意思，但是，作为中国语境的黑暗，如果没有"鲁迅式的黑暗"作为最深厚的灯座，光，是不可能轻易落座的。

我们进一步认定，以苏格拉底以降两千年的人类智慧，就是思想照亮黑暗的理性智慧，但尼采却发现了以感觉来反抗黑暗的智慧。既然光不能被光照亮，反过来说，光也不能使黑暗显形，黑暗就跟思想一样，自明是它获得命名的唯一方式。那么，我们是否进入到了一个让"黑暗自明"的智慧时代呢？这是思想在长期的集权压制下，不得不进行的自我保护。如果这种推断可以成立，我意识到这并不是一种智慧的喜悦，而是集权形态下思想的某种变本加厉的单向度进化。它抛弃了一切温柔敦厚的造像，只能以凌厉的对抗，来获得自明的筹码。在这种时候，思想的确是丑陋甚至狰狞的，它在从事针尖削铁的自救。

博尔赫斯在诗中说："我不知道我会不会在下一个无限的黑暗循环中归来。"

鲁迅说却在"月光如水照缁衣"的背景里，把自己的影子收回到鞘中。

就像我擦燃一根防潮的黑头火柴。在那根木梗上，世界首先变丑，然后熄灭。

想到这里，我的确处于悲伤之中，但我逐渐感到黑暗的温暖，就像一片羽毛，飘落在我的脖颈……

2002 年 1 月 23 日在冷雨乱飞的成都

2005 年 10 月底修订

放血煮字的乔治·奥威尔

1949 年 6 月 8 日，奥威尔的《一九八四》终于由塞克尔和沃尔伯格公司在伦敦出版，接着在 1949 年 6 月 13 日由哈科特·布雷斯公司于纽约出版，距今整整 60 年了。它的中文简体译本于谶语般的"一九八四"一年后1985 年由花城出版社出版。《一九八四》这使得奥威尔的名声到达了顶峰。1950 年 1 月 21 日他因肺病死于伦敦大学附属医院。2010 年恰是他逝世 60周年。回顾奥威尔短暂的一生，颠沛流离、疾病缠身、郁郁不得志，而且一直被视为"危险的异端"。而在一个异端成为思想者历史宿命的时代，他的说出与转身，恰恰揭示了异端的底牌：代表真相的形象和揭示权力的独特词句。

1944 年，乔治·奥威尔的小说《动物庄园》被原本合作的出版商Gollancz 拒绝，只好转投 Faber and Faber 出版社。时任出版社编辑的大诗人T.S. 艾略特，不但对这部日后被誉为 20 世纪后半叶最好的政治讽刺小说不感兴趣，还写信称奥威尔的观点"大致归类为托派，且不具说服力"。

"主啊，请你不要让我尿床"

1984 年初，为了纪念乔治·奥威尔的小说《一九八四》"盛逢其年"，苹果公司出资上百万美元拍摄了一个1分钟的电视广告。这个广告只播放一次，观众看到了震惊的一幕：在一个巨大的大厅里，一排排身穿制服、神情痴呆的人拘谨地坐着，听一个"老大哥"模样的人对他们大声咆哮。"老大哥"的脸被投射到一个有几层楼高的大屏幕上，他在屏幕中对着"蚁众"怒目而视。突然间，畏缩的下属中间出现了一个反叛精灵，身后还有带着头盔的警察在追赶。这是一个体格剽悍、肌肉结实的靓女，她沿着夹道迅速冲到屏幕前，猛然停步，把一柄大锤掷向屏幕。大锤在空中飞行，当它撞击屏幕时，发出震耳欲聋的声音。屏幕里的"老大哥"被打得粉碎，广告画面在下属们惊愕神态之中渐渐隐去。与此同时，画外音宣布："1984年不会像奥威尔小说中所描写的那样。"这个强有力的形象预示着挑战权威和自我解放。尽管苹果电脑公司想借此宣传一种打破铁幕的黑客精神，但观众似乎可以从中领略到奥威尔锋刃般的语言和火炭似的思想。

1984年1月17日，学者陈之藩有感于此，在香港写下了《欧威尔的〈一九八四〉》。其中有这样一段话："从前集权下，还可以揭竿而起；现代的极权下，却是无竿可揭的。从前的集权下，还可以说寡头为患；现在的极权下，是一夫专断的。从前的集权下，还可以有不召之臣；现在的极权下，却是无所逃于天地之间的。"大陆的出版社在此页注释里承认，"此处删去105字"，而此自然段之末竟又被删去469字！（《一星如月·散步》，黄山书社2009年6月版，80—81页）

这就意味着，这位先知的预言其实是在悄然演变中接近于现实的。虽然历史有着惊人的相似之处，但历史不会简单地重复，正如马克·吐温曾经说过："历史不会重复，但历史又确实有章可循。"转眼19年过去了，在奥威尔诞辰100周年之即，世界各地以各种方式纪念这位预言家，连北京也上演了改编自奥威尔的话剧《动物庄园》，他的生平、传奇性的恋情和作品再次成为传媒的焦点，人们已经习惯抛开他的作品来缅怀这位诅咒极权的怪人。美国研究奥威尔专家约翰·罗登在其新著中说："2003年既是乔治·奥威尔的百年诞辰，也标志着奥威尔世纪的结束。"这显然是一厢情愿的看法，"奥威尔世纪"至少在一定时期是不会退出历史舞台的，尤其是在后极权时代。

奥威尔实际上一直在苦心寻找两个东西：代表真相的形象和揭示权力的独特词句，待这些准备完成后，他的终极目的是提出一个可怕的预言。他使用了一种同辈作家完全陌生的文体吸引着数量惊人的各种读者。正如保罗·伯曼通过一个复句总结的那样——"那位铸造了'仇恨的一周'、'故弄玄虚之辞'、'一些人比其他人更平等'等词语的作者，其《动物农庄》和《一九八四》已经卖掉了4000万册，60种语言版本，任何一部战后的严肃的或通俗的作品都无法与之相比。"

奥威尔在印度孟买出生，时间是1903年6月25日，8岁时考入圣塞浦里安学校读书，这是一所私立学校，刚入学时，他每天祈祷："主啊，请你不要让我尿床"——在圣塞浦里安，尿床就要挨打。挨打的理由还有许多，都要遭此羞辱。此外，校长的业余爱好就是提醒小奥威尔，你是个穷孩子，你欠我的情。这种来自于童年时代的窘迫与惊恐，是否决定了他对权力体制的憎恨呢？他始终无法消除旁观者和参与者的双重感受。他后来进入了著名的伊顿公学，毕业后前往缅甸当了一名帝国警察。但他丝毫体验不到"白人的优越感"，他甚至必须按照官僚的意愿射杀一头自己不想射杀的大象，这在其随笔《射象》中有着纵深的描绘。他逃离了苦役，当穷困潦倒的撰稿人，还干过厨师助理、书店店员、家庭教师等低微职业。他从中产阶级出走，俯身于平民阶层，穿破烂的衣服，抽劣质卷烟，批判为富不仁和权力之癖，但具有幽默的后果是，他无法拒绝自己的中产阶级的读者群。

奥威尔说："从感情上来说，我肯定是左派。"为弱者呼与鼓，是欧洲左派的一贯逻辑。他们更为仇视的，是那种因言论和思想而获罪的铁血制度，坚持个人普遍的权利和特立独行的立场，这就是奥威尔的人格逻辑。他敢于宣布自己是左翼，就展示了奥威尔的胆识和价值立场。这自然不同于红色制度下的左翼，因为后者往往是打了引号的，这个意味深长的引号使得政治功利主义之徒从左翼阵营分离出来，在某个需要随机应变的时代，他们再以右翼的面目现身，并成为廓清局势的主导力量。奥威尔用钉子一般的决绝稳住了自己的身影，远远看去，就像一朵左旋的花。至今，他所表现出的理性精神和怀疑主义立场，也远远未被我们身边那些围绕"后主义"跳着狐步舞的时髦学人所继承。在奥威尔生命的最后阶段，他给一名工人写了一封绝笔信，他再次预言："我相信，某些与其（指《一九八四》中的情景）相似的事情肯定会在其他地方发生"。实际上也正是如此。面对着复杂的世界复杂的人群，那些自以为掌握着绝对的真理的人，至今仍不乏其人。当《动物庄园》里"所有靠两条腿行走的都是仇敌，所有靠四肢行走的，或有翅膀的，都是亲友"的逻辑仍然有市场时，当种种原教旨主义轮番登场给人们描画"美丽新世界"时，我们就该意识到，奥威尔并未远去，倒是具有了宽泛的批判价值和预言价值。如果说《一九八四》是对纳粹主义的批判，那么《动物庄园》则是他对斯大林独裁主义的迎头痛击。1944 年 7 月他在一篇致《党人评论》的公开信里写道："对于我们这样一些怀疑苏联有某些严重错误的人来说，我认为是否愿意批评俄罗斯和斯大林是对知识分子诚实与否的一次测验。"

文学，不过是被搬进特洛伊的木马

奥威尔的写作天平从来就是不平衡的，他早早地倒向了意识形态托盘的一方。文学，不过是被搬进特洛伊的木马，而躲藏在马肚子里的政治却在深夜突破了文学的肃穆，并一举捣毁了大敌。记得米兰·昆德拉曾经针对这一个案指出："其小说的恶劣影响在于把一个现实无情地缩减为它的纯政治方面，在于这一方面被缩减到它的典型的消极之中。我拒绝以它有益于反对专制之恶斗争的宣传作为理由而原谅这样的缩减，因为这个恶，恰恰在于把生活缩减为政治，把政治缩减为宣传。所以，奥威尔的小说，且不说它的意图，本身是专制精神，宣传精神之一种，它把一个被憎恨的社会的生活缩小（并教人去缩小）为一个简单的罪行列举。"比如著名的《一九八四》，这是"一部伪装成小说的政治思想；毫无疑问是清醒的，正确的。但是被它的小说的伪装所歪曲，这个伪装使得它不准确，只近乎大概。如果说小说的形式模糊了奥威尔的思想，反之，这个思想是否给了小说一些东西呢？它是否照亮了社会学与政治学都无法进入的神秘之地？没有，境况与人物在其中像一张告示一样平淡。那么它是否至少作为推广好的思想而有一定的理由呢？也不是，因为被做成小说的思想不再作为思想而运行，而恰恰是作为小说，在《一九八四》中，它们是作为差的小说，带有一部分劣质小说所能运用的恶劣影响。"

从独立的文学立场来看，米兰·昆德拉的分析捍卫了文学的尊严。但是事情很清楚，读者读一部著作，他们不可能去着意区分什么是文学性什么是政治性，这是专家干的事。读者能够铭记在他们心灵中的是留下划痕的文字，铭记那些一直呼啸在天庭的词语风暴。在过去的两千年时间里，几乎所有重要的德国哲学家都同意康德的论述："真实既不能赋予，也不能揭示，它产生于人的思维。"但奥威尔拒不听从这一纸思想的律令，他乃至绝大多数欧洲人，面对横行的谎言与极权，就知道必须撕碎它们的皮影戏，还真实一个具体的面貌。从这个意义上说，奥威尔的写作圭臬就是真实和良知，别无其他。

因此，我似乎可以这样说，奥威尔一直是以"不纯"的文学，却实现了捍卫真实和正义的伟大使命。在这个意义上，非文学的因素彻底战胜了既定的纯文学，这些"不合理的因素"圆满了一流大师的写作，并构成了奥威尔突入文学肌肤的芒刺。那么，谁还能说、谁还配说，奥威尔的写作是政治力量的歪打正着呢？我无法用奥威尔的个案来反诘数千年以来文学的价值范式，但是，这至少提醒了我们：意识形态对文学的强力加盟，并不一定是一种使文学堕入附庸的手段，对一个强力型的写作人来说，意识形态的纹理既构架了他表达的肌理，又垒立成了文体的骨头。

当人们都为《一九八四》、《动物庄园》的尖锐犀利而震惊时，我们忘了甚至不知道另一种语境下人们对奥威尔的小说《上来透口气》的关注。在这个利欲熏心的时代，在这一点上我们和《上来透口气》里面那些做着发财梦、中产阶级梦的可怜虫没有什么本质的区别。这很好地回击了那些认为他写不出一流纯文学作品的批评与指责。在奥威尔看来，写作从来就不曾"纯"过，这是否暗示了他笔下的人物往往都是扁平的气球？如果不是被权力压扁，就是被极权吹胀，直到爆炸。他直截了当地说："我在过去十年中一直最想做的事，就是使政治写作成为一种艺术。我的出发点总是一种党派感，一种对非正义的意识。当我坐下来写一本书时，我并不会对自己说：我要写一部艺术之作。我写，是因为我要揭露某个谎言，我要人们注意某种事实，我最关心的是获得听众。但如果这不同时也是一次审美经历的话，我就写不出这本书来，甚至连一篇杂志长文都写不出来。"我想，这番话即使到今天仍然有它的具体意义，很可以让我们周围那些追求纯写作、赞美纯诗的高蹈者借以自照。

威根码头的奥威尔酒吧

回想起 1937 年在西班牙参加保卫共和国的国际志愿军部队，以及同佛朗哥的法西斯军队的作战，回想起那些长眠于西班牙的朋友，奥威尔曾为他们写诗：

> 在阴影和鬼魂之间，
> 在白色和红色之间，
> 在子弹和谎言之间，
> 你的脑袋躲在哪里？
> 哪里是曼纽埃尔·贡萨尔斯？
> 哪里是彼得罗·阿基拉尔？
> 哪里是拉蒙·芬尼洛萨？
> 只有蚯蚓知道他们在哪里。

这些缺乏飞翔姿态的文字是下坠的，有铁一样的质地，他没有倾向于天空，而是俯身于大地，他密切关注掌握着无辜者头颅宰制权的权力，如何以精心布局的谎言，以革命的名义，去实现权力的欲望。在西班牙的半年是他生命中极为重要的一段经历，对他的政治观、写作都产生了很大影响。在他宣言式的文章《我为何写作》（1946）中，他写道：西班牙战争和 1936—1937 年间发生的事改变了态势，此后我就知道我的立场如何了。1936 年以来，我所写的每一行严肃作品都是直接或间接反对极权主义，而拥护我所理解的民主社会主义的。在我们所处的这个时代，那种以为可以回避写这些题材的想法在我看来是胡说八道。面对文学与政治的关系，他一针见血地指出：一旦极权主义在全世界得手，那么这种文学便宣告完蛋。因此，即使是"政治写作"，他要使之成为艺术。不是政治化艺术，而是艺术化政治。

我认为，奥威尔的文字正在演变为一种自洽的思想体系，是一种可供后世推演发微的学术。学问的最大目的是发展一般或曰抽象的理论，它的终极效果是希望人们以此来反观自身，促进人与现实的和谐与发展。从这种理论出发，人们可以推出对某一具体事件的解释和预测。同时，检验一个理论的最终标准是：预测与实际一致。如果用这个标准来看待奥威尔，我们还会发现他独特的历史观。就是说，"历史不能假设"，所以有人说，假设历史毫无意义。但这种论者忽略了人在具体事件中的作用。我们所感兴趣的所有事件，都是人所创造的或参与的，虽然我们对已经成为历史的事件不能假设，但我们对它的参与者，却是能够假设和假定的。利用这个假定和一些初始条件，我们能够解释很多社会现象，也能做出一些较好的预测。在这个向度上，一些人认为《一九八四》是指涉纳粹，一些人认为是指涉斯大林时代，现在还有学者竟然认为"老大哥"可以与布什总统"印合"。但不管如何，这种指涉的意义均不在此，而是在于提示一种可能的、对人类命运造成威胁的极权制度。

奥威尔的影响是多方面的，无论是文学、历史，还是政治，即使在英国人的下午茶问题上，他发表的见解现在都已成为箴言。在 2003 年 6 月 25 日奥威尔生日那天，英国皇家化学学会就将向公众征求关于泡茶方法的意见。他们将在威根码头（奥威尔有一本名为《通往威根码头之路》的小说）的招待会上公布他们总结出的理想制茶方法，以此来向奥威尔先生早年有关泡茶的理念致敬。

威根码头一座高大的仓房上，用大字标着"威根码头奥威尔酒吧"，奥威尔的半身画像镶嵌其间。人们不会忘记奥威尔，即便是在喝酒之余，偶尔瞥见奥氏忧郁的眼神，想想他曾经在此徘徊的身影，酒客们的声音自然也小下去了。

不管人们以什么形式纪念这位只活了46岁的预言家，人们都是在纪念自己心目中的奥威尔，但对他最好的纪念是阅读他的作品，在不同的语境下体会一种真正的"冬季良心"。生活在"历史的终结"时代的一大好处是，当人们在纪念奥威尔先生的100周岁时，不仅仅想到"老大哥"、"双重思想"，或是"思想警察"，还会想起他写过的《泡一杯好茶》或是《为英国式烹调辩》。俗人不可能拥有奥威尔那种良知，但至少能知道这种良知的高贵和不可战胜，而且不会被所谓的纯文学遮蔽，这，也许就是一种幸福了。

重床叠架的时间

在得知出版社接纳《一九八四》之后，奥威尔陷入了持续的肺病危机。经过医生特许，1949年10月13日奥威尔在伦敦大学学院附属医院的病房举行了婚礼。这是奥威尔的第二次婚姻，新娘是比他小16岁的漂亮的《地平线》杂志编辑索尼娅·布朗内尔小姐。他们相识已经好几年了，但有一大堆情人围着她的石榴裙转。新婚与其说使奥威尔的精神焕发，不如说这样的冲刺让他濒临回光返照的境地，他的身体迅速恶化。与此同时，他和新婚妻子的关系也在急转直下。1950年1月21日凌晨，与情人卢西安·弗洛伊德在夜总会欢度良宵的索尼亚接到电话：奥威尔因肺部大出血死亡。

奥威尔被安葬在牛津郡万圣教堂的墓地中。马格里奇在日记中写道，奥威尔去世这天正巧是列宁的生日，而又是由跟他关系很大的《观察家报》

阿斯特家族安排安葬的，"在我看来，这些因素包含了他的全部人生"。

时光顺流而下，让那些隐喻总是在呼救的声浪里与遥远的出发地相遇。

1981 年 12 月 18 日晚 8 时，阿尔巴尼亚通讯社向全世界发出了一条爆炸性新闻：阿尔巴尼亚政府总理谢胡自杀。次日，地拉那的日报仅在头版下方 1/4 处，在"讣告"的标题下，刊登了劳动党中央、人民议会和部长会议的联合公告："12 月 18 日，阿尔巴尼亚劳动党中央政治局委员、阿尔巴尼亚社会主义人民共和国部长会议主席穆罕默德·谢胡同志在神经错乱情况下自杀。"自此，霍查亲自下令立即对"阿奸"谢胡全家采取"革命行动"：逮捕谢胡遗孀及 3 个儿子，逮捕谢胡在党内、政府内的同伙，将他们扫地出门，绳之以法。

这种采用"奸细"的名义消除异己的策略，奥威尔早就写到了。

而在追剿"叛徒、内奸、工贼"刘少奇的案件中，历史学家翦伯赞也被网了进来。翦伯赞与刘少奇，两个湖南人在长期的社会活动中，有过多次的交往和共事。但是，他怎么也回忆不起刘少奇哪一次有过叛变行为。由于拒绝证明专案组的指控，翦伯赞自从搬进北大燕南园，到 1968 年的 12 月 18 日，在一个月时间里，他被审问 8 次，应付催索"交代"材料 2 次，接受外调 15 次……为达到目的，专案组成员无休止地威胁恐吓，进行人身侮辱，致使翦伯赞的夫人戴淑婉精神恍惚，翦伯赞多次晕倒，自杀的念头一天比一天强烈。他以失眠为由多次向管理人员要安眠药。12 月 18 日夜，翦伯赞拿出笔来，要在纸上写字，但挤了好几下，钢笔里面一点墨水都没有了。翦伯赞叹一口气，对旁边的人说："笔都不出水了，我也该完了。"他和夫人双双服毒自尽，以生命捍卫了正义……

在《一九八四》中，"思想警察"头目奥伯兰这样对温斯顿说："一个异端烧死了，千百个异端站起来。为什么会这样？因为宗教法庭公开杀死敌人，杀死的时候他们还没有悔悟；其实，杀死他们，就是因为他们不悔悟……这里所有的坦白交代全是真的。我们要它们是真的！况且，我们绝不允许死人站起来反对我们。别指望后世会为你辩护，温斯顿，后世根本不知有你这个人。历史长河里，你早被擦得干干净净。我们会把你变成气儿，把你注入到太空里。你什么都留不下，档案里没有名，记忆里没有影。在过去，在未来，你都给消灭个干净。你将从来没有存在过！"

温斯顿意志最后土崩瓦解，他把能出卖的都出卖了，包括意志、良知、尊严、女友，心里充满的只是对"老大哥"由衷的感激和爱。某一天，他终于迎来了比爱情更让他渴望的子弹，他成了幸福的人。

反过来看看奥威尔自己吧。20 世纪 90 年代，随着英国档案局一批档案的解密，1996 年 7 月 11 日，伦敦《卫报》以《奥威尔曾向反苏宣传部门提供作者黑名单》为题，率先报道了奥威尔在去世前的 1949 年 3 月，曾向英国外交部属下负责反苏反共宣传的情报研究处提供了一份记者及作家名单，这些人在他看来，"是共产党的秘密支持者、同路人或倾向如此，不应被委以宣传之任"。这就暗示了奥威尔具有出卖朋友的道德污渍。他也是告密的内奸。

奥威尔的研究者和传记作者、左派知识分子伯纳德·克里克根本不同意如此栽赃。他说奥威尔"并非揭露这些人是颠覆者，他是揭露他们不合适为反情报机构工作而已"。美国作家杰弗里·迈耶斯在《奥威尔传》中，用一节的篇幅记述这一"名单风波"，对奥威尔辩护。有一个例证是不可忽略的。1948 年，英国政府计划清理政府队伍中的共产党员时，奥威尔从维护公民权利的角度出发表示过抗议，他认为政府此举是破坏民主的行为。

而事情还在进一步复杂化。根据 2007 年 9 月 4 日英国国家档案馆解密的资料，因被怀疑是共产主义者的关系，奥威尔被军情五处和苏格兰场特别科自 1929 年起一直严密监视至 1950 年逝世。

那些耿耿于《一九八四》的人，为何总有芒刺在背之感？我想，他们是注定不会放过奥威尔的。一如被亵渎的鲁迅，那些"汉奸"的指控总是与他形影相随……

附奥威尔部分作品汉译本目录——

《一九八四》，花城出版社 1988 年 7 月第 2 版；辽宁教育出版社 1998 年版。

《奥威尔经典文集》，中国华侨出版社 2000 年 4 月版。

《奥威尔文集》，中国广播电视出版社 1997 年 6 月版。

此外，2003 年 4 月上海译文出版社又将董乐山译本《一九八四》与傅惟慈译本《动物农场》合集出版。广西师范大学出版社则于 2003 年 3 月出版了奥威尔的《战时日记》。东方出版社于 2003 年引进出版了美国作家杰弗里·迈耶斯的《奥威尔传》。2002 年，译林出版社也出版了由孙仲旭翻译的奥威尔两部小说合集《一九八四》、《上来透口气》。

2003 年 6 月 30 日在成都。2010 年 5 月 1 日改定

倒读与反写

阳光照透苹果花

1991 年春，我收到北京一个民间邮购组织寄来的几本书，其中有爱尔兰诗人叶芝的《幻象》汉语全译本。它的印刷量是如此微不足道，据说书店根本就没有征订过。以致我敢断定，在我生活着的这座拥挤着 300 万人民的城市，拥有此书的不会超过 3 人。这很容易使人联想起张承志在《心灵史》中描绘的哲赫忍耶信徒，用以心传心的方式把破旧的羊皮手卷或石印经文代代相传的情景。可能，书所记录的秘密决定了它只能以默示的方式流布。

《幻象》于 1920 年动笔，1923 年叶芝荣获诺贝尔文学奖，荣耀并未中断这部书的写作，初版本于 1925 年出版。时年，叶芝已是 60 岁的老人了。

叶芝在《幻象》献词中说："我渴望一种思想系统，可以让我的想象随心所欲地进行创造，同时又使想象所创造的或能创造的成为历史的一部分，这种历史就是灵魂的历史。"《幻象》以诗性的智慧描述了人类和历史的发展。诗人认为历史是按螺旋性发展的，从顶点向外发展，螺旋发展到最大状态标志着某个时代的结束。诗人的智力已使诗性透明，并试图借此体系来驾驭宇宙。从现在的哲学成果来看，诗人未免显得幼稚，但《幻象》所熔炼的宗教、神话、诗学、历史成分，已使叶芝达到了一种几乎是后人无法逾越的高度。

象征主义的光芒在叶芝手上完成了极其灿烂的内爆和燃烧，毫无遗憾地冉冉熄灭了圣火。因为叶芝的名字，使象征主义成为永驻的星辰。

阅读中，在诗人论述的权贵、独裁者、阴谋家、小丑、诗人作家之间，内有几张绝色的面庞若隐若现，时而丰盈凸露、时而袅娜曲折的身姿缥缈在严谨的理论推衍之中。某些段落突然游离了逻辑，像疲倦的旅人慎独于沉思和回想，完全忘记了行走的目标。这样的段落，往往是在诗人提及一些女人时发生的。他的注意力已同这些女色相遇，追随着昂贵的香味而心潮难平。这是《幻象》中的幻象，固执的美艳，犹如严寒雾气里的一抹桃红，不能不让读者对这些灿烂的尤物，产生微妙的臆想。

读过叶芝作品的人，就必须铭记毛特·岗。她是 19、20 世纪之交爱尔兰自治运动的主要领导者之一，更是爱尔兰名冠一时的美人。我们从爱德华·傅克斯的《欧洲风化史》里得知，英国女人历来号称是欧洲最为美丽出色的，对这一结论我倒是心存疑惑。她们天然的壮硕的腰身与红扑扑的脸蛋总是稍微"漫"出了我们审美的范式。但毛特·岗似乎是另一种类型。她身材高挑，并把这副瘦削的背影保持到了晚年。我们现在从纪念她的网站上还可以看到她伫立于青春时代的傲慢表情。那时，大胡子萧伯纳曾经与之惊鸿一瞥，为时年 16 岁的毛特·岗"异乎寻常的美丽"而深深感叹。现在看来，大概是为自己的运气不佳而发吧。1889 年 1 月 30 日，经约翰·奥莱利的介绍，叶芝结识了这位鹤立鸡群的刚满 22 岁的演员。这是一个值得铭记的时间概念。这一年，26 岁的叶芝初涉文坛和江湖。叶芝后来曾详加描述当时的印象："她伫立窗畔，身旁盛开着一大团苹果花；她光彩夺目，仿佛自身就是撒满了阳光的光瓣。"苹果的意象一直是西语中爱情的集大成者，而喇叭形的苹果花率先吐露着颤动的秘密。被料峭的春风从爱尔兰土地上吹拂起来的一曲民谣《伦敦德里小调》，把苹果花提升到了一个永恒的语境中："我心中怀着美好的愿望，像苹果花在树枝上摇荡。它飘落在你温柔的胸膛，把它当作我的家……"

我记得美国作家亨利·戴维·梭罗在《苹果树的历史》一文里曾经说

过："苹果花也许是所有树当中开得最好看的，与其嗅觉效果相得益彰。要是见到一棵不同凡响的苹果树，花苞绽放了大半，香味氤氲，恰到好处，路人不免会为它勾住脚步。这是多么卓尔超然，梨树在它面前将尽失花容。"苹果花在叶芝的咏叹里拒绝凋谢，它在思想的高处以灿烂的白光拒绝所有成熟或退缩，就像他为毛特·岗写下的《箭》（1901）、《漫游的安格斯之歌》（1893）等作品一样，苹果花不但是毛特·岗的象征，也就是"永恒女性"的隐喻，同样也是性的晶体。自此，愉悦与痛楚所缔结的单方面的山盟海誓，以前所未有的张力，既撕裂、又激活了深植于诗人心底的火焰之书，让它不可思议地吐放出浓郁而又忧伤的色泽。

毛特·岗对叶芝的深情进攻是不大介意的，她把这个衣着寒酸、声名渺小的多情郎看作一个有些才气的布尔乔亚文人。她把感动的泪水留在了叶芝的诗集里，合上书本以后，缪斯的强光退去了，叶芝就被囚禁在了文字当中。因此，走动在书本之外的叶芝，反倒像是书的影子或傀儡。

但活在文字深处的诗人却渴望现实的拥抱。在他以舌尖击溃美人的红唇时，毛特·岗吐气如兰，告诉叶芝自己在 19 岁时就与老迈的政客吕西安·米勒瓦生下了一个私生子，在两岁时即夭折。为了让儿子复活，毛特·岗竟然又与米勒瓦的儿子在墓地交合，并生下一女，现在女儿已经两岁大了。叶芝如遭雷击，他所有的诗开始以水纹的形式扩散了。逐渐平复下来后，叶芝突然看到了一种白光，在水的深处显形，那还是他挚爱的苹果花吗？怎么看上去像是霉菌呀？

这种折磨一直持续，就像被一根麦管吸抽着灵魂。1892 年，叶芝为毛特·岗写下了不朽之作《当你老了》，算是他逐步化解了这些纠错的情结，苹果花纯洁而妖媚，使文字滞重而下坠：

当你老了，头白了，睡思昏沉

炉火旁打盹，请取下这部诗歌

慢慢读，回想你过去眼神的柔和

回想它们昔日浓重的阴影……

这首感动了一个世纪的爱情绝唱，对钟情于烈火与剑的刚烈丽人来说，不过是惧怕流血的贵族的无病呻吟。她既不可能去理会这些纤细的缠绵之情，甚至还会拒绝别人去爱她"脸上痛苦的皱纹"。她是爱尔兰的圣女贞德，她的激情与超人的精力使她在慷慨激昂的演说、万人空巷的聚会、一浪高过一浪的民众起义中勇立潮头，并且得到了回报。而她的美貌更平添了一股摄人心魄的凛冽之气。

在如此的光焰映衬下，叶芝不能不为自己的温和主义感到惭愧。他没法绕过巴洛克的繁复，用更直观的行动来证明自己对祖国的一腔热血和对毛特·岗的一往情深。1894 年，叶芝的著名诗剧《心愿之乡》在伦敦上演，使他诗名大振。1896 年他参加爱尔兰共和国革命组织。以致 1899 年的一份警署报告中说他"多多少少是个革命者"。三年后，爱尔兰民族剧院协会成立，叶芝出任主席，毛特·岗等任副主席。

在叶芝步履艰难地向心目中的情人靠拢之时，他来自于贵族血液的高贵和学识却让他力不从心，举而不坚。对此，毛特·岗颇为不屑，她认为诗、戏剧等等是宣传的道具。她已立志要把青春和心身献给暴力革命。

1903 年的一天，叶芝深陷自织的情网而不能自拔。他的思念化作鱼龙漫衍的缤纷诗行。也许，这已不是出于表现，而是诗人活着的唯一自证方式，是自己在压力下的失语，也是来自于性力梗阻的被迫释放。漂泊的诗思已涉足远游，追寻着被放逐的思念，在一次又一次交臂而过的相逢里，令人心悸的失望如狂奔的罂粟花高蹈在嗅无人迹的峡谷。如果说爱情是一只被劈作两半的苹果，叶芝就自觉地得出结论：自己与毛特·岗就是天作合一的绝配！也许他忘记了，他情不自禁地用诗情来粘合着苹果间交错的隙缝。时间愈久，当诗情已成功地置换了爱情完成了偷梁换柱的大手笔之后，心目中的情人略一摇动就不可避免地会把自己撕下血淋淋的一块来。何况，就是这一天，毛特·岗嫁给了一介武夫——麦克布莱德少校。叶芝闻讯，当日写下了《冰冷的天穹》：

我骤然看到那冰冷的、白嘴鸦欣欣的天空
那里仿佛冰在燃烧，而冰又不仅仅是冰
于是幻想和情感，都给驱赶得发了狂
这个或那个念头，每一个都无足轻重
都已消逝，余下的唯有那随着青春的热血
一起过了季节的记忆，早已消亡了的爱情
我把责备从所有的感觉和理性中取出
最后我大喊着，颤抖着，不停地晃动
全身被光穿透了啊！当鬼魂开始加快步伐
临终的麻木的混乱告终了，它是不是，
被赤身裸体地送上了大路，作为惩罚——
像本书所说的，被天空中的不正义所击？

    每次读到这首诗，就有一种来自高空的寒流，从头顶灌入脊柱的感觉。被寒冷彻底僵滞而不得不定型的苦痛，在清丽的冰块衬映下，投射出雪亮的净光。那炙烫的诗情与扭曲的美丽，已被比爱情更为浩瀚的生命缓缓托升。这股寒流从头发到脚趾，从记忆到想象均被它全力浸渍。一种凛冽的明澄，开始从重浊的肉身中渐次分离，似乎欲乘风归去。又宛如一只铜质的盘子，将那半只苹果和盘托出。整个世界，弥浸着黄铜的光泽和半只苹果浓烈的气息……这一年，被叶芝蕴涵深意地命名为"大风年"，这一名称也被乔伊斯写入了《尤里西斯》。

    叶芝还不谙世事地向毛特·岗解释，这首诗："是一种尝试，去描绘寒冷而超然之美的冬日天空在他身上激起的感情，他感到孤零零而又负有责任，因为那过去的种种错误折磨着他心灵的平静，使他孤独不堪。这是梦幻一般的感受，周围物体依然清晰地固定在脑海里，又在那片刻而永恒悬置的回顾里，加进了这许多年的思想和现实。"自然了，这是没有任何现实性结果的。但分明可以感知，凭着这一刺激，诗人的胸怀，已无可争议地升跃至澄明之境。这一升跃，对现实中的叶芝来说，又是多么的令人心碎！

这种永难排遣的爱，忽而又转化为誓不两立的憎恨。叶芝多次在诗里把毛特·岗与特洛伊战争中的海伦相提并论，有时也用丽达和维纳斯等空前绝后的美人来影射，以此来发泄自己无法拥有的愤怒。

他甚至在理论巨著《幻象》中同样动了感情：

> "这里也有美丽的女人，她们的躯体戴上了真面具的意象。在这些人身上有一种灿烂的强度，就像伊丽莎白体抒情诗里的'燃烧的婴儿'。她们走起路来宛若女皇，背上像是背了一袋箭。但她们只对那些被他们选中或征服了的人才温柔。要不就是对那些跟在她们身后的狗。她们慷慨无度，幻想无穷，嫁给乞丐而终身不二，因为乞丐像一幅宗教画；或者她们做别一种选举，看中一打情人，死时还坚信除了第一个或最后一个情人外谁也没碰过她的嘴唇，她们是那些'贞洁象月亮般更迭'的女人。……也许躯体的确是完美的，但头脑总有点不完美，总有对面具的拒绝或不足：出于相位的维纳斯选举了瘸子伏尔甘。"

影射是十分明显的。但生活的变幻总给人提供继续奋斗的刺激，使"曙光在前头"成为最耀眼的光照。1916年4月24日的复活节工人起义是爱尔兰民族独立斗争的重大事件。5月间起义的领导人物，包括毛特·岗的丈夫等主要人物被处极刑。叶芝受到了强烈的震撼和感动。他在《一九一六年复活节》中感叹："一切都变了，完全变了／一种可怖的美诞生了。"他在充分肯定起义的历史意义的同时，以堂吉诃德的骑士般的执拗，再次向毛特·岗求婚。毛特·岗一言不发，转身又投入了热烈而血腥的战斗……

这种变幻中所包含的转机，与其说是一线际遇，不如说是致命的陷阱。它让依靠幻象支撑写作的人，又一次解除了自己对灵魂许下的盟约。犹如性力在向高峰体验发起一次又一次冲锋时，总因意外或营养的贫乏而夭折。但悬空的性力，就会跌入更为黑暗的深渊。深厚的失望，就成为了叶芝唯一的天空。在《亚当的诅咒》中，诗人承认："我有一个思想，可只能由你来听／你曾经容颜夺目，我曾经努力／用古老的爱情方式来爱过你／一切曾显得幸福，但我们都已变了——／变得像那轮空空的月亮一样疲倦。"

对一个靠激情与幻想来维持生命的人来说，那些为他源源不断输送给养的事物，注定只能长存于他的幻象中。这些丰盛的源泉可以把自己的形象交付给一张美艳的面具，让她的光照哺育诗人的智力和深刻，照亮那些埋伏在平庸之中的言词，从而完成自己对生命的言说过程。

接下来的该是倾听了。可悲的是，我们的诗人已出现致命的耳聋，心也滴血不止，一大堆爱的片断如同玻璃渣一样，让他五内俱焚！既然幻象中的面具与现实中的肉身水火不相容，企图要把它们重合在一张婚床上，就成为两难选择。但叶芝仍然鱼和熊掌均想兼得，他相信他的魅力和孜孜以求可以惊天地、泣鬼神。他拖着沉重的脚步在爱河边操练博取技术，准备背水再战。

出于爱屋及乌的心理，1917 年叶芝转而向毛特·岗的私生女伊莎贝尔求婚，遭到了后者矛盾重重的拒绝。我好几次在叶芝的年谱中读到这一记载，目光至此，一些苦涩得发烧的东西就闪烁在眼前。它像一根坚韧的鱼刺卡住了诗人的咽喉！也许，一些更为艰涩的言辞，因为它的梗阻，而没有来得及说出。翌年，叶芝娶作家乔治·海德·利斯为妻。这一年，诗人已经 53 岁了。他站在巴里里塔的顶端（爱兹拉·庞德曾经说过，巴里里塔是晚年的叶芝对青春时代性器的向往），等待拿着苹果花——而不是玫瑰的毛特·岗的肉身赶赴他的晚宴，长久地等待，使他把两只眼睛埋藏在一群星星中。他利用魔咒探视着灵魂的构造和爱的踪迹，海德·利斯不过是毛特·岗的部分替代物，在真理与性欲之间，是诅咒开垦出来的苹果园。从表面看上去，他平静，皱纹密布，面含深情。

无可否认，在这一劳累的追寻岁月中，诗人得到过极其出色的女人的爱。如果说毛特·岗给叶芝提供了艺术激情的话，那么妩媚的奥莉维亚·莎士比亚夫人则给了诗人纯生活的抚慰和愉悦。她一度考虑与叶芝结合，后因种种原因未能如愿。但他们保持了终生的情谊。而贵族出身的格雷戈里夫人则为叶芝成为一代巨匠创造了优裕的条件。

在她的柯尔庄园里，叶芝创作了一生中至为重要的诗篇。他曾满怀激情地说过："对于我，她是母亲、姐姐、兄弟、朋友，没有她我就无法认识这个世界。——她为我动摇的思想带来一种坚定的高尚性。"

这些纯生活的温柔、物质的安慰，如同一道温馨的肉体之墙，可让疲乏已极的诗人得以依赖安栖。但毛特·岗仍然是一枚不屈不挠的钉子，把墙和诗人一起穿透。一种悬空的窒息，终于降临了，在我们走向冥念中的真诚时，叶芝就已被钉在诗歌的十字架上。他的脉管里汩汩流淌的不再是需用圣杯承接的血，而是要用"爱尔兰的器皿"才能接住的苦难、高昂坚挺的节奏以及被爱搅成乱七八糟的一堆碎片……

世界著名的摄影家约翰·菲利普斯曾同晚年的毛特·岗有过接触。菲利普斯这样描述过她："莫德·岗娜·麦克布莱德尽管已 71 岁，仍然每个星期日上午不顾警察的监视，在都柏林街头向人群演讲。"而毛特·岗对菲利普斯也讲到了叶芝："'叶芝希望戏剧为艺术而艺术，而我要让戏剧成为宣传的。'岗娜对我说，她笑了笑，又说'……他是女子气十足的男人'。"

最后一句话，该是整个悲剧的症结吧！历史上，因为阴阳倒错而成为的美满姻缘为数并不少。但毛特·岗是以骑士般的情怀来审视叶芝那维多利亚时代的浪漫柔弱心胸的。她缺乏耐心来处置这些纤秀的激情。她笔直地向前冲锋而去了。女子气也罢，男子气也罢，对晚年的叶芝来说，已毫无意义了。他在《幻象》中论及雪莱和但丁的这一段话，未尝不可以看作诗人已断然解开了自己的生命之结："但丁忍受了各种不幸以及失去贝雅特丽齐的痛苦，但发现了神圣的正义和天国的贝雅特丽齐，而获得解放的普罗米修斯的正义是一种暧昧的宣传家的情感，等待他的女人们不过是些云朵。"看起来，生活在巴里里塔中的诗人，在无数次登高远望之中，他的视线已洞穿云翳，真正找到了属于自己的"神圣的正义和天国的"毛特·岗！

由于手头缺乏资料，我无法知道诗人临终前是否还记恋着毛特·岗的婚嫁。但有一点是可以肯定的，那就是这个让诗人辛酸地挚爱了一生的女人，她因年老色衰的干瘦和火暴并不会丝毫影响诗人对她的热度。生活在幻象中的毛特·岗注定会伴随着诗人学识与阅历的加深而同步进入人生晚境。但她绝对不会属于叶芝所钟爱的拜占庭的黄昏。那来自于她一身撒满了阳光的苹果花，在《幻象》中永远芬芳着一个伟大的灵魂。具体地讲，毛特·岗的美丽已是面具，逐渐已被花瓣所全部置换。甚至，她已彻底汽化了，在诗人的智力、感情空间飘浮。并从他每一个富有生机的句子中释放出迷人的力量。那么，我就注定相信，"只有一个人爱你那朝圣者的灵魂／爱你衰老了的脸上的皱纹"，只有更痛苦的叶芝，才配做得到！这样，叶芝能够征服一个时代的灵魂，却未能获取一个女人的芳心，也就没有什么值得奇怪的了。

在我所接触到的众多英诗译本和英诗理论专著里，毛特·岗的名字随着诗人飞翔的声誉也找到了一个奇妙的位置。她不像一根锋芒毕露的铁针，倒是更像一块砧板，叶芝以卓越匠人的技艺，把自己的渊笃灵魂放在上面反复击打，金箔般匀质的完美，被风轻轻拂动，发出无从模拟的清丽深沉之声，在遥远的空气中不停颤抖。

那是来自"绝望深渊中的英雄呼叫"吗？！

1932 年，格雷戈里夫人去世。1938 年，当莎士比亚夫人去世时，叶芝已完成了他的最后杰作——《在本布尔本山下》。但是，我却更喜欢他另外的诗，如《随时间而来的真理》所言，词句已经穿过了火焰与玫瑰，只剩一片纯净的铁色：

> 虽然枝条很多，根却只有一条；
> 穿过我青春的所有说谎的日子
> 我在阳光下抖掉我的枝叶和花朵；
> 现在我可以枯萎而进入真理。

多么硬质的言词啊。它斩钉截铁的气质使漫游于欧罗巴大地上那些穿透了铠甲和爱情之帷的骑士精魂相形见绌，然后，灵魂落脚在思想空荡荡的殿堂，却又感到一丝彻骨的冷。叶芝逝世时，毛特·岗并未去凭吊。看来，她从一而终的观念已让她心如铁石。如果她读到了叶芝自撰的"墓志铭"，该有何感叹？！

叶芝在毕生最后一封致友人书中承认："人们能体现真理但不能认识真理……抽象之物不是生命，处处都存在矛盾。"同样，爱情从来就是具体的、直觉的，爱是损失，爱是血本无归，爱是一大堆血肉模糊的碎片。在幻象中栩栩如生，在生活中潦倒破败。对诗人来说，能在幻象中坚持爱一个人就够了，又怎么管得了她同什么人上床？可是，美好的人生又是多么诱引幻象与现实的亲密啊……

抬头看看吧，我的窗外就盛开着被阳光灌透了的苹果花，这是多好的春色。苹果花毫无节制地怒放，禁不起一再地注视和问讯，看着看着就落了，如同飘下了一层爱的血。我打开音响开关，飘出了"卡百利"演唱的《yeat's grave》一首歌，这是怀念叶芝爱情的歌曲，硬朗单薄而清新的旋律，从精美的幻想世界里找到了现实罕见的灵魂色彩，就像扯起了一片叶芝的天空，那近乎天籁的声音和感情演绎，让我看到叶芝苍老的眼神：

> Sad that Maud Gonne couldn't stay,
>
> Da da da da, but she had Mac Bride anyway.
>
> And you sit here with me on the Isle Inisfree,
>
> And you're writting down everything.
>
> But I know by now.
>
> Why did you sit here, ah…

但是，诗人那"最后我大喊着，颤抖着，不停地晃动，全身被光穿透了啊"的惨叫，却像雷电击穿我们的生活和梦境。

写于 1997 年 5 月，2002 年底改定附注：

本文主要参考了《叶芝文集》（三卷本，王家新编选，东方出版社 1996 年 10 月版）、《叶芝评传》（傅浩著，浙江文艺出版社 1999 照透苹 12 月版）以及部分纪念叶芝的英语网站上的资料。

尖叫的曼陀罗

像地精一般显现。

在希腊—拉丁文中，"药"是一个含义十分复杂的词，同时兼有"医药"和"毒药"的两重意思。解构主义大师德里达就曾借用这个词的多面性大讲书面语对口语的毒化作用。药和毒密不可分，这一点在中国也一样。药学经典《神农本草经》就是本着"神农尝百草，一日七十毒"的传说（见《淮南子·修务》），它把药分为上、中、下药，也是按毒性大小来划分（后世诸本草基本遵照这个体例）。

在医药和毒药的交叉点上，曼陀罗花像地精一般突然显现，它过分妖冶的色泽吸引着眼球和追捧，使得我们很难分辨其中的掌声——哪些是针对它的药物性，哪些又拜倒于它迷惑的威力。因此，区分缠绕在这株植物上的近似性悖谬是有必要的。佛教里称的曼陀罗，也叫曼荼罗，不一定指的是曼陀罗花，它们更多的意义是一种达到盛境的宗教幻象。"曼陀罗"是梵语音译，藏语称"吉廓"，即坛城。曼陀罗有多层含义，它作为象征宇宙世界结构的本源，是应用很广泛的供品之一，也是变化多样的本尊神及众神聚集居处模型缩影。供奉曼陀罗的意义是用世间最珍贵的宝物盛满三千世界奉献给佛、法、僧三宝。因此，很多很丰富的意思并不是语言所能够道尽的，语言的话必须是一条线形的，一句话一句话地描述。可是所有的真理不是以一个前后的秩序排列的，所有的真理是同时并存的。所以当得道之人拿起一朵花的时候，那朵花就是宇宙的一切。至于一些地方把山茶花也叫作曼陀罗，但这并不具备普适意义。

绚丽艳美的曼陀罗花有如跳动的火焰，以带焰的火，呈现精神诡异的造型。曼陀罗花也就是洋金花，学者李零先生指出，此词译自希腊—拉丁语和梵语，或叫押不芦（译自阿拉伯语和波斯语），也是欧洲、印度和阿拉伯国家认为的"万能神药"。曼陀罗又名枫茄花、狗核桃、万桃花、野麻子、醉心花、闹羊花等，为茄科野生直立木质草本植物。它还分为大花（白花）曼陀罗、红花曼陀罗、紫花曼陀罗等种类。曼陀罗花主要成分为莨菪碱、东莨菪碱及少量阿托品，而起麻醉作用的主要成分是东莨菪碱。除作外科手术的麻醉剂和止痛剂，还作春药和治癫痫、蛇伤、狂犬病。雨果《笑面人》当中描述了狂人医生苏斯使用曼陀罗花的过程，"他熟悉曼陀罗花的性能和各种妙处，谁都知道这种草有阴阳两性。"这至少说明，自古埃及以始，曼陀罗的阴性力量总是四处都有知音，有一幅埃及的壁画是说古埃及人宴客时，常会把曼陀罗花果拿给客人闻，因为曼陀罗花果富有迷幻药的特性，可以让客人有欣快感。

渴望欲望的无限满足，人要飞翔。这意味着肉体不外乎就是映照森罗万象的曼陀罗。

古罗马人常以此物推进阴谋，如弗龙蒂乌斯的兵书《谋略》中，就有以曼陀罗酒胜敌的战例。印度也有强盗、妓女用它于黑道。它比直接的杀戮要收敛得多，体现了人类智谋在暴力方向的发展，以温文尔雅的姿态，迂回地达到目的，仿佛一着灵感突至的反手剑。这些麻醉药，其主要成分可能都来自曼陀罗。但实际上，在宋代以前的古籍中，从未提到"曼陀罗"一词，只是在后来的医书和小说中才有关于以曼陀罗为原材料制造麻醉剂或蒙汗药的论述。最早见于宋代周去钧《岭南代答》记载："广西曼陀罗花，遍生原野，大叶白花，结实如茄子而遍生小刺，乃药人（毒害人）草也。盗贼采，干末之，以置人饮食，使之醉闷，则挈箧而趋。"宋代窦材的《扁鹊心书》记载了内服麻醉药方"睡圣散"，书中写道："人难忍艾火灸痛，服此即昏睡，不知痛，亦不伤人。此方由山茄花（曼陀罗）、火麻花共研为末，每服三钱，一服后即昏睡。"

曼陀罗花正面意义不可忽视。中国的外科手术在它的荫蔽下获得了一种对身体远游式的探索。如《史记·扁鹊仓公列传》的俞跗术，《冠子·世贤》的扁鹊术等等。《后汉书·华佗传》记载："若疾发于内，针药不能及者，乃令先以酒服麻沸散，既醉无知觉，因刳破腹背，抽割积聚，若在肠胃，则断肠煎洗，除去疾症，既而缝合，敷以神膏，四五日创愈，一月之间平复。"这是世界上最早关于应用麻醉药作全身大手术的记载。

2003 年写于成都

异物总有异样

英国玄学派诗人约翰·邓恩（1572—1631）用《天仙子胺和尖叫的曼陀罗根》（卞之琳将标题翻译为《歌》），展示了曼陀罗的尖叫：

> 去吧，抓一颗流星，
>
> 服用曼陀罗根生个小孩，
>
> 告诉我，往日时光去了哪儿，
>
> 是谁牢牢抓住恶魔的脚，
>
> 教我如何倾听美人鱼唱歌，
>
> 或避开怨恨的刺伤，
>
> 找出美酒，
>
> 奉献给一颗诚实的心。

由于曼陀罗根呈Y形，外形像人的下半身，一些人干脆视之为性器，由此它常被和澎湃的性力扯上关系，古人认为它有催情和壮阳作用，服用后可增进性机能和生殖力，女性容易受孕，约翰·邓恩的诗就是一个例子。在《旧约》的《创世记》里，拉结没有子女，请求她多产的姐姐利亚："请你把你儿子的曼陀罗果给我一些。"因此利亚的儿子便在麦田里找到一些曼陀罗果。

把曼陀罗根从土中拔出，绝对是很不愉快的经验。这种根会发出很难闻的气味，而且在把它从土中拔出来时，它还会发出类似尖叫或呻吟的声音。如果人们听到这种声音，一定会死亡或发疯，这是《罗密欧与朱丽叶》中朱丽叶观察到的："就像曼陀罗从土中被拔出时发出的尖叫声，听到的人将会发疯。"因此有人用狗将曼陀罗根从土中拉出来，把绳子的一头绑在狗儿颈部，另一头则绑住曼陀罗。并不清楚是用什么方法来引诱狗儿干这种工作，或者把曼陀罗根拔出来后，狗儿是否还活着。不过，这些勇敢的采集者还必须先去收集妇女尿液和经血，把它们洒在曼陀罗上，然后再从土里把它们拔出来（《毒物魅影》，约翰·亭布瑞著，广西师范大学出版社 2007 年 3 月版，161 页）！

在中世纪，欧洲人经常把曼陀罗作为毒药，方法是让它的根发酵，用来制成毒酒。声名狼藉的克里扁医师就是用天仙子胺（莨菪碱）毒死妻子的。而在过去和最近的哥伦比亚，这种药被用来绑架妇女做奴隶，当地把这种药的稀释液叫做"布伦丹加"。而当地的妇女想要杀死不想养的婴儿时，会把某种曼陀罗的萃取物涂在乳头上，再让婴儿吸奶（《毒物魅影》，约翰·亭布瑞著，广西师范大学出版社 2007 年 3 月版，161 页）。

1298 年，意大利人马可·波罗在他的《游记》中记述了阿拉伯国家关于"山老"阿拉亭的传说。"山老"为了训练刺客，用一种麻药酒将受训人麻醉，送到"极乐国"中去享乐，过一段时候再麻醉了送回来训练（《马可·波罗游记》第一卷，第二十三、二十四章），这种麻药酒是否由中国传去虽然没有明证，但这种做法与《聊斋志异》中的"天宫"情节极其相似。

较马可·波罗稍微晚一些的薄伽丘在《十日谈》中，曾讲到一个修道院长从莱望的王公那儿得到一种药粉，据说就是"山老"用的药粉。依照用量多少，可以随意让服药的人睡的时间长些或短些，睡得像死去无二（《十日谈》第三天，故事第八）。在另一个故事中则讲到一个名叫马才奥·台柱·蒙太的医生，提炼了一种麻醉药，让病人喝了就可以要他睡多长时间都成，以便顺利开刀（《十日谈》第四天，故事第十）。这说明麻醉药已从阿拉伯国家传到欧洲。

约公元 4 或 5 世纪，印度最伟大的诗人迦梨陀娑曾在著名的抒情长诗《云使》中，描画了这一神奇的植物与精神幻象的关系。《云使》把神山宫城描绘得优美香酥，临摹了诗人当代的世俗风情：上触云霄，珠宝铺地，宫殿美女，图画音乐，悬在丝络上的月光宝石点点泻下，有天上恒河冰过的凉风缓缓吹送。药叉们走上水晶造成的宫顶平台，台上星光辉映成花朵；女郎手执秋莲，发间斜插冬茉莉，应神仙们的请求常做一种游戏，寻找那些藏在金沙里的珍宝；多情药叉每天与仙女班头倾心谈笑，朝欢暮乐，而唇如频婆果的女人的松解的罗衣，被情郎用鲁莽的手扯下，一心想鸾颠凤倒——

> 那儿，因走动而从发上落下的曼陀罗花，
> 贝多罗的嫩枝片片，从耳边落下的金色莲，
> 一些珠串，还有碰撞乳房而断了线的花环，
> 都在日出时显示女人夜间赴幽会的路线。

这就使我们发现，曼陀罗花既是情欲之门的门环，又是构造盛景的基地，它被摊开，成为了宏大的曼陀罗道场。但不明就里的很难知道，曼陀罗花外表艳丽，叶有麝香味，喇叭状的花朵，气味却十分独特，一些接触过它的人就觉得它不但不美，而且可以说它的气味极其难闻。作为"天使的号角"，古人甘心以昏迷的方式，抵押理智而成为感觉的俘虏，把自己负载于一片花叶上，以抵达神谕的玄机。

精神分析学家荣格自从发现曼陀罗花与宗教体验的某种重合以后，他认为同时性事件旨在"一切存在形式之间的深刻和谐"，他称之为"曼陀罗经验"。因此，一旦体验到这种和谐，它就变成一种巨大的力量，给予个人一种超越时空的意识。

美学家博克等人从曼陀罗花上发现了颜色对比鲜明美、对称等形式

美，但鲁迅先生曾把他的《野草》称为"废弛的地狱边沿的惨白色小花"（《二心集·〈野草〉英文译本序》），并在《失掉的好地狱》中称这种小花为曼陀罗，"花极细小，惨白可怜"，这并非是偶然的。因为在西语中，曼陀罗花总是盛开在刑场附近，传说采于长在绞刑架下的曼陀罗是效力最强的，因为它们用将死男人的精液浇灌。

曼陀罗仿佛冷静的旁观者，记录着生命逐渐消失的每一个瞬间，并像一个拾麦穗的女人忘情地把精血采集起来。

2009 年改定于成都

生命的结核

　　普希金诗歌节是俄罗斯为了纪念普希金举办的活动。每年 6 月 5 日，也就是普希金诞辰的前一天，人们在普希金广场纪念碑前举行诗歌节纪念仪式和赛诗会。同时还可以欣赏到由专业演员演出的根据普希金作品改编的歌剧和芭蕾舞剧。

　　2008 年 6 月 6 日，在普希金诞辰 210 周年的日子里，我深深地感到，一个毕生追求自由、独立的人，无论怎样的生计、情感原因，最大的错误就在于与宫廷媾和。伯恩斯《领袖论》里说过"权力与自由是对立的，权力天生就要捕食自由"。在这一剪刀之锋里，普希金如果不死于决斗，也将在另外的阴谋绞杀中被毁灭。与其在刀头舔蜜，不如卧冰听云。站在普希金铜像前，作家陈应松写道：远离精制的腐烂的生活吧，远离名利场的陶醉吧，远离恩赐吧。

　　根据学者考证，普希金身高约 1.68 米，丹特斯身高 1.90 米，身高 1.73 米的冈察罗娃在这样的高差面前，是否暗示了某种魅力的倾斜？

邂逅"莫斯科第一美人"

　　1828 年冬天，30 岁的普希金在舞蹈教师约格尔家举行的舞会上，娜塔莉娅·尼古拉也夫娜·冈察罗娃有着比身高远更惊人的美貌，点燃了普希金。16 岁的小姐来自贵族的矜持和对艺术淡淡的嗜好，使她不冷不热地回绝了诗人的一见钟情。诗人曾开玩笑地宣称，对冈察罗娃的爱是他的第 113 次爱情了。诗人是在他生命的新起点上爱上冈察罗娃的。他告别了动荡的青春，进入了成熟期，渴望个人的家庭幸福，向往爱和高品质的被爱——这就是当时普希金的心情。于是诗人带着被损伤的高傲才情，径自去高加索游历。途中，一些绛色的风尘和牛羊双眸中永驻的柔顺和忧郁，深深刺激了诗人的伤痛和灵感。从那些泛着铁褐色的岩石上，他捕捉到一种彻底征服诗歌和爱情的意志。他庆幸出走高加索的选择。

很快，诗人的泪水、誓言、诗篇在激情的驱使下迅速包围了冈察罗娃，这让她显得越发丰润，像个尤物。冈察罗娃的女友纳杰日达·米哈伊洛夫娜这样描述过她："娜塔莎确实很美，我一直非常欣赏她。由于受过农村新鲜空气的锻炼，她的身体非常健康，她结实、灵活，身材匀称，每个动作都充满着美感。她的眼睛善良、愉快，在长长的丝绒般的睫毛下闪耀着迷人的光，但那种腼腆的谦恭总是及时地抑制住了她奔放的热情。娜塔莉娅的主要的美在于她自然，没有丝毫的造作。"但是，对名声、荣誉的渴望以及对感情专注所必须做出的牺牲，让贵族小姐彻夜难眠。当时，她被誉为"莫斯科第一美人"，成为上层社交圈中名动一时的人物。她已适应并启用了特有的风情来接纳男人们殷勤备至的爱慕。她太清楚一个尤物的价值和重量了。这已经煽动起她本不逾矩的希望，她觉得自己的力量足可使男人们为其成就一番事业。至于是什么样的事业，那倒不是最主要的问题。

然而，普希金迅猛爆发的惊人才华以及持不同政见者的叛逆姿态，像烈性的伏尔加酒征服了整个俄罗斯。权贵沉重的橡木大门已为诗人敞开，贵妇在化妆舞会上都在议论如何才能引起诗人的注意，少女们则已急不可耐地准备好了芳心。这一切，自然没有逃出娜塔莉娅的敏感。她满怀希望地等待时机进一步发动攻势。

普希金并非偶然的在献给她的颂诗《寺丹》中称她是"最纯洁的美的

形象"。从现在掌握的各种情况看，这个称谓并不过誉。

精诚所至，芳心大慰。情爱的天平终于在醉意酣深的秋天向诗人倾斜了。1830 年 9 月 9 日，诗人致朋友普列特涅夫的信中激动宣布："今天我收到了爱人的信，她答应嫁给我，不带陪嫁。嫁妆是少不了的。她叫我到莫斯科去……"

9 月 30 日，诗人在著名的"波尔金诺之秋"爱情与写作的双丰收中因刻骨铭心的激情显得有些语无伦次了："我的亲爱的，您的爱是这个世界上唯一能阻止我在愁城的大门上吊死的东西。"现在看来，在龌龊的现实里，我们身边的有些爱情就真不是个东西了。

10 月初，诗人带着一卷不朽的文稿和被人理解后的深深感动，返回莫斯科。1831 年 2 月 18 日普希金和娜塔莉娅在尼基塔大街的大升天教堂举行了婚礼。年轻夫妇移居到阿尔巴特街（房子作了某些改建，一直保留到今天，号数是 53）。当时，诗人 32 岁，妻子尚不满 19 岁。依俄国风俗，始称之为娜·尼·普希金娜。

尔后，年轻的夫妇去皇村度假。这几个月可谓是他们家庭生活中最为安逸的时光了。

生活中一次小小的意外，就可能根本改变事物的性质。它把秩序化了的、又向往大海的事物善意地推向水边，但注定会到来的沙流挟带着漩涡，将把安宁的岁月卷入人力难以制约的茫茫洪流。

这样的意外，已逼近诗人夫妇。

丹特斯成为了普希金的亲戚

同年 7 月，为了逃避彼得堡猖獗的霍乱，沙皇一家和他的宫廷迁到了皇村。平静与安宁被理所当然地打破了。

在别人眼里，普希金并没有后来传说的那么孤傲。"至于他，当他妻子在场的时候，他就不成其为诗人了。看来，昨天……他非常激动，像一般的那些希望妻子在社交界获得成功的丈夫们一样。"

这基于诗人两个动机：一是借此可以在外交部复职，进入档案馆，研究彼得一世的历史；二是夫妇俩经济日趋拮据，而普希金又是一个绝不出卖灵感换钱的唯美主义者。因而，只得设法用昂贵的诗情和更为罕见的谦恭去激发沙皇的怜香惜玉之心。

沙皇和皇后极有节制地完成了他们的慷慨之举。皇后对普希金娜更带有一种略略特异的欣赏。作家兼官员的弗·亚·索洛古布如此回忆了普希金娜："当代的美女我见过很多，有的甚至比普希金娜还要迷人，但从来还没有见过像她那样把容貌和体态的典型的完美集中于一身的人……确实，这是一个真正的美人。无怪乎其他女人，基本最出色的女人，在她面前都相形见绌。她表情比较平淡，很少说话。她经常出现在彼得堡的社交场合和宫廷，但妇女们都认为她有点古怪。我在第一次见她时就对她入了迷。"可见，19 岁的普希金娜，已不是 16 岁时纯情而怀春的少女了。她以一种令人捉摸不透的成熟和丰姿，逐渐展示了她潜藏于漂亮面庞和沉默寡言下的逼人的美！

面对这样的女人，就犹如面对一件艺术品。她似乎不应该为尘世中的某一双手所拥有，而是应该像圣丹玛丽亚一样，爱美的至善心灵不容许她有哪怕一丝的懈怠，男人们的注意力也许就在这里发生了幻觉。

亚·费·奥涅金写道："作为一个天才诗人的妻子，一个最美丽的俄罗斯妇女，她是太出色了。她的小小的疏忽和过失很快就会被别人发现，于是取代赞扬的社会是心怀忌意的、严厉的、不公正的谴责。"

根据现有资料，包括权威的英国传记作家 T.J. 比尼恩的长篇传记《为荣誉而生——普希金传》，没有任何有说服力的证据来证明普希金娜在言行方面的越轨之举。沙皇对她容貌的倾倒是不假，但同样也没有证据来阐述这种倾倒的进一步发展情势。才华和美貌，也许就像异花奇草一般点缀宫廷的肃穆和死气沉沉的巴洛克建筑中。出于集权者附庸风雅的博学姿态，倒是对普希金，沙皇对其接二连三的物质请求予以开恩。随着孩子的不断出生，每况愈下的家庭经济，在诗人如火如荼的爱意之下捉襟见肘了。

因为生活的贫乏，即使是如胶似漆的爱情也会在这一漫长的磨损状态而不知不觉地失去光泽。这对出身于破落贵族的普希金娜和中产阶级的诗人来说，既无力摆脱已经适应的生存方式，又缺乏如十二月党人那种敢于同平民一样过活的勇气。菲薄的年薪以及可怜的不动产业就让一对郎才女貌的佳人在荣誉与生计面前，陷入了前所未有的尴尬境地。

为了丈夫的著作顺利印行，普希金娜三番五次哀求当造纸厂老板的哥哥伸出慈悲的手。从那些充满一个妇人对丈夫的光荣与才华深深怜爱的信件中，可以发现她善良的心和柔顺的性格。

应酬和交往，构成了那个时代的主流节目。有时，在一大群献媚者的包围中，诗人看到了妻子眼中流露出的灿烂春意与一闪即逝的哀苦，诗人的苦痛就不难于让人觉察了。

1835 年，一位高大、英俊的法兰西籍近卫军重骑兵军官，在众多的追求者中脱颖而出。他彬彬有礼的言词与深沉的笑意，像朦胧的雾气一般萦绕在诗人与普希金娜之间。这位名叫乔治·黑克尔恩·丹特斯的男爵，以年轻于诗人 13 岁的翩翩风采，以及妻子在对方文雅大方的骑士作风下的礼貌应酬，引起了普希金的妒火。妒火轻易地影响了诗人的判断，并使之陷之弥深。

卑鄙者制造了许多流言蜚语。一个叫杜尔高鲁柯夫的贵族，甚至在一次舞会上当众在普希金背后做出下流手势侮辱普希金。1836 年 11 月 4 日，普希金收到一封侮辱妻子和他本人的匿名信，信中对普希金极尽侮辱："荣誉勋章协会，尊贵的绿帽子和骑士勋章协会，在其会长 S. E. D. L. 大勋章获得者纳雷什金主持下召开了会议，大会一致同意任命亚历山大·普希金为该协会副会长和勋章历史编纂家。"信中所提的纳雷什金的妻子是亚历山大一世的情妇，因而信中暗示的就是娜塔莉娅和沙皇关系暧昧。

普希金怀疑此信是荷兰驻俄国公使格伦克指使人所为，他怒气冲天地向其义子丹特斯下了挑战书。一切都被狂怒收缩为狭路相逢的敌对状况，他立即向对方扔去了挑战的白手套。但颇有骑士尊严的丹特斯对此予以了否认，并托诗人茹柯夫斯基进行斡旋。在当时的情形下，回避决斗几乎就是怯懦的同等词，但丹特斯吞下了这枚苦果。

格伦克害怕这场决斗会影响他的宦途，所以就劝说丹特斯向普希金娜长得并不迷人的姐姐加叶林娜求婚，并闪电完婚。眼看仇敌竟然成为了亲戚，普希金只好撤回了挑战书。这一结果让诗人的崇拜者们得出的唯一原因是：明修栈道、暗渡陈仓。

既然由情敌变成了亲戚，那么丹特斯男爵在普希金娜面前频致问候也就成了天经地义的事情。但普希金已然视其为破门而入的准备痛饮蜜汁的狂熊。

事情的恶化已非人力所能挽回了。

决斗是普希金喜欢的事情

决斗是普希金喜欢的事情。从青年时代开始，他总是希望用剑来解决纠纷。普希金一生共卷入 20 多次决斗，几乎成为职业决斗家，其中大多数决斗的起因都微不足道。比如，1836 年 2 月，在短短一周之内，他就挑起了两次决斗，而且差一点就要造成第三次（见 T.J. 比尼恩《为荣誉而生——普希金传》（下），614 页，国际文化出版公司 2005 年 1 月版）。在巨大的经济压力下，他脆弱的自尊更希望使用一种速战速决的方式，来维护自己的荣誉。

而在他的笔下，决斗无疑更是理想主义的清洁剂。在《叶甫盖尼·奥涅金》中，连斯基、奥涅金、达吉雅娜、奥尔迦 4 人形成了"四角恋"，连斯基和奥涅金都无法忍受对方的侮辱，两人于是决斗，结果奥涅金杀死了连斯基。从奥涅金的原型里可以看到普希金本人的影子。这就说明普希金的内心深处对决斗这种方式的崇拜，因此，《叶甫盖尼·奥涅金》也可以说是普希金本人命运的谶言。

丹特斯结婚后，似乎并没有放弃对普希金娜的深度呵护，他利用亲属关系，马靴进一步插进了美人的裙裾。普希金再也无法忍受，他再次以极可怕的言词写信给格伦克进行挑战。这次，所有的劝说归于无效，丹特斯出面应战。

　　男爵！

　　请允许我澄清一下不久前发生的事。您儿子的卑劣行径，本人早有所知，因此不能漠然视之……

　　男爵，我必须提醒您，您身为荷兰君王的代表，却干着拉皮条的勾当，怂恿您的儿子做出这么多不体面的事……

　　男爵，从今以后，我禁止你们靠近我的妻子，我决不允许您的儿子在干这种卑鄙的勾当之后还去追求我的妻子，我更不允许这个骗子和流氓对她散布任何流言蜚语。

　　因此，请您趁早结束这一场阴谋，否则，我决不会善罢甘休。

　　谨此奉告。

　　　　　　　　　　　　　　　　　亚历山大·普希金

　　　　　　　　　　　　　　　　　一八三七年一月二十六日

　　一切都进行得有条不紊，从挑战、应战、检查枪械、场地、公证人等等。1837年2月8日上午，彼得堡近郊的"黑溪"，在一片开阔的林间空地，诗人发青的脸色显示出他被痛苦煎熬的崩溃程度。两边的证人在给他们选择开枪先后的抽签，上帝开了一个残酷的玩笑，丹特斯获得了优先开枪权。他仿佛执行公务一样挺身站立，一声令下，迈着标准正步向射击线走去。

　　在荷兰公使的监督下，随着发令声落，彼此都转过身来，但诗人等待着。他在想什么？他是否突然觉得这一切都毫无意义了呢？生机盎然的幸福如雪亮的雨声熄灭了复仇之焰吗？他是否觉得能同妻子在一起走完余生就是最高的艺术？他想到了他的诗歌吗？他是否被自己的光芒刺得心醉神迷？

　　历史在这一刻都变得不重要了，重要的是丹特斯连续扣动了扳机。第一枪打偏，第二枪打碎了普希金前胸铜扣之后进入身体。子弹洞穿了诗人的腹部。他倒地，然后艰难地坐了起来，浑身颤抖，公使发令后他终于打出第一枪，丹特斯应声倒地。普希金以为上尉死了，宣布放弃第二枪。其实丹特斯只是被打中胳膊，却十分专业地躺下装死，荷兰公使宣布决斗结束，上尉便从地上爬起来，普希金要求补上第二枪，被公使拒绝。

诗人被抬回了家，普希金娜扑到他跟前跪下，她浓密的、黑褐色的卷发披到了丈夫的脸上。她哭叫着——"普希金，普希金，你活着吗？"

诗人最后说的话是——"我感到呼吸困难，好像有什么东西正在粉碎我！"子弹已触发了比疼痛更为锋锐的东西，搅动着诗人的脑髓。可惜，所有的言语纷纷逃亡，他已无力说出。

临终前，他请求妻子喂给他几颗熟桑椹。他甜甜地吮吸妻子递来的匙子，无力地轻抚着妻子的发髻，然后便陷入了沉沉的黑梦。在梦中他发出呓语："……我们走吧，喂，一起走！"他又睁开双眼，最后看了一眼他热爱的人间，轻声地说："生命结束了。"

经历了 4 天剧烈疼痛之后，37 岁的诗人告别了妻子和这个迷乱的世界。

8 年后的 1844 年，娜·尼·冈察罗娃嫁给兰斯科伊将军。彼得·彼得罗维奇·兰斯科伊曾经目睹过丹特斯向冈察罗娃求爱的疯狂场面。他娶娜塔莉娅为妻，并把普希金的 4 个孩子全部抚养成人。1863 年 11 月 26 日，冈察罗娃因肺炎病故，终年 51 岁。

至于丹特斯，因诗人的死亡，震动朝野，当年即被遣送回国。夫妻俩一直住在法国亚尔萨斯省的小城——苏尔萨斯的父亲的家中。他们育有三女一子。看来，丹特斯的婚姻也并非当时人们所想象的那样始乱终弃。后来丹特斯出任苏尔萨斯市市长。1851 年，他代表右翼力量在法国宪法的审议会议上攻击维克多·雨果。1852 年法国政变后，摄政亲王路易·拿破仑任命丹特斯为参议员……

近年，还发现了普希金娜母亲写给女儿的信件。有封信称，普希金娜早年与丹特斯有染，并有一私生子。但这对于死去的诗人来说，这已没有任何意义了。

……

我大约花费了十几天时间，从南辕北辙的资料中清理出了上述事件。这一廓清的进程让我对那些华丽的镜像的及无奈的真实产生了痛切的体认。

记得小说家布尔加科夫说过，普希金与普希金娜站在一起，就容易联想到维纳斯与瘸腿火神伏尔甘。这一造型其实就已经预示了摇晃的危机。

美丽非凡并不是过错。她的可怕也许就在于她的禀赋不属于尘世的浸渍所能孕生的。她强烈的光焰在追慕者双眸中所生发的镜像，已不是双方所能制约的了。尽管彼此都是这一嚣张事件的制造者。生命中残留着对美对万种风情的征服激素，即使是一位行将就木的衰翁，这样的精灵也同样运行在他濒临干枯的肉身中。在这种激素的合谋下，即使是卓越的头脑，也会处于难以把持身心的倾斜状态。在倾慕与妒意之间首鼠两端，在魂灵的愉悦与冲动的放纵之间脚踏两只船。

天姿绝伦本已让人心井乱波，加之心性善良，越发使这一镜像变得远离尘嚣。内在的美的元素从迷人的丰姿下缓缓释放出来，宛如一只捕鼠夹，将一个个身心备受煎熬的男女心甘情愿地夹了个牢牢实实。

普希金以合谋者或制造者的身份，本可以隔岸观火而一心膜拜诗神的。火中取栗不是他的特长。但处于生命的沉思间隙中飘然而来的芳香却扰乱了他高傲的心性。敏感促使他从缪斯身边起身，去寻找这一缕肉体恒久不去的芳香。可悲的是，这发自钓饵的香味彻底迷惑了他，当摸索前行时，却被鼠夹捉住了失血的手指。

他不会把愤怒转向自己制造的鼠夹，而会直指那些被夹伤了心身还庆幸自己有运气的人。愤激，让诗人彻底迷失于思。来自艺术深处的激情以及对妻子痛切的挚爱，它所构筑的魂灵栖居之地肯定是人迹罕至的。因而，裹挟着神思的默许和性力锋利的冰雪，以摧枯拉朽的勇毅逼向偏激的刀锋。结局是注定的，不是自己被剖为灵与肉的分离，就是与刀口同归于尽！

生命中不能承受之轻的异化已经让人缄默了。但生命中不能承受之重却从伤口里涌出了诗歌苦涩的原汁。自尊、人格、荣誉、名声早已退身于茫茫雪原之下，独剩那颗无法行走、更无从飞翔的灵魂，燃烧于绝望的忠诚之中……

当我们与最为挚爱的人永别的时候，当我们意识到今生注定不会再次相遇的时刻，那些美好的德性正一滴一滴漏走。这一当下的活着，证明了肉身与魂灵的割舍，那些无休无止的创痛每一次回想中就进一步拓宽了伤口的亮度。而梦想中的往事以及嬗变如失去了麻醉效力的罂粟壳，木渣般塞满了创口。

这时，才会清晰地得出结论，唯有与最为挚爱的人一生相守，大地也就安宁而爽朗了。

那些来自于玄学或永驻在无常生命中的聆听，唯有在肉身与灵魂两不寻找的相拥状态，才会被重新命名。

一个伟岸磅礴的创造主体，在他把目光从神灵和历史的巢穴抽回来投向红尘中的风月之时，才情的喜悦往往会因对过于熟悉的事物产生瞬间陌生化，进而怀疑自己的判断力。如同林中路迷失于林地深处。但一直等候着抵达的家屋却被等待的岁月腐朽了根基和屋梁。乘虚而入的温存合情合理地从事着抚慰的责任。

通过对普希金、娜·尼·冈察罗娃、丹特斯的关系考察，让我不得不得出警示自己的结论。在多种利益持续的诱引下，一些坚韧的意志也会在不知不觉中受到软化。从开始鱼和熊掌的漫长痛苦选择，发展到鱼和熊掌均想收为囊中物，以致发衍到后来，可以蔑视一切游戏规则，践踏虚伪和严正的道德准绳，将功利与物质膨胀为思想意识中形而上学的产物，并与固有的信仰接轨、重合，以致让一具丰富多彩的生命彻底地蜕变为肉身，欲念的放纵，成为了唯一活着的实物。

甚至，对一位优秀的女人来说，让她动情甚深的人、事，并不可能将她的感觉囊括一空。在她沉浸于深切的缅怀思情同时，并不妨碍她的身体旁逸斜出。任何主体所投射的光芒，不可能指望它能在绿色植物上生发百分之百的光合作用。因而，守贞的心地，是在无法避免损耗一些原材料基础上来实现的，生活就像手电筒发出的一束光，我们视其照亮的范围为现实。在手电筒光之外的广大区域，存放着丰厚的令人心悸的经历。即使是手电光无意照射到了一些陌生的地带，我们也不妨真诚地闭上眼睛。尽管这暗含心酸的意味。

我们已经知道得太多了！把握住当下的生活，也许就是全美的尘世生命了。

必须承认，能够超然于男女风情之上的景致，是极为广博的。务必要强求使命与情爱浑然合一的人，与已退隐浪漫历史画卷的深入了，毕竟，弥足珍贵的激情入不敷出！"假如生活欺骗了你"，那么，就顺着激情的流向，我触摸到生命的结核。

2002 年于成都东郊

附注：

《普希金娜传》中译本，书名改为《普希金夫人传》（奥布多夫斯卡娅、杰缅季耶夫著，团结出版社，1991 年）。

《"我爱你的心灵"——普希金娜的故事》中译本，书名改为《普希金娜的故事》（库兹涅佐娃著，新华出版社，1983 年）

异端的宿命史

从词源学角度看，"异端"这一异词在中国的生命力源远流长。它有两个意思，一是指异常的征兆。现多指自认为正统者对异己的思想、理论的称呼。比如《论语·为政》就说"攻乎异端，斯害也已"，朱熹集注："非圣人之道，而别为一端。"焦循补疏："各为一端，彼此互异。"二是指古代儒家称其他学说、学派为异端。这就非常清楚地展示了异端的荆棘之路，它不断地从权力的锋刃上走过，并企图从事历险之舞，权力是断然不会袖手旁观的。

对本土思想者来说，异端一词大放光明固然是在秦始皇的焚书坑儒之后，但它更强烈的光源，却是来自被中世纪宗教裁判所点燃的猩红烈焰托举起的异端的膏血。

从异端的希腊文的词源着眼，异端起初不过是"看法"的意思，也就是说，异端是根据自己的判断来解释《圣经》，而不是全盘接受宗教权威的诠释。这似乎是一种学术见解上的分歧，但实际上却关乎信仰的基准。意识形态一度处在这种探讨争鸣的叫嚣声之外，主要是在于异端的力量和影响微乎其微，连制造涟漪的冲击力也不具备。但当异端的雪浪已经浸湿了意识形态的道袍时，这种愤怒是难以遏止的，敢于对官方教义提出怀疑和反思，已经是一桩不可饶恕的罪行，更为严重的还在于，异端通过信仰的管道俨然已经跟魔鬼沆瀣一气，会传播出远比一般罪犯更为严重的瘴气。因此，清除这种污秽不是断头台能够胜任的，只能通过洁净的火焰。这不但是宗教的责任，也是世俗中"正义之辈"不可推卸的义务。在清洗信仰这个敏感问题上，宗教与世俗的意见完全一致。于是，奔走于教堂和宫阙的意识管理人员开始行动起来了。

因此，根据权威的基督教典籍，异端的范围缩小到仅是指某些少数宗教团体，他们的信仰不是正统的、或是出于虚构。异端本是指不同的哲学派别，但到公元2世纪以后，异端就用来指在神学上有严重错误、离弃了广被接受的信条、因而产生与主流信仰分裂的党派。

由于时代的不同，异端的具体定义有些变化，但大致包括与灵魂有关的行业：巫师、炼金术士、炮制春药的江湖郎中、传播反既定信仰、反体制言论者。据记载，在中世纪300年时间内，一共处死了接近一百万异端分子。其中犯有信仰罪孽者都被最为暴虐的火刑送进了炼狱。

在这里，我必须提到一本小书，就是茨威格的《异端的权利——卡斯特里奥反对加尔文》。此书的中文版一反常态的没有前言和后记，连翻译过程也没有交代，这颇像呈现一本天书，只让读者去感悟个中的秘端。本书完成于1936年，一些人认为作家有先见之明，是在预示希特勒以及纳粹暴行。其实，这不过是良心对黑暗历史进行终极审判的个案，是一部展示异端演变为独裁、再用残酷手段绞杀异端的流变史，是一抹思想荆冠流下来的黑血，它把正统思想史腐蚀出了触目惊心的黑洞，而异端浴火的叫喊正通过洞口撕裂着体制的谎言和后继者的耳膜……

在关于对纯粹思想上触犯的异端是否应加以迫害、处死时，卡斯特里奥质问道："异端这一术语的真正含义是什么？"他回答说："我不相信所有名为异端的是真正的异端……这一称号在今天已变得如此荒谬，如此可怖，具有如此耻辱的气氛，以至于如果有人要去掉他的一个私仇，最容易的方法就是控告这人是异端。一旦其他人听到这可怕的名字，他们就吓得魂飞魄散，掩耳不迭，就会盲目地不仅对被说成是异端的，而且对那些胆敢为他讲一句好话的人进行攻击。"

　　恼羞成怒的加尔文宣称《圣经》是界定异端唯一的法律文件。但是在《圣经》里却找不到这个词。"因为，首先要存在着一个教义的系统、一个正教、一个统一的教义，'异端'这个词才得以流传"。可是，在五花八门的解释中，人们怎样才能确定什么是"真实的"基督教义，或什么是上帝旨意的"正确"解释呢？人们能够从天主教的、路德派的、再洗礼派的或加尔文派的注释中找到异端的定义吗？在宗教事务上，有没有这样一个绝对确定的、使《圣经》放之四海而皆准的东西？对一个天主教徒来说，一个加尔文派教徒当然是一个异端，同样，对一个加尔文派教徒来说，一个再洗礼派教徒，当然也是一个异端。一个人在法国是一个真正的信徒，而在日内瓦却是一个异端。反之亦然。凡在一个国家里将成为一个处以火刑的罪犯，而在他的邻邦却被推戴为烈士。所以，卡斯特里奥说，"当我思考什么是真正的异端时，我只能发现一个标准：我们在那些和我们观点不同的人们的眼里都是异端。"

　　这是第一次新教徒判处异端死刑，而且是死刑中最痛苦的一种：在火刑柱上以文火烤杀。塞维斯特呼唤着上帝的名字，在火刑柱上与"残忍的痛苦"搏斗了足足半个小时！灰烬中的塞维斯特以一具焦炭状的造型，使另一名具有独立人格的思想家卡斯特里奥"从书页中抬起头来"。他与塞维斯特并非同志，但他不顾自己"可有可无、微不足道、无足轻重"，只不过是一个"靠译书和担任家庭教师所入，不足以养活妻子儿女"的穷学者。他要代表"受辱的人权"和良心，向不可冒犯的权威宣战。卡斯特里奥以《论怀疑术》与《论异端》，对加尔文的暴政予以反击。这场斗争的现实结果宛如蚍蜉撼大树，"在加尔文势力所及，营业印刷商没有人胆敢出版卡斯特里奥的书"，而他死后，"对他著作的审查制度，持续了几十年和几百年"。但是，异端的火焰以另一种方式在后继者身体里流淌，因为异端们相信，来自脉管里的血，一定可以使屠刀生锈，使暴力软化，并布满缺口。而从这个缺口透出的光芒，正是异端得以存立的人间之路。

　　正当加尔文准备对这个喋喋不休的卡斯特里奥处以火刑时，1563 年 12 月 29 日，卡斯特里奥停止了呼吸，以"革命性的病故"脱离了加尔文的制裁，卒年 48 岁。只能靠朋友们提供丧葬费、代还债务、抚养他的孩子。那些胆怯地避之唯恐不迭的人，现在急于表明他们是何等地爱他和尊敬他。葬礼中灵车后面紧跟着大学里的所有成员，灵柩由学生们抬到教堂，葬在地下室。三百个学生捐款立了一块墓碑：

> "献给我们著名的导师，感谢他渊博的知识和纪念他纯洁的一生"。

水无法被石头击穿。正如火焰可以撕裂光，但火焰不能使光疼痛。在血与肉的平台上，暴力的火焰与信仰之光通过疼痛而短兵相接。在人油的琥珀之上，思想的氤氲正从灰烬中横空盘亘。

路德早就指明了这种愚昧暴行的徒劳性质："异端绝对不能用物质的力量镇压或者压制下去，而只能用上帝的话进行争辩。因为异端是一种精神上的事物，不能用尘世的火和水将其冲洗掉。"如果说随着时间的推移，这种警告还在宗教界起到了一些约束作用的话，那么在更广大的范围——世俗领域，却至多是一种"异端的噪音"。

进入 20 世纪，异端的概念已经明晰而单纯：即是指反对现存体制的思想和思想者。似乎火刑柱已经蒸发掉了异端阵营里的杂质，使异端呈现出纯粹的蓝色光焰。

无论是沙皇的暴虐还是斯大林的铁血，无论是希特勒的"水晶之夜"还是红色高棉的头骨金字塔，异端就像一根根坚韧的灌木之刺，深深搅痛了独裁者的指令和睡眠。正如布鲁诺被烧死之前对刽子手所说的："你们宣布判决我时的恐惧，也许比接受判决的我的恐惧更大。"而中国的思想史、文化史基本上是一部剿灭叛徒和异端的历史。林贤治在《读顾准》一文里指出："真正的思想者，就其本质来说都是异端。"这就在于思想者必然要在思想史的层面上与过往的异端思想相对接。这条道路并不需要刻意地标新立异，而是异端思想早就清晰而深切地绘制了真思想的地图，异端只能朝着厘定的方向前进。一些稍微开明的统治者很是恼火：我们什么都做了，但你们为什么总是不舒服呢？难道一点好的地方都没有？你们不是有肉吃吗？这是独裁者不明白异端的精神性质，并混淆了基本生活权利与思想自由的概念所致。异端注定是以否定现实的面目出现的，准确地说是以否定现存精神状况而出现的，无论什么样的体制，其精神状况总会让一些敏感者不舒服，他们要发表诟病的言论，就像很多人在高声赞美一样，都是很正常的。但是，恰恰真思想的质地就是一种让人尤其是独裁者不舒服以至无法容忍的异质。

就像加尔文由异端成为统治者又开始加害异端一样，早期的许多革命者同样是黑暗中国的思想异端。毛泽东的异端思想，由来已久。30 年代，在毛泽东愤怒斥责国民党草菅人命、扼杀思想的同时，他深情讴歌了黑暗异端的集大成者鲁迅。毛一口气用了一连串的绵长修饰辞藻来表达内心的景仰——"最正确、最勇敢、最坚决、最忠实、最热忱的空前的民族英雄。"其实这些都是虚拟的，在刀口的反光中，异端的身影却像锈迹一样切过金属。

周海婴在《我与鲁迅七十年》当中记录了一桩小事：

1957 年，毛主席曾前往上海小住，依照惯例请几位老乡聊聊，据说有周谷城等人，罗稷南先生也是湖南老友，参加了座谈。大家都知道此时正值"反右"，谈话的内容必然涉及到对文化人士在运动中处境的估计。罗稷南老先生抽个空隙，向毛主席提出了一个大胆的设想疑问：要是今天鲁迅还活着，他可能会怎样？

这是一个悬浮在半空中的大胆的假设题，具有潜在的威胁性。其他文化界朋友若有所感，绝不敢如此冒昧，罗先生却直率地讲了出来。不料毛主席对此却十分认真，沉思了片刻，回答说：以我的估计，（鲁迅）要么是关在牢里还是要写，要么他识大体不做声。

一个近乎悬念的询问，得到的竟是如此严峻的回答。罗稷南先生顿时惊出一身冷汗，不敢再做声。他把这事埋在心里，对谁也不透露。（370—371 页，南海出版公司，2001 年 9 月第一版）

我记得奥卡姆剃刀的内容是——如无必要，不必增加。集权者把这把从宗教切割到经济领域的剃刀之锋，才思杰出地组合镶嵌在了权力之剑上。集权者们在思想言论领域运剑成风。

剿除异端的后果正如异端思想者福柯指出的，他用"圆形监狱"理论揭示了控制权或支配权的形成与空间结构之间的不可分割的联系。圆形监狱的空间特征是圆环状的监狱大楼加上高耸于圆心处的中央监视塔，大楼内的每一间监狱均在中央监视塔的监控范围内。无论是前来巡视的高官，还是普通的小狱卒，只要置身于监视塔内，就由于空间上的等级划分，获得了对每个犯人的绝对控制权。

我注意到一个微妙的变化，他们正在玩弄混淆词义的伎俩，现在他们把邪教（国外一般称为异教，一字之别，善莫大焉）、魔教、帮会甚至通过信仰来敛财的诈骗集团尽数归入异端的名下。这种污染词缘的动机是非常龌龊的，把这些刑事犯罪俨然升格为信仰罪孽，到底是在美化他们的犯罪智商呢，还是在侮辱思想异端的品质？而在数字化时代的今天，异端的美学向度受到了商人们的重视，很多人就干脆以"美术异端"、"服装异端"、"写作异端"、"股市异端"自居，似乎异端已经成为一种出名的招牌和策略了。

异端的阵营没有这么多繁杂混乱的成员，异端在功名之途上是绝对沉默的，因为思想无须进行物质兑换。思想者在思想的驿途与过往的异端相遇，一个人一旦被光打穿，他的思想中跃升起的光柱将替代他脊柱的硬度，这犹如一个醍醐灌顶的交接仪式。顾准是从古希腊的思想里获取了理性主义的柳叶刀；张中晓从历史的渊薮里获取了复原历史真相的血气。而胡风在抗辩中被权力的镇定剂摧毁了异端的神经；可怜的是张志新，她竟然被权力剥夺了惨叫的权力。应该明白，这个做法是中世纪火刑之前的必然手续，但"慈悲"的加尔文在杀害塞维斯特之前，却废除了这个形式，他要让异端惨叫穿透听众的耳鼓和信仰的天庭……

从对思想史的梳理中我们发现，经典的异端思想一定是背离了时代或超越了时代。正如葛兆光先生所描述的，思想家们的思想可能是天才的超前奇想，不遵守时间的顺序，也不按照思想的轨迹，虽然他们在一般思想与普遍知识中获得常识和启示，但常常溢出思想史的理路之外，他们象征着与常规的轨道的脱节，与平均水准的背离，有时甚至是时间轴上无法测定来源与去向的突发现象。因此常常可以看到思想史上的突变和"哲学的突破"。而正是高踞于时代之上而非融于时代之中的异端思想激起了变革和时代精神的转换，异端之思已经成为了推动社会前进的经典力量。

光注定不能被火熔化。着火的思想就像火刑后变形的铁柱，上面镌刻出的图案和花纹，展开异端惊心动魄的美，正是异端的思想切进现实的刀痕。海德格尔引述过 17 世纪虔信派的著名口头禅——"去思想即是去供奉"，那么，思想的"林中路"就不是抵达烟火尽退的"林中的净土"，而是在铁桶合围的现实中，以异端之思打开精神的天幕。

思想者应该永远牢记——异端不是思想的异数，而是思想的常态；异端是个动词，精神才是异端的主语。这就是异端的宿命。

2002 年 5 月 19 日成都

大地的钥词

> 极度的悲悯是非凡而令人敬畏的光辉，将不幸者照得面貌一新。
>
> ——维克多·雨果

　　由于一种近似的国家语境的吸引，当我们把目光聚焦在东欧以及俄罗斯白银时代作家身上的时候，还有一些十分优秀的文字，悄然游离在这手电的光斑之外。它们与其说是高蹈的，不如说是用蛰伏的姿态，保有了最为本真的情感液汁，就像掩隐在浓荫里的树枝，偶尔被风拨动，将阴面的绿润，呈露于我们视线的余光。稍不着意的话，它们又折返到寂静的深处，匿于桦树皮、藤蔓和浆果之下，继续它们与风雨的喃喃对话。

　　在巴乌斯托夫斯基、普里什文、邦达列夫、索洛乌欣之后，我对阿斯塔菲耶夫的文字并不熟悉。大概知道在严酷的无孔不入的书报检查制度下，俄罗斯依然有一批作家脱颖而出。阿斯塔菲耶夫、阿布拉莫夫、沙拉莫夫等等，他们率先打破了专制的文网和铁幕，以本真的写作发出自己的声音。尽管在《鱼王》的扉页上，我注明的购买时间是 1986 年 8 月 16 日，20 年的时光就这么停滞在这一张扉页上，我匆忙地翻了翻，没有再往里面多走几步。扉页仿佛一道纸门，竟然就阻挡了我对门后的黑森林、岔道交错的河流、深湖、没有方向感的雪地的踏访。我当时的感觉是，那里太远、太大了，我怕走不了多远就会迷路。在茫茫的西伯利亚，除了出产冻土和流放犯，我碰不到当时令自己感到会心的东西：坦克履带前的争论、词锋的刀光、从叶塞宁身边滑过去的蛇腰、阿赫玛托娃女皇般的鼻子、拆散的笔记簿、无法刊布的火焰诗稿，等等。这些被当代汉语津津乐道的东西，固然是那片寒冷地带的尤物，但沉默的远处，花开花谢的交错，自律而恍惚，只是无须掷地有声罢了。

看看阿斯塔菲耶夫的照片吧，平凡而内敛，过早稀疏的头发，额头的皱纹与隆起的眼袋处在一张长而椭圆的脸上，并没有特别吸引人之处，反而容易让我将其与孤儿和儿童保育院的生活联系起来。在阿斯塔菲耶夫的文字世界里，没有对集权制度的愤怒控诉，没有对俄罗斯命运的大声疾呼，没有情绪的加速与描写的减速，只有一个徒步者对大地持续的丈量。他看见，他说出。如降落在河面的雨水，有的在开花，有的在凋谢。前几天，就仿佛一个神启，我翻开《鱼王》时，手指一颤，翻到了96页——

> "……喝足了人血的蚊子一个劲儿地贴着窗玻璃爬上爬下。一个右手封在石膏里的男孩子用左手把蚊子揿死在窗上。窗玻璃的一面淌着红色的血滴，另一面却是明澈的雨滴。它们顺着玻璃流着，轨迹有重合的，间或曲折相交，但是血的污流和雨水的清流虽然交叉重叠，却相互冲刷不掉，玻璃上的这幅意象使人不由得想起某种难以理解的颇有凶兆的生存之谜。"

我再倒过一页，发现是出自其中《达姆卡》的一个段落。这是怎样的描绘啊！混合着不同性别、物性的血，以揿死蚊子的方式张贴出来，谁能够将其分别？复杂的血和单纯的雨水被玻璃阻隔，它们在彼此靠近、合流，但玻璃以透明的质地来呈现这一幅绝望地图。一面是灾难的现在时，而一面却是消解、是涂写、是粉饰的努力。这就是说，很多事情，如果彼此不相知，反倒是好事；彼此相知却无法更进一步的世界，将那个国家语境下的苦难张贴在一个载体上：你不注意就毫无声息，你一旦注意了就惊心动魄。

这个描绘让我联想起冰块、死，联想起冰层下冻硬的鱼，联想到水晶中的叫声。这个意象很容易把我的思绪带往广阔的领域，带往生活的玻璃另一面昭示的危机。很多时候，我就像一条搁浅在河岸上的鱼，我无法回到自己的语境，我毫无出路地挣扎。但我的河流是镜子，不是玻璃——因为我一直以为，我能够从反照里看见苦难的全部细节和表情。

问题在于，阿斯塔菲耶夫的河流是玻璃性质的，它透明，它琥珀，它澄静。

阿斯塔菲耶夫在一篇叫《窗》的散文里，同样展示了他对透明的逼视："蓦然，如同一根烧红的针尖，黑压压的混凝土砖石堆里刺出一点灯光，渐渐投来，映出一扇窗的轮廓——于是你心里一阵揪痛：那里，在那亮着灯的窗内发生了什么？是什么把谁惊醒，使他下床？有婴儿出生吗？有人死去了吗？难道是谁心痛难眠？……"这就是说，像玻璃一样的透视欲望，促使作家在冰封的俄罗斯大地上，正视着一切遭际和变异。疼痛，疼痛到透彻，疼痛到透明的过程，铸就了阿斯塔菲耶夫那透彻的悲悯。

《鱼王》的叙述像一块透明的玻璃，一面是作家对俄罗斯大地、对大众的深情，另一面，却是国家语境对苦难的掠夺与粉饰。他痛心和沉默。没有谁像阿斯塔菲耶夫那样用肉身去感受自然的苦痛和生活的悲伤。那些徘徊在女人裙子里的蚊子，突然以语录的庄严姿态贴上墙壁，成为这个世界的唯一语法。但蚊子终于被钉死在玻璃上。来自于女体的血，记录了这个死亡的过程。

悲悯，我突然觉得，它应该是阿斯塔菲耶夫最高的语境，命令中的命令，用这个最冷的水晶，独对着一切强悍的重量，并照亮无边的痛苦。

如果我们把海明威的《老人与海》和阿斯塔菲耶夫的《鱼王》进行对比，会有这样的印象：两篇小说框架相同，都是人与鱼（自然物像）的故事，但各自的诉说截然迥异。《老人与海》的古巴渔父桑提亚哥在大西洋里和鲨鱼搏斗，桑提亚哥从精神上战胜了鲨鱼，小说是对即使一无所获、也绝不放弃的精神歌颂。《鱼王》里的"摸鱼人"伊格纳齐依奇钓到了一条鱼王，鱼王和伊格纳齐依奇在奥巴里哈河上殊死搏斗，最后在伊格纳齐依奇盼望的救船已瞩目可及的时候，他却将暴怒的鱼王放走。他自言自语："去吧，鱼儿，去吧！我不向任何人说起你的行踪，尽情地活下去吧！"

在伊格纳齐依奇与鱼王搏斗到脱力的时候，他回忆年轻时蹂躏过的姑娘格拉哈，想到了爷爷对他的告诫："最好把它（鱼王），这该诅咒的东西放掉，而且还要装得若无其事，似乎在毫不在意地放掉它的，然后画个十字，照常过你的日子，并且常常想着它，求它保佑。"在这里，弃力不等于弃智，一个可以放弃赢的人，是因为获得过太多的输！赢的策略必然带动起一场不会平息的风暴，不是害怕失去，包括自己的生命，而是输的结局几乎成为了众生的一种常态。一个面对广阔的水域，不再宣布自己就是胜利者的人，就非常清楚，谁才是真正的鱼王。面对桑提亚哥和伊格纳齐依奇，到底谁更懂鱼？谁更明白水的含义？我以为，阿斯塔菲耶夫用这个具有深意的细节，证实了迪特里希·朋霍费尔的生命誓言："假如我们通过此世的生活而参与了上帝的受难，成功怎么能使我们骄傲自大，失败又怎么能使我们迷失道路呢？"

无论是鱼的水面，还是人性的水面，它们是透明的，与奔走在物质底部的根性紧密相连。它们不是镜子。我想，每每陷入博尔赫斯镜像迷宫的人，是很难进入这样的语境的。你往玻璃上紧紧地贴一张锡箔，然后倒上水银，变成黏稠的银白色的锡汞剂。镜子拒绝进入，镜子拒绝深度，拒绝哭泣，镜子是玻璃身上的水银，是被自我抛起来的双重或多重影像。为此，有多少人迷失在放大的自我与物质幻觉中……

有鉴于此，我每每读到诗人杜运燮写于 1942 年的《Narcissus（水仙）》一诗时，总会产生诸多共鸣——

倒读与反写

> 一切是镜子，是水，
> 自己的影像就在眼前。
> 不要纠缠在眼睛的视觉里。
> 心灵的深处会为它绞痛，
> 流血；心灵的高处会为它

铺乌云，挡住幸福的阳光。
那就会有一片忧郁——
没有方向和希望，
没有上下，记忆的轰响串成
无尽的噪音……

是一切混乱。
生命在混乱中枯萎，自己的
影像成为毒药，染成忧郁，
染成灰色，渐渐发霉、发臭……
能看到镜里的丑相的，不妨
耸一耸肩，冷笑一声，对人间说：
"能忘记自己的有福了。"然后
搅浑了水，打破镜子。

　　镜像很容易使我们成为那西索斯，影子的影子。我们会发现在诸多面镜子的交相叠映中已经衍生出了无穷无尽的镜像，而在这无穷无尽的镜像交织当中，没有哪一个镜像可以成为生命最后的归踪。打破镜子的迷宫，让曲折的弧度还原为蜂腰，让平面的幽深被花刺扎出血水。让鱼游走，要让现实传达出晦涩但深刻却又悲怜哀伤的情愫。该说话的，石头要说话；该透明的，总要澄澈而无垢，不可荫蔽人们的良知。但悲悯不是悲痛，正如佛教经义所指出的，那些人本当在这境地中获得大光明。当其心体灵明发露时，便过于内抑，忽然在其内心深处发出无穷的悲悯，这叫做压抑过分，反而摧伤心体，这种境地并不是证得了圣境。如果能保持觉悟而不入迷的话，时间一久自然消歇。如果误解为成就了圣境，那就会有悲魔潜入他的心腑，这样便失却了正受，而从此沉沦于软与灭。
　　悲悯是大地的钥词。钥词组合着明澄的世界。
　　悲悯同样是阿斯塔菲耶夫的关键词。悲悯不是高高在上的，它是俯身于大地的，是把自己的全副身心贴到土壤上，感受地脉的灵魂弧度。悲悯如水，从里到外，浑然一致。打不破，问不得。它是人性的动词，推动着我们与原初的事物产生亲和，彼此融进。如果只用一个词来概括阿斯塔菲耶夫小说世界中所灌注的情怀，我们只能首先想到"悲悯"这个词。用一种博大而又沉郁的悲悯之心去看待社会，看待自然。但"悲悯"已不再只是一种角度和立足的制高点，也就是说它不是类似于悲痛的策略，而是本质——悲悯已内化为一种精神品格和情怀气质，浇铸在他的作品中，并成为他的作品的内核。

这样的思考在阿斯塔菲耶夫身上出现，应该说是很自然的。在他的散文《禁忌》（见《中外短文 200 篇》电子版）里，老人奥达尔卡与樱桃树的反复交错，体现出作家对死亡的警醒自觉和对生命无常的深情关注。在"亲人去世，八年不吃樱桃"的禁忌之下，"死人的事一件接一件，八年期限未到，接着又是一个八年。她已经记不清哪位亡人的八年期限何时到期了。在她的记忆里，一切都混成了一团。她只知道一点，那就是她这一辈子只有接连不断的禁忌。"到后来，奥达尔卡疯狂地吞食樱桃，她是想把死亡、灾难一口吞咽，留下一个清白的世界，但满嘴的苦涩犹如世界的罪，她泪流满面。这一幕，容易使我联想起圣餐与主的身体。

悲悯事实上是以对人的生存思考作为根基和前提的，生与死是两个互生互存的连通器，那么对死亡的自觉反省也就必然地要关涉到对生存原则的本质观照。于是，阿斯塔菲耶夫从自身的历史中所引发出对死亡的痛切感受，终于在他的意识中引申拓展为对生存的形而上思考，对死（及生）的有意识把握，事实上也就抓住了作为一个生物和"社会体"的两面，这不仅使作家在观察人的精神活动、心理活动、社会活动乃至生物活动等方面时，在视点上具有一种高屋建瓴的宏阔性和历史纵深性，而且还使作家对人的描写和刻画，不会仅仅停留在人的"活动"层面而会在诸如人的生存意义、命运走向、价值观念等有关人的存在本质的根本性问题上生发出一些独特而又深刻的思考和结论。

在世界的基座上，在物性的两面，阿斯塔菲耶夫用悲悯的钥词，使它们逐一透明。

哪里有悲悯，哪里就有拯救；哪里有拯救，哪里就有重生。以濒死的生命所难以承受的死亡之重来激发人的同情、爱心，激发复活的渴望。对生命来说，重要的并不在于受难和受难的多少，而在于其发掘生命内在的深度。阿斯塔菲耶夫在大地上掘下的井，不但连通了赫利孔山缪斯驻守的灵感之井的水脉，他涌出了更深的暗水，浸出悲悯的泪。只有在这个临界点才可能发现已经存在的深度，他注视着、涌现着对人生命的无限悲悯。

"回忆降临在黑暗的水面。／那些人，似乎在一片玻璃后面，凝视，沉默。"（《诗的六首演讲辞》，见《切·米沃什诗选》，张曙光译，河北教育出版社）

阿斯塔菲耶夫本人对被准许出版的《鱼王》很不满意。他在《最珍贵的稿酬》（见《阿斯塔菲耶夫散文选》，131 页，百花文艺出版社 1995 年 12 月第 1 版）里说，他为出版社为了他"好"不停地让他修改、肢裂原作而流泪。即使在《鱼王》获得热烈"反响"后，他说，"我的痛楚、气愤、内心的创伤和委屈并没有随之消失——我不喜欢《鱼王》。"但是，他却意外地获得了一次补偿。作家在冬季回到了西伯利亚的故乡，结冰的叶尼塞河已经很难钓到鱼了。一天他"发现在门把手上面挂着一个塑料袋，里面装着几条鱼和一张纸条。"上面写着："送给《鱼王》作者。钓鱼人。"这，正是大地对人子最好的报答。

2001 年 11 月 29 日，阿斯塔菲耶夫逝世，人们应该记住小城叶尼塞伊斯克航空站的那块玻璃，应该铭记他遗嘱里最后的一句话，这就仿佛是对玻璃上"生存之谜"迟疑和反切，在他升起来的时候，阿斯塔菲耶夫终于把钥词，放回到那最高的钥句当中："希望你们大家能有最好的命运。为此而生活，而工作，而经历苦难。"

2004 年 5 月 23 日在成都

豹子的精神分析

有种动物叫青宁

《豹的国际谱系簿》的主编、美国的舒美柯（Dr.A.Shoemaker）博士曾发表过一段见解："豹可称是地球上分布范围最广泛的大型哺乳动物之一，至今它的分布区仍在不断延伸，即由南非最南端的开普敦地区 Capetown 向北一直延伸到罗斯北部的普列摩尔斯基 Primorsky 地区。在这大片土地上，被专家学者承认的豹亚种竟有 27 个之多！"（见《1992 年度豹的国际谱系簿》）

从哺乳动物分类学的角度来讲，豹是猫科、豹属下面的一个种，学名是 Panthera pardus，英文名是 Leopard，中文名就是简单一个字：豹。这显示了汉语在计量科学方面的简陋。华丽的猛兽们其实早已倦于这个汉字的画地为牢，它们首鼠两端，大有出位之相。除有中国豹、亚洲豹外，还有非洲豹。但是欧洲就没有豹的身影，大洋洲也不产豹。但不是常见到美洲豹吗？这是怎么回事呢？原来，美洲豹又称为美洲虎，其实既不属豹类，也不是虎型，而是另外一种猫科猛兽，体格比虎小、比豹大，性情凶暴，也能吃人。

豹子在中国历史的"宏大叙事"中很少现身，它让位于龙行虎啸，在权力的边界地带，鬼魅般的飘拂身影似乎可以随时汽化，人们难以观察，更难于捕捉。老虎比它更剽悍，而且头部更大，所谓"豹子头"就显得比较小气或者刚力不足。而且从声音的威信上，虎啸宏阔，豹吼短促；熊是瑞兽，甚至可以伸出翅膀为梦者带来好运气，而且体格也更显威仪；而狼、狈等看上去比豹子更具诡谲意味。但透过猛兽向文化争宠的间隙，豹子的领地就像是一条狭窄的阴影，这赋予了它飘拂不定的品质。也就是说，豹子的形象无法被"大词"构成的历史捕捉。而突进汉语词汇里的是它的尾巴。豹尾就是一个异军突起的反词。它不是一种致命武器，长度实在不成比例，已经与身长相当，但豹子并不常用，只是在危急关头，尾巴具有钩倒对手的擒拿功夫。而众多传说赋予了豹尾裂石穿空的魔力，仿佛杀手锏，干净、彻底，一蹴而就。这就出现在逶迤的车队最后，压阵车就叫豹尾车。

相传在遥远的远古时代，"昆仑山"麓栖居着一支原始部落，这个部落的首领叫西王母，他们的部落以虎豹为图腾。历史学家蒙文通指出，"海内昆仑之墟"就是岷山，而非如今帕米尔高原上的昆仑山。

西王母是异兽组合出来的领袖，长着老虎的牙齿，披头散发，还佩戴玉簪。每当晨昏时分，她踞于山头狂嘶猛吼，声振山川。她具有豹子那黄金的尾巴，这条铁鞭举而不倒，实际上相当于一种雄性性器的象征。在一个女体上，竟然具有雄性之象——这也体现了母系氏族时代，西王母具有君临万物的气概。

但豹子是羞涩的，它并不随时起性，它们都有自己的燃烧期，不像蒲柳文人可以在被御用的之余，还从事御女的龌龊勾当。刚刚成熟的豹子不大愿意交合，这使它们感到了甜蜜和忧伤，同时又深感到痛苦和畏惧。交合在一起要耗费巨大的元气和体力，这很容易丧失警惕的锐度，母豹子甚至还会反噬一口，但雄豹最终还是进入到了母豹子的体内行走。传说公虎的生殖器是带倒刺的，在交合中倒刺将使交配中的老虎靠得无限接近，那么公豹子同样也长着带倒钩的生殖器，它钩住了母豹子的肌肉皱褶。但母豹的扭捏以及不合作加剧了它们之间的痛苦，在拉扯中，性器上的倒钩被扯掉了，留在了母体内，而母豹子则在雾气中消失于丛林上空。不知这是否为豹子的一个别名"失刺孙"的由来。列子说，有种动物叫青宁，是豹子的祖先，而豹子可以生育马，显然是马的先驱。

豹的精神镜像

豹是充满不确定的动物，如同它紧贴大地的同时，对飞舞的异色空气充满觊觎之心。古人认为，豹子性暴，故命名为同音字"豹"，《说文》指出它勺物而取，以程度而食，故字从勺。但是豹有个更古怪的名字叫"程"，这是形声字，本义是称量谷物，引为章程、规格，这说明豹具有十分谨慎的德性，类似于孔子的"慎独"教诲。这么谨慎的动物却以一身嚣张的披挂炫目在历史的逆光中，不能不说体现了造物主的苦心孤诣——它们只能行走于人气之外，在幻觉里展示奇迹，因为它还是上帝的化身。

视鲁迅为毕生夙敌的苏雪林，晚年转入神话学研究，她曾在《屈赋论丛·中外神话互相发明例证数则》中指出："《九歌·山鬼》的歌主，旧谓山中木石精怪如'夔'、'枭羊'、'罔两'，容貌是奇丑的，近代楚辞学者又指为巫女神女，其实这位歌主含睇宜笑，是个美少年，披萝带荔，乘豹从狸，则与希腊酒神狄奥尼索斯有非常相似处。豹子与山猫乃酒神爱兽。希腊神话从来未言酒神豹子作何颜色，山鬼乘车之豹竟为'赤豹'，我们知道豹色黄如虎，亦有纯黑者，却未闻有赤色之豹，然则这赤豹定是神话之豹而非实际之豹了。屈原说话句句有根据，从来不作凿空之谈，他这赤豹当亦是从域外转来的，这不是可以补希腊酒神故事的缺典吗？"

这就显示了苏雪林的治学特点，恐怕多半有些捕风捉影的推测。赤豹是个反词，不过是被神性的颜色涂染了一遍，但我们怎么能够认真到与楚方言中的巫祝之语较真呢？这大概就类似用皮尺去丈量"白发三千丈"的精确性。

我们可以看到赤豹的精神镜像，它被大地的"第一元素"打通了灵魂和躯体，是动用了火焰的暴力的结果。但豹子其实已经无须进一步武装自己了。西南地区见到云豹，这并不是"云南之豹"的意思，云南某诗人大概吸食蛊气过多，就有这种地缘嗜好，希望这种怪力乱神促进诗歌艺术的飞翔。当地称为云豹或云虎的原因，主要是它身上的花纹不像普通豹的钱币形或梅花形，而是一片片如云朵形。云朵不是燃烧、跳跃、轻盈的，那是豹子从山巅的云雨里穿过，被云气文身的美丽结果，而且，并生并息，充满滋润的水分和闪电的威力。

云豹的体形比金钱豹或银钱豹小，四肢更显得短，但尾巴却是又长又肥大，其长度是与身长相等。尾上有 12 ~ 14 个黑环，至于毛色则是焦黄而发灰，看起来不如金钱豹漂亮。云豹有一个很有名的特征，就是它的特别长大的犬齿，虽然不能同雄狮或猛虎的粗壮犬齿相比，但是在这样一种体形不大的野兽嘴里，有特别长的犬齿，突出了对力量的炫耀。一位动物学家慨叹道："这使我想起古代早已绝灭的剑齿虎。"

我一直对人们惯称的所谓金钱豹、银钱豹的称谓有些不满。自然的东西很多，为什么才思枯竭到只有用钱来比附豹文的造型呢？尽管清人沈起凤在《谐铎·兽谱》里承认："所以称为豹变者，因背有金钱文耳！"其实早在买卖诞生之前的漫漫岁月里，这些尤物已经丈量完大地的尺寸了。它们被花香迷惑，终于走出困境的时候，已经成为了技艺精湛的花豹。

诺贝尔文学奖获得者路德亚·吉卜林写过老虎，这得力于他的丛林生涯。美国作家苏姗娜·查津在传记《"儿子，你会成为真正的男子汉"》里记述道，英国作家吉卜林一度最愉快的记忆是 1900 年到 1907 年间的冬天，那时候他们一家住在南非开普敦附近。在炎热的下午，吉卜林总喜欢躺在大橡树下的吊床里，孩子围在身旁。一次，儿子约翰问："爸爸，为什么豹子的身上有斑点？"

吉卜林的眼睛无疑闪出奇异的光芒。他俨然是一副先哲的声调，说很久以前，豹子和它在广阔的草原上追猎的斑马和长颈鹿一样，颜色是沙棕色。可后来，为了逃避豹子，斑马和长颈鹿躲在树林里去了。

　　"过了很久很久，"吉卜林接着说，"由于站着的一半在阴影里一半在阴影外，长颈鹿长上花斑，斑马却长上条纹。"豹子呢，吉卜林解释说，为了猎取森林中的新的猎物，它也得改变，于是就选择了斑点。"你们不是经常听到大人问：'花豹能改变身上的斑点吗？'"吉卜林向孩子眨了眨眼睛，连连摇头。

　　"花豹能改变身上的斑点吗？"是著名的西谚，但作家企图用豹子的革命性改革来证明僵滞观念的错误。吉卜林把自己有关野生动物的奇异故事收集到一本名为《林莽叙事》的书中。1902 年该书出版发行，赢得广泛赞誉。

　　吉卜林的色彩论述颇具匠心，但符合诗学的规律和豹子的世界观。针对人人垂涎于豹皮的风尚，李时珍指出，皮不可籍睡，令人神惊。其毛入人疮中，还有大毒。所以，寝豹皮的人很容易中邪，暴死是一种加倍归还的惩罚。我们看到一只在红树上歇息的花豹，身体像丝绸软软地挂在风中，豹尾是一束尚未编织的丝，把光线卷成蓄势待发的圆弧，却有"声声慢"的悠闲。它不像里尔克的诗中所形容的："强韧的脚步迈着柔软的步容"，也没有海明威在《企力马扎罗山的雪》中描绘的豹子具有的高临万物的精神气象。花豹从容，嘴角的花裂吻就像忧伤的符咒，切进大脑。我们无法目睹奔驰的豹，就像我们无法洞悉神谶立竿见影。

　　身影如烙铁，使空气发出嘶叫的时候，只有一种东西能够使之终止，那就是猎豹。猎豹与普通豹不同种，不同属，甚至还自居一个亚科。最主要的一个特点就是它的爪不像猫爪而像狗爪，爪较直，不弯钩，不能收缩掌内，也没有爪鞘。猫科动物中爪子像这样结构的，只有猎豹一种。猎豹是有人畜养它来助猎。另外还有少数猎豹产于印度和巴勒斯坦一带，贵族在出猎前称饿它一天，等出猎时，以布罩蒙头，到达猎区发现有野兽时，就放它去追，任何四足动物也逃不出它的追击。人们不但看见黑闪电狂暴地抽裂大地，还觉得那些飞扬的黑色金丝已经潜伏在自己意识的最高处，闪着冷光……

1926 年印度击毙了一只恶名远扬的"茹德拉蒲拉雅格食人豹"，远远超过福克纳在享誉世界的杰作《熊》里描绘的灵熊"老班"，在三年时间里它曾吃掉 125 个人！而在第一次世界大战时期，在靠近尼泊尔的库库芒地区，更有两只食人豹曾先后吃掉或咬死近 500 个人！攫食一途上，豹子的天赋一直就受到集权者的青睐，一直希望它肩负起"替天行道"的使命。古罗马帝国的统治者为了镇压异教徒以及基督徒中的叛逆分子，曾经从非洲弄到大批野豹和狮子，通过北非、地中海运到意大利。饿了几天又经受虐待的野兽，在审判大厅内，一看见脱光了衣服的人在地上乱跑乱爬，马上大发雷霆，一时间，大厅内狮吼连连，犯人哭骂，这种震撼场面，在中国历史上也不乏例证。但豹子却在旁边静静伫立，它拒绝与权力媾和。豹子是绝对不可能被驯服的，因而，希望豹子成为御用杀手多半是一厢情愿，而"独有英雄驱虎豹"之类的豪言更是叶公们的梦呓。

豹死首山

作家周涛在《游牧长城》里感叹："在中国，狮已经成为皇宫禁城门前的两只卷毛狮子狗，虎也成为封疆大吏脚下的垫物，只有豹子，带着民间英雄和江湖好汉的色彩，闪耀着独行独往的无羁的光芒！"但在我看来，豹子与民间英雄和江湖好汉都无关，它是独立于这些纷争之上的审视者。

豹子的天敌主要是老虎和狮群，偶尔在水边也容易掉进鳄鱼的血盆大口。《狮子和老虎，哪个更强？》一文指出，曾经在美国的《探索》节目中，看见一只雌性孟加拉虎在黑夜的密林中对一只入侵的金钱豹穷追不舍，而印度等地的金钱豹在体形上并不比一只成年雌虎小多少，而且更加残暴，护犊的本能让母虎不顾危险地坚持要将这只金钱豹杀之而后快，在第二天清晨的阳光下，镜头显示出母虎正叼着一只已经吃剩一半的金钱豹，并且还在舔着金钱豹那身美丽的毛皮……这固然是豹子的悲剧，但比起人类的疯狂猎杀来，就不算是什么了。

作家吉卜林特意为儿子写过一首诗《假如……》，就像是书写自己与豹子的际遇：

> ……
>
> 假如你能将自己所有的一切
>
> 赌注在生死攸关的时刻
>
> 失败了，从头开始再来
>
> 嘴里没有半个字的失败。
>
> 假如你的心脏、神经和筋骨，虽离你远去
>
> 却依然能效力于你的轮回
>
> 一直坚持职守，尽管你本身已灰飞烟灭
>
> 只有意志在喊，"坚守！"……

古人说，狐死首丘，豹死首山，不忘本也。豹子只以一个怪包在背脊上作无尽的滚动，就像刀锋的缺口，在逐步演变为锯齿。安静中的力量是最难以确定的，从锯齿的缝隙间摊开了令人窒息的生命和美……

雪豹

其实，海明威放在乞力马扎罗山顶巅的那头豹子，并不是雪豹，连非洲豹也不是，因为非洲豹不可能冒险涉足雪线之上。西高峰叫"鄂阿奇—鄂阿伊"，即上帝的庙殿。"在西高峰的近旁，有一具已经风干冻僵的豹子的尸体。豹子到这样高寒的地方来寻找什么，没有人作过解释。"其实，小说家把自己的灵台搬到了非洲第一高峰上，至少与"上帝的庙殿"比邻而居，那么在此出没的动物，必定得具有君临万物的气概。雪豹是一个突袭作家灵念的动词，它出现，他看见，他说出，仿佛一朵突然的雪莲要吐露天庭的秘密，如此而已。

雪豹是纯粹亚细亚化了的动物，分布在中亚以及东亚北部和沿青藏高

原散开的山峰与乱石之间，它不可能像迎客松那样伫立或招摇，以地主之仪表示冰雪的柔软。它总是退避在人们视线以及某种不祥的感觉氛围以外，然后迅速与太多的冰雪融为一体，就像博尔赫斯的妙句"仿佛水融化在水中"一样，雪野上，只留下一行谨慎的足迹，然后，连同足迹不翼而飞。

在瑞典人斯文·赫定的亚洲腹地考察记录中，他注意到了野骆驼、新疆老虎的罕见身影，但雪豹却从他修长的指缝里成功逃逸，雪豹像避谶一般，融化在单筒望远镜的焦灼当中。因此，它一直没有在西语的舞台正式现身。偶尔突入欧洲人想象空间的雪豹，至多是它浮在冷空气中的嚎叫，叫声类似于嘶嚎，不同于狮、虎那样的大吼，也没有云豹那般嚣张。普宁在小说《高加索》里描绘了雪豹的叫喊："有时在半夜里，恐怖的乌云会从崇山峻岭中蜂拥而来，刮起翻江倒海的暴风雨，闪电不时把喧闹的、像坟墓一般漆黑的树林照得像神话中的绿色深渊，高空中不断炸开古已有之的隆隆的雷电。这时林中的山鹰、雪豹和胡狼全被惊醒，发出一片啼声、吼声和嗥叫声……"胡狼被冻得不行了，竟然去求人开门，但雪豹远远地喊着，声音像鞭子令风暴加速，并使房梁发出碎裂声。这种发声术符合地缘语境，雪野总是松软的，声音一旦散开，迅速被空气胶着。在一个连岩石也陷入沉睡的领地，雪豹的叫声只是摇落了一层雪花，并设置完备雪花之下的陷阱，然后，一切均归于岑寂。

距离斯文·赫定的足迹一百余年以后，乔治·B·夏勒，一位卓越的博物学家，纽约野生保护协会科学主任，在中国西域注意到了一个事实，在亚洲腹地之上，在藏羚羊麇集的岩石后面，总有壮丽的旗云俯身而过。也许某一天，他发现旗云的一角突然异动起来，出现了反向的飘荡，他终于区分出，那是一头活在云朵里的豹子。在他为《美国国家地理》杂志提供的文章中，雪豹的身份逐渐得到了比较清晰的确认。

的确，雪豹是食肉动物栖息地海拔高度最高的一种，在人力难以企及的区域，它们在强烈的直射光线下造型，并赋予环境一种出尘的姿态，就好像它们是在等候来自空中的召唤。在它的分布范围内，雪豹的栖息环境主要有 4 种，即高山裸岩、高山草甸、高山灌丛和山地针叶林缘，它从不进入森林之中，那显然是另外霸主的产业，尽管它在不同季节之间有沿山坡垂直迁移的习性，夏季栖息的高度大多在 5000 米左右，偶尔在平原地区也有它的踪迹，但它始终将冰雪覆盖的峰巅视为自己的巢穴。如此大范围的上下，必须具备一种傲视的技能尤其是速度的天赋。有一个数据可以说明一些实情，雪豹面对 3 米的高崖可以一纵而上，一跃可以跳过 15 米宽的山涧。尽管具有如此异能，但它总是缺乏表演的心情和胆量。

雪豹的体型大小和外形与豹很相似，但体毛的长度、毛色、花纹以及尾巴的形状等都与豹不同。体表的被毛特别细软厚密，背部毛长约 2 寸，腹部的毛更长，类似裙裾的蕾丝，全身呈灰白色，略掺杂有浅灰与淡青，且满布了黑色的斑。奇怪的是雪豹的尾巴在比例上简直是一个异物，约与体长相等或为体长的 3/4。尾巴不但长，而且尾巴上的毛也长，显得特别蓬松肥大，尾梢也不呈尖细状，走起路来特别显眼。有的雪豹由于尾巴过于粗大，似乎行动不便，而养成了盘尾的习惯，久而久之形成卷曲的圆圈。这种造型对猛兽来讲并不是一件好事，这容易让我们联想到维多利亚时代的鲸骨长裙。但造物主赋予雪豹的尾巴必定含有启示和功用，最直接的效果是，每当它急速地在雪地奔驰，下陷的重力总可以被宽大垂长的尾巴分担，并在身后铺开，使得它不至于下陷过深，并迅速从雪面获得再次上跃的作用力。这样看来，雪豹就像一匹从雪原滑行而过的快艇，以最浅的吃水，获得最大的速度。

雪豹平时独栖，仅在发情期才成对居住。一般各自有固定的巢穴，设在岩石洞或乱石凹处，大多在阳坡上，往往好几年都不离开一个巢穴，这显示了它们恋旧的品行。这种德性与高地的时间具有同构性质，均是在一种胶着、凝聚的氛围中展开回顾和观察的一角。

雪豹是边疆生活的一个图腾。仿佛神明的作品横空出世——是的，它耀眼的环纹是神明的大手印。

在《密勒日巴大师歌集》里，尊者就以绝对的自信和无畏的定力，心住正见，唱了下面这首歌：

雄住雪山之雪豹，

其爪不为冰雪冻，

雪豹之爪如冻损，

三力圆满有何用？

这里的"三力"是指雪豹或老虎具有三种威力，皮之不存，毛将焉附？豹子的爪通达内心，既是力量的终结点，也是被大手印抚摸剩下的火焰。后来，传言尊者已坐化，徒众们准备到拉息雪山去挖掘尊者的遗骸。他们快要抵达尊者住穴时，忽然看见对面一个大磐石上，有一头雪豹爬上了磐石，并在石上张嘴弯腰地打了一个呵欠，他们注视该兽良久，最后才离去。最后，在一条极为险狭的路径上，他们又看见一头似虎似豹的野兽，瞬间就跑向一条横路上去了。以后这条路就叫做虎豹路。

尊者说道："我在崖石顶上曾看见你们在对山休息，所以知道你们来了。"

释迦古那说："我们当时只看见崖石上有一头野豹，并未看见尊者，那时您究竟在哪里啊？"

尊者微笑道："我就是那个雪豹啊！得到心气自在的瑜伽行者，于四大有随意转变的能力，可以化现任何形状物体，变现万端，无有障碍，这一次我也是特别对你们这些根基深厚的徒众显示了这点神通，你们应对此事守密，莫对人言。"

因此，雪豹在高原上具有一切造型也是不过分的，它甚至成为一些民族的图腾。除了它据守着距离天庭最近的巴比塔，它的生活，就等于展开了一幅得道地图，它现身时，人的心灵总是在惊悸，莫非是密勒日巴大师在考验我的定力？

雪豹是雪地绝对的权力。许多野蛮人部族的萨满巫师长期认为雪豹是冻原上最优美和最迅速的猎人。许多时候这些部落的战士会在激烈的战斗中模仿这种大型白色猫科动物。另外，野蛮人萨满巫师有时会创造法术令战士暂时性的获得雪豹的敏捷。但是由于这些法术是暂时性的，很多时候这些法术会在不恰当的时候失效。

但是据说，有一群野蛮人萨满巫师曾秘密聚集以研究如何更好地产生雪豹的敏捷能力。几乎一年里他们没有回到部落，只是忙碌地将他们的注意力集中到雪豹的魔法上。然后有一天，这些萨满巫师回到他们各自原来的部落，每人戴着一个银质的小项链，下面挂着一个好像雪豹爪的挂饰。这些萨满巫师把这个挂饰交给他们各自部落最强大的战士。当一围上这个战士的脖子，雪豹的敏捷就充满了他们强有力的躯体。从那以后，雪豹护符，这是它后来的称呼，就成为了野蛮人部落中最珍贵的宝物。只有最有力的战士才有资格佩戴他，而有朝一日能佩戴上雪豹护符成为了所有年轻战士的目标。

哈萨克牧民说，雪豹捕食羊、麝、鹿、雪兔、鸟类，当它闯入羊群，只袭击其中瘦弱无用的一只，绝不伤害别的，更不会像狼那样乱咬一气。它本性中的残忍转化为无与伦比的节制和风度。而一旦它的胃口得到满足，立刻目光柔和，如同一位苦修者，然后回到雪山上去沉思，去思考雪如何开出莲花，石头如何孕出玛尼堆，土壤如何预谋贝母，去观察白云如何飞舞成经幡。雪豹已成为高原野兽的"旗舰"，如今在珠穆朗玛峰附近，却还不时地出没，并时常惹出不大不小的事端，让住在那儿的人们，为自家的畜生不幸身亡而悲痛。有一个挂职锻炼的干部，夜间把马拴在树上。第二天发现马已经死了，血液被路过此地的雪豹喝干了。对于家畜，雪豹不到饥饿难耐，一般都不吃它们的肉，它只吸吮血管里的血。这种嗜血的直接性，与它的皮毛，产生了反讽意味的张力。毕竟，雪豹是野兽，不是一般意义的动物。

诗人沈苇曾在《新疆词典》中写道：当人说出"雪豹"二字，表明他的有所选择，这正如上帝在 13 世纪选择了一头"豹子"，仅仅为了让它成为但丁《神曲》中的一个词。一切珍稀的灵兽，一切伟大的创造，均是出于上帝的精选。对于人类来说，拥有和雪豹一样被选择的勇气和魄力，永远为时未晚。前不久，我在《历届克格勃主席的命运》里读到，曾任克格勃主席的刽子手叶若夫，竟然有诗人为他献诗："谁比雪豹勇敢无畏，比雄鹰目光敏锐？受全国爱戴的人，目光敏锐的叶若夫。"这不但脏了诗，更弄脏了雪豹。我的意思是说，即使面对雪豹，面对雪豹忧郁的凝视，人类自然有多种属性的选择与被选择，然后，被彻底赋予。

猎豹之美

在有关猫科动物的传说中，猎豹无疑是最为神奇的一种。一是因为它被大大夸张了的鬼魅似的速度，二是它嗜血的狂热和猛烈。随着时间的推延，构成为人们经验认识的猎豹，与它的真实形态发生了大尺度的挪移，猎豹就像是依靠几种猛兽的绝对暴力而组合出来的"佛兰肯斯坦"。

猎豹只产于非洲和西南亚，目前我们只是在叙利亚、土耳其的一些偏远河谷里偶尔还能见到它们划破空气的身影。一个世纪前，亚洲的猎豹从阿拉伯半岛东部经过伊朗进入印度。在 12 世纪时，猎豹就被抓获训练用以狩猎瞪羚作为一种皇室的高级消遣。据说古印度的一个国王拥有 9000 只猎豹。而最后的印度猎豹在 1947 年被射杀。后来，这个物种也从其他国家陆续消失了。从这段节制的回顾中，我就发现，属于往事的东西，总是阴差阳错地拒绝来到现实，它们在往事里走动，并带动瑰丽的云彩组成遥不可及的美丽。

猎豹是唯一不能将爪完全缩回的猫科动物，也就是说，猎豹是唯一无法上树的异物。据说有人看到过猎豹上树，估计是把它与一般的豹子混淆所致。这种攀爬技能的失却在于它的脚趾接近狗爪，就像一个收敛的君子，并不时时需要剑拔弩张。但修长的四肢却像一个吸引地力的容器，在它打开四肢丈量大地的时候，我们就发现它无法上树的损失已经被无穷的脚力完全弥补了。它不会缩回的脚爪和特别粗糙的脚掌大大增加了抓地能力，硬而长的尾巴达到 80 公分，宛如一个质地良好的风舵，极大地保持了奔跑时的重心平衡并控制着急弯造成的离心力。种种造物的绝妙设计令猎豹成为陆地上跑得最快的动物。奔跑时猎豹同时只有一足触地，中间有段时候还会四肢离地，就像一头不满土地的羁绊、准备起飞的怪兽。它尽情在自己的梦想世界作直线切割，然后在陆地与飞翔之间寻找最佳的着力点，当它用头骨撞倒猎物后，就用门齿切入猎物的喉咙。

严格地说，猎豹应该称之为印度豹，英文名亦源自北印度语的 hita，就是"有斑点的"意思。它流线的外形显得轻盈，加之脊椎骨十分柔软，每当它伫立时，它的腰身曲线轮廓就像是一尊青铜作品，让人联想到红透英美的性感女歌星凯莉米洛。英国媒体将她的背部与臀部曲线列为人类的"美学遗产"，称为"凯莉米洛臀线"。但如果与猎豹比较起来，就显得人工味儿太浓了。因此，每当猎豹文静地伫立之时，它展现出来的美学轮廓尽管是冰山之一角，但已足够我们摄取和分析。在那无法看穿的身体之下，还潜伏着怎样的力和一座疯狂的花园？

要区别金钱豹和猎豹，最简便的方法是看身躯和斑纹。猎豹比金钱豹略小，残酷的奔命已经剥夺了一切多余的结构和赘肉，而豹纹的修辞学显示了文化地缘的历史和风化。"豹纹"就成为了动力十足的反词。在人们打开它的纹理寻找火焰的地图并希望与之肌肤相亲时，它柔和的毛发突然以芒刺的尖锐挺立起来，让人极容易惊悸或中谶。

金钱豹的体色一般为浅褐色，全身遍布空心黑斑，其黑化的变种是黑豹，全身呈黑色，斑点几不可见。亦有白化种，但很稀少，仅见于马来西亚及中国西南瘴气密布的山峦。猎豹在 3 月龄前，毛呈青灰色。成年以后，背部呈土黄色，腹部呈白色，全身开始布满实心的黑斑。到了这个时候，猎豹的迥异形态才使它获得了自名和独立。

猎豹具有亡命的追逐天性。它们可以长时间滴水不喝，甚至在最酷热的季节，四五天不沾水也是常事，忍受饥渴构成了一种受虐的天性。但身体的呼吸系统在达到时速 110 公里以上时会出现虚脱症状，犹如风箱在超负荷运转，身体无法把囤积的热量大面积排出。所以猎豹只能短跑约几百米，之后便自动减速，以免因过热而死。这种奔跑是很伤元气的，猎豹即使捕获了猎物，却已无力进食，它必须休息一阵。这是猎豹最为脆弱的时刻，猎物容易被老虎、狮子、狼抢走，甚至还有性命之忧。为了保存猎豹的体力，不至于消耗在无意义的行走和等候方面，古代的猎豹驯养者总把它们驮在马匹上，直到猎物出现，才让豹子跳下来做雷电之击。由于猎豹体色浅，具有深色斑点，所以在它加速逼近目标时，它隐没在干燥草原和灌丛当中的身影就像一个善于与环境融为一体的影子武士，快得似乎正要从自己泼在前方的影子当中返回内心。

但是，在历史的记忆当中，猎豹总是文静的，似乎与速度无关，人们只是把它视作猎犬、异兽甚至坐骑的某种混合物。早在三千多年前的古埃及，皇室喜欢猫科动物，尤其是猎豹，而罗马皇帝则让他们宠爱的狮子在寝宫外面放哨。埃及法老的从属还饲养猎豹为其打猎助兴，但饲养的猎豹繁殖率一向偏低。像印度蒙兀儿帝国 (Mogul) 的阿克巴大帝便曾设立了一个有数千头猎豹的动物园，但据记载，只有一头猎豹成功繁殖了后代。证据很清楚：通常雄猎豹要在野外对雌猎豹追逐好几天才可以交配，而圈养起来就性冷淡了，这仿佛是猎豹对失去自由的抗议。这一态势进一步凸显了猎豹的尤物品质。

猎豹在中国历史中羞涩地掩饰着自己的身影。现在我们可以从元代书画家赵孟頫的作品里，看到猎豹的精神镜像，这见于其晚年的《九歌图册》。这本图册现藏德国柏林国立美术馆，堪称名副其实的"海外遗珍"，国内的各种画册——包括"台北故宫博物院"所出版的《海外遗珍》，都没有收录。

赵孟頫的《九歌图册》共有九幅图，描绘九首诗的意象。猎豹就在其中的《山鬼》中。《山鬼》描写山中精灵山鬼与情人有约，因道路险阻，到达约会地点时情人已然离去。诗中描写这位美丽的山中精灵："若有人兮山之阿，被薜荔兮带女罗。既含睇兮又宜笑，子慕予兮善窈窕。乘赤豹兮从文狸，辛夷车兮结桂旗。被石兰兮带杜衡，折芳馨兮遗所思。……"这位多情的山中精灵，长久以来一直是画家们所爱画的题材。

台湾学者张之杰在《猎豹记——古画中找猎豹》一文中指出，由于"山鬼"具有"乘赤豹兮从文狸，辛夷车兮结桂旗"的魄力，所以画家们笔下的山鬼，大多与一只豹子并行，而且都是习见的金钱豹。赵孟頫的这一幅，可能是唯一的例外。赵孟頫为什么将"赤豹"画成中国所不产的猎豹？而且在形态上画得惟妙惟肖？答案很简单，赵孟頫一定看过猎豹。赵孟頫于公元 1287 年奉召至大都，延祐六年（公元 1319 年），辞官南归，居官期间，可能多次看过御闲中的猎豹。更为关键的是，画家认为如此奇瑰的场面，一般的金钱豹已经难以烘托其出尘意境，唯有罕见的猎豹才可以胜任这一使命。

相比起被御用的猎豹，野生的猎豹就显得更为孤独和幽冷。它们总是蹲在时间的高处，像块风化的火成岩，似乎具有使时间停摆的能力。猎豹不像花豹和狮子在进攻之前闪闪缩缩，它们总是光明正大公然地出击。猎豹的体型决定了它必须少吃多餐，这样就得不断地捕食，连续三次捕食无获就难免饿死之虞，五次捕空就只能听天由命了。可以比较的是，雄狮时常杀死自己的子女，一方面是因为它性欲旺盛，而只有身边没有了子女的母狮才能结束哺乳而肯与雄狮交配；另一方面是因为它太要强了，容不下竞争对手。捉到猎物后母猎豹不会像母狮那样疯狂抢食，而是先会看清楚附近有没有危险，再让子女先吃。稍微长大后，猎豹总是悄无声息地做着家族的分流工作，使个个都成为独行侠。野外的猎豹不稀罕现成的食物，它们总是毫不迟疑地走开，远远离开这些糖衣炮弹，只吃自己捕捉的动物。以猎豹的灵敏，被持枪者打中的机会微乎其微，但它却逃不脱那些偷猎者设下的圈套。

不过猎豹最美的，我以为还在于它的神秘和半遮掩的品性。猎豹的嗅觉并不怎么出众，但忧郁的情景培育出来的视觉和听觉却异乎寻常，能够在黑暗中看到和听到感觉区域边缘的祸害或幸福的造型。它喜欢顺着山岗行走，站在高丘瞭望，或者潜伏在石头上。靠近鼻子一边的每个眼角处，各有一道黑色裂纹一直达到嘴边，就像上帝画下的符咒，那是两条黑火药的导火线，把某种忧伤的元素，悄悄麇集在自己的控制中，然后，我们似乎可以猜测某种决定在大脑深处电光火石般一闪，再遁入彻底的等候，就像在等候一种彻底、绝对的爆炸……

豹：潜伏在里尔克体内

原始人认同自己是个动物，拥有豹子、老虎、大鹰或狮的灵魂，原始人将自己与自然结合，他们不曾想征服的事，只是希望自然相处。狮子就是精神，虎一般象征理智，而豹子象征生命，因此在原始人心目中，"豹女"是一个人，她的"动物灵魂"才是一头豹子，而不单指此人所拥有的该动物形象。那么，当"豹女"行使权力的时候，豹子并不一定在她的身体里一同受制于人，但是，"豹女"的情人们竟然以为自己就占有了豹子的性力。一切事物都被赋予人的心理素质，如果某种重要的心理内容被赋予在一个人的身上，他就成为超自然的存在，于是产生了巫师和术士。古代人和现代人，可归纳成：古代人只管做他的事，现代人知道自己做的事。对此，尼采说，"生命的一般外观不是贫困和荒芜，相反的是富足和丰饶，甚至是一种荒谬的奢侈。"既然华丽游走的豹纹可能已经接近于"荒谬的奢侈"，那么豹子的许多活动就变得不太平和了。

而对于内心羞怯、敏感的诗人里尔克来说，豹子与之实在相去太远。但背反的事实却往往是：越是与自己有着巨大差异的元素，越能够成为自己的精神指向。受到老师罗丹的素描影响，里尔克一度成天待在巴黎植物园里，尽情涂鸦着颤动的精神速写。这时，埋伏在铁栅栏后面的豹子，以阴郁的眼神看穿了他的冥想。也就是在这个毫无对证的时刻，里尔克与豹子产生了"移形换位"的交流。然后，他们彼此锲入，在诗歌里拉扯着来到白光笼罩的旷野。

正如有关翻译家所指出的，阅读里尔克，必须首先去阅读"圣经"。"圣经"可以去祛魅，在这个普照的平台上，我们才能聆听里尔克的祈祷之声。

通过基督教典籍，我们可以发现里尔克躲闪在豹子身形后的呻吟。有关豹子的宗教行走路径很清楚，这一点，诗人钟鸣很早就在《豹子》一文里道明了。留驻在但丁《神曲·地狱篇》中的豹子，一般都认为象征着淫欲。因为但丁描述的是，豹子在破晓时分，是随着神爱所推动的美丽事物而出现的，这让人联想到《新约·马太福音》中的耶稣变容。当耶稣带着彼得、雅各和约翰登上高山后，耶稣突然改变了形象。他用一种洁白的猛兽造型考验信徒的定力。他的脸面像太阳一样明亮，衣裳洁白如光。《圣经》的经文曾影射过，豹子就是耶稣，而且有人肯定这是一只白色的豹子。因为耶稣经常通体有悦目的白光，宛如玉的灯罩一般，这与但丁描写的皮毛斑斓悦目的野兽不谋而合。里尔克意识中的上帝，是无处不在的"万形"，光明与黑暗俱在其中。他说——

> "每当我看见你，
> 你的万形就逸散；
> 你行走如纯光的豹子，
> 我是树林，我黑暗。"

因此，出没于里尔克视线里的豹子，既是上帝的肉身，也是强力意志的体现。台湾诗人洛夫在《诗人之镜》里认为，"不是里尔克创造了'豹'，而是'豹'创造了里尔克。"

这是一个自证的过程。他企图证实上帝、豹子、自己的三位一体。结果呢，他发现一头豹子埋伏在体内。他唯一恐惧的事情只是在于：唯恐豹子埋藏得不够深入！自己留不住它！于是，他开始祷告。豹子埋在他的上翘的尾音里，埋在他的脊背，毛贴着皮肤，能够闻到河流、森林、篝火的气息，能够听到很久以前，茨微塔耶娃喷着热气将俄罗斯的早晨融化的声音，能够摸到女画家保拉·贝克尔和妹妹克拉拉·韦斯特霍弗作品的颜色和凸凹的肉身，能够看到莎乐美穿着黑色翻领皮袍沿着结冰的河穿过冬季的布拉格向香榭丽大街走去。那豹子一遍又一遍掠过他的身体，像象牙梳子一般翻开他的灵与血，占领又放弃，在毁坏之后又垦殖，是北方的长风一遍又一遍吹过，通达根性的透彻与敞开。而他在豹子身下辗转翻腾，像一个鞭子下的陀螺，把每一次鞭子的闪电，铭记成忧伤的花纹以及驯服的圣火，他记住了豹子忘却尘世的柔和线条——像一根修长的钉子，钉尖还凝聚着一点白霜……

> 强韧的脚步迈着柔软的步容，
> 步容在这极小的圈中旋转，
> 仿佛力之舞围绕着一个中心，
> 在中心一个伟大的意志昏眩。

这是里尔克的哲学诡计，是他浸泡在基督之水之中的恍然彻悟，为此他制造了一种绝境里的机遇。

谈到美术作品里的动植物现象，里尔克说："它们决非心血来潮的产物，决非一种寻求前所未见的新形式的轻率尝试的产物。危机创造了它们。人们从某种艰难信仰的无形法庭逃进了这种有形，从某种不定遁入了这种实现。"于是，他设置的有形"法庭"就出现了：最勇猛的强力生命被关在栅栏里，以至导致了一个"伟大的意志晕眩"。他以令人闭气的笔调，惊心动魄地速写了一个伟大的灵魂一旦失去自由的处境和情状，蕴含着存在哲学的意味。这种意志被一头强劲而收敛的豹子集合起来，当它被关在思想的栅栏里，它仅仅唤起人们的审美情感，但当它一旦走出理性的禁地而步入肉身和神性，它就成血与火的象征，并将审美推入一种恐惧和颤栗的生命历险。虽然具体的豹子被栅栏阻止于理性的囚笼内，但豹子的精神已经逸出了栅栏，并悄然行走于上帝的旷野。唯有如此，才能摆脱现实的羁绊，听从于主的召唤。当厄运来临时，我们是否有幸像诺亚那样被置身方舟之中，这完全取决于上帝的安排。同样，当强力意志如同豹子逼近我们的心灵，又有谁能够请豹子回到书本？让它像猫一般躺倒？

"通过四肢紧张的静寂——在心中化为乌有。"并不是真的"乌有"。因为上帝是"万形"，正如基督教哲学家勒塞指出的，他以"一种无畏的、幻觉的展望，让以拉斐尔为首的天使的光明之国与上帝的黑暗交界，乃至天使的光明在'上帝的黑力'之前简直'化为乌有'。"这就是说，唯有在豹子这种表面的忧伤和虚拟的失败中，才葆有了全在的力量与意志。

卡夫卡在《饥饿艺术家》里，发现了里尔克以及他的豹子所相互镶嵌的精神迷宫。这就是说，作为意志的主体，人的肉身已经倒下了，但意志的力之舞才刚刚开始。卡夫卡写道，"自由似乎就藏在它利齿的某个地方。它生命的欢乐总是同它大口里发出的强烈吼叫而一起到来。"当意志哲学以豹的弧步走入历史，成为一种超人意志时，抵抗比顺从更具备人的自信和昂扬，而当这种超人意志退出历史舞台后，公正的论说比道义的审判更具有人文意义上的独立和自由。

里尔克的诗思方式是奇特的。在《里尔克》传记中，卡斯讷曾指出，在里尔克那里，"理智是围绕着感情而起始或形成的。"这句话极其传神地道出了马尔特对他童年时代的神秘女人阿贝洛内的评语中的涵义。马尔特说："阿贝洛内依然可能在后来的岁月中试图用心灵思想。"于是，我们可以这样说，诗人一直在围绕豹子旋转，直到它们完全在旋转中"静止归一"，成为一体。从旋转的圈子外部来看，这个旋转的意象梦魇似地围绕里尔克疯转，他驱动着体内的豹子？还是豹子驱使着他？在里尔克的一个诗歌残片里，他还坚持说，"我围着古老的灯塔……已绕行几千年"，正是这"意志晕眩"的后遗症。

多年以后，宣称"诗是来自痛苦经验的运动"的罗马尼亚诗人保罗·策兰，其《语言栅栏》一诗仍然是"豹子旋转"的后遗症体现，有几句诗十分惊眼：

> 语言栅栏
> 眼在栏杆之间。
> 萤光虫一眼睑
> 向上划动，
> 释放出一瞥。

遗憾的是，保罗·策兰没有把栅栏视为一种虚拟的设置，他要撞出去，他在语言的栅栏上头破血流，最后投河自尽。至少，他没有吃透里尔克所说的栅栏里面的豹子"他是一切，无边的一切"。

科运特·布赫兹的黑豹

迄今为止，我已经写完了四只豹子，它们像我扑出去的指头颤动在黄昏的空气里。我夹着一支烟，四根手指灵活而干燥，烟雾缓缓将手指的缝隙填满，蹼一般游动在茶色时间里。烟雾的兽皮在逆光下具形，把内部的力逼向毛发，我看见坚持的针，正在把黑丝绒的帷幕刺穿，金属的弧线反弹不已，终于稳定，突然散开。而那根一直不被重视的无名指，逐渐在手指的芭蕾中退出去了，把无名的痛堆积在指尖。烟灰飘落在指甲上，有一种奇怪的白，在牵扯着无名指内部的东西。我意识到，那应该是黑豹丢在梦境边缘的光，飞起，又碎匿。

黑豹分布在一些密林、草地等区域，加上夜晚、黑暗的渲染，它们已经失踪于文明的环境。于是，我只能通过文字看见它们，我必须看见一头豹，因为失名而逐渐变黑。放它到广大的黑旷野，黑豹矸石一样亮起来。这是我无力抒写的，我的墨水只会加剧事情的复杂。因为最显著的错误，就是墨水可能会像电筒一样愚蠢，它把黑夜撕开，我就会认定这圆形的光斑是真相。被惊醒的黑豹，从历史的伤口里冲出来，只好以咆哮来进一步扩大伤口。黑豹是黑暗的元神，不要惊动它！

我逐步慢下来，从汉字的高处退下来，从书籍的影子穿过，慢到可以听见很远的水滴在敲打芭蕉，连芭蕉叶细微颤动的身姿也可以看清。这时，黑豹总是如约而至。准确地说，是黑豹从"黑"世界脱身出来，只以"豹"的面目出现。但是，这绝对不同于放风。

在神话传说中，吸纳黑暗精血的生物，一旦成长壮大，可以理解为一种成型事物反对原初"设计"的努力，就是说，它们不满足于规定了。它们被日光赋予得太多，日光下的生活总是单面的，那些因灵异的技术受制而无法施展的妖冶或者盛开，只好被推迟到梦境边缘。何况，日光的食物远不足以支持它们在黑暗中的超负荷工作。就像冥界的门卫三头犬萨贝拉斯，就像爱伦·坡的乌鸦，就像里尔克的黑豹，就像卡夫卡的穴鸟，就像权力的鸩鸟，它们张嘴把光亮撕下一块，咀嚼的声音体现了金属回归到巴什拉的"元素诗学"的过程，然后，它们吐出比黑暗更黑的东西。

这时，豹再次返回到黑字庇护的空气中，成为黑豹。是，似乎又不是。

科运特·布赫兹是慕尼黑一位享有盛誉的插图画家，编辑想出一本奇异的书，于是把他的画作分别寄给了 47 位不同国籍的作家，请他们根据自己对画作的想象和解读，把藏在画中的故事写出来，这就是题为《灵魂的出口》的图文并茂之书的来历。荷兰的作家蔡斯·挪特本接到的，恰好是一幅表现黑豹的画作。这很容易让人们联想到卡夫卡在《第三本八开笔记》中的描述："一些豹子闯入教堂，把祭供的瓦罐里的水喝得干干净净；这事不断发生；最后人们终于能够算准时间了，于是这便成了仪式的组成部分。"显然，这里的豹子是上帝的幻象。卡夫卡没有明说豹子的颜色，但理解为黑豹也未尝不可。但科运特·布赫兹所表现的场面，更接近于里尔克的著名诗篇《豹》。蔡斯·挪特构思良久，用一些叮当作响的词语，谶语连篇，连缀为典型的博尔赫斯式的文体，这就是被文学界广为称颂的杰作《梦中的黑豹》。他没有在巴黎植物园找到诗人，但撒出去的金属词汇触怒了旋转在栅栏后面的一声长啸：那只失名的黑豹被一位盲目老人的梦境招来，它轻轻衔起里尔克的诗集，叼着它走上夜里的电线，户外的星星看起来就像雪花一样。而窗台上的书本里夹着一弯新月，仿佛书签："……他静静地躺在千篇一律、一再重复的黑夜里，就像那只来回踱步的黑豹……一阵柔软的脚步声和呼吸声传来，门无声地打开，一个黑影进来，比黑夜还要黑。"我想，里尔克此时正匿身于栅栏的高处，他从垂直的角度，而不是栅栏里与外的位置，在观察盲人与黑豹的相遇。他比较满意这个布局，观察黑豹，是不需要视力的。盲人之于黑豹，恰恰互为彰显。

这清楚地纠正了汉语翻译家们的一致性错误，那头里尔克的《豹》，其实专指的是黑豹，而不是一般的豹，更不是想当然的花豹。

只有这个解释才是唯一的，不然我们就无法理解里尔克另外的诗句。黑豹伫立在诗人的言辞高端，豹子的黑与背景融为一体了。如何能够看见它？诗人知道，仅仅以视线是无法捕捉黑豹的，他准备《挖去我的眼睛》——

挖去我的眼睛……

挖去我的眼睛，我仍能看见你，

堵住我的耳朵，我仍能听见你；

没有脚，我能够走到你身旁，

没有嘴，我还是能祈求你。

折断我的双臂，我仍将拥抱你——

用我的心，像用手一样。

箍住我的心，我的脑子不会停息；

你放火烧我的脑子，

我仍将托付你，用我的血液。

我们难以想象一个人的才华会被动物提升到这个地步。他在受难中恢复了甘心奉献的，他又在愉悦中收回了前世的病痛。黑豹，你这芳香的鬼魂，用硫酸之雾遮蔽罂粟的美学，用坩埚沸煮金红石的尤物，你翻动着深切的岩床，想把那矿脉的血在舌头上逼亮。

黑豹的烙铁将黑暗烧炙出了自己的身型，就是"灵魂的出口"吗？里面闪挪着濒死的愉悦。黑豹在莎乐美紧绷而发亮的身体边游走，黑豹独立在希律王的激情中心，它护卫贞洁，又单个享有。它其实是阴阳双性体。一方面，它宛如黑暗的高潮的子宫颈，铭记交媾时的疯狂闭缩；另一方面，黑豹是一根愤怒的乌木，它特有的叫声像是刺耳的咳嗽，它要打穿一切字纸和丝绸，在洞穴的幻象中高歌猛进。黑豹把贞洁埋在迷宫，迷宫里的时间没有速度，如同山大王把抢来的美女藏在石头中，他希望美女白日如石女，但在黑暗中盛开如少妇。黑豹知道出入迷宫的时间，并在贞洁的温湿走廊里打下暗号，它却畏惧于日光对路径的改写，于是，它在迷宫口再次制造了一层梦的帷幕，下面是无底的黑。它不希望被日光发现，正在过渡的事物惧怕曝光的急躁，黑豹躲在看不见的所在，怀念巅峰跌落而下的幽谷，里面布满忧伤。在《梦中的黑豹》里，里尔克、豹子、黑豹是三位一体的，盲老人倒像是一个濒临死亡但奋力回阳的第三者。尽管如此，我们可以认定，"里尔克的黑豹"是"庄周梦蝶"的西语版本，唯一不同的是，黑豹拥有无边的性力，在欲望的旷野上时刻与血肉相遇，而庄子只是在被花朵抬高如诗经的天色里，空飞。

在诗学的空间，黑豹是吃铁的动物，不然我就无法解释它在黑暗中体现的神力。也就是说，黑豹面对那些巴黎的铁栅栏，是可以随意脱身的。但问题是，自己一旦遁去，里尔克怎么办？空栅栏就或缺力量的缠绕，那么里尔克就与黑豹一样失名了。于是，黑豹只好继续它旋转的事业，直到它用晃动的线条像裹蚕茧一样把诗人包围在力的中心。通透，但不进一步明晰。地上全是黑豹与诗人被栅栏截断的注视或目光，因此，对黑豹来说，凝视与目光是不需要的，它的失名恰恰是它唯一存在的证据。

于是，黑豹自明。

它走在微风的反面，风把它的所有运动带给黑暗，它仅仅从黑暗里伸出一只爪子，再按下去，黑暗就如影随形，淹没它，又使它再次失去名字。就仿佛一支飞驰的箭，不断被空气拾走自己的多余部分，只剩下一截锐器继续自己的事业。意外的情况在于，黑豹伸出爪子，突然被微弱的光线定住，它看见趾爪的反光，玉一样冷，把不祥的预感昭示出来——黑豹看见一条腰肢的曲线，被一股大力擒住，然后挽了一个死结。黑豹立即挣脱光线的缠绕，把前爪放下，它亮出利刃，插进黑土，直到整个身体在黑暗中淬火，接着哑灭。

黑豹必须独自终身于黑暗才是完整的，两者缺一不可。就像坐在高处的复仇者，在快被仇恨点燃的时候，突然原谅了仇敌。它像炭一样松懈，散落在一块干净的石头上。黑金的意象威严而玉体横陈。它特有的叫声是刺耳的咳嗽，不具备威严。偶尔，它们兴奋的咆哮或鸣声如铁片拖过岩石，有一种玉石俱焚的意味。

世界以流质的方式布局，在日光的左岸，一团夹裹着黑火的焰穿过一条黑暗的甬道。黑火通过热度来显示火的反向造型。红光与白火在重叠、交织，然后被密闭。深不可测，密度空前。如同黑豹进入异性的身体，它像亮毛贴在肉上一般完美，连一丝光也不能插足这绞缠的爱情。那根甩直的尾巴酷似性器，每一次在现实中出入，紧密是第一位的，而紧密本来就是作为黑豹的最低要求。记忆的碎片，模糊的场景，散乱的词句，矗立的栅栏，伟大的旋转，在黑豹躺下的一瞬均已完结。一切，都成了！

所以，黑到深处的事物，往往不是物极必反的证据——要么以突然的大光来体现黑到如今的力度，要么继续黑暗的事业——比黑暗更黑！但是，黑豹并不想被修辞在皮毛上覆盖诸如缎子、丝绸的软语，同样也拒绝金属的隐喻加诸己身。它不需要或软或硬的外观。这些无法被日光问鼎的黑暗，早已经在黑豹的内部绽放。被隐蔽就是幸福。它趴在石头上，直到把石头染黑，它溶解了，懒洋洋回到那个作了暗号的地方……

但是，黑豹突然睁开了眼睛，打破了我的叙述。它张大了嘴，打哈欠，令我的文字出现裂口。黑豹浅色的眼睛正作为黑暗的基座，托起了它的历史和背景。我以前只相信黑豹是黑暗的元音，现在我就认定它才是御座之主。有什么还会比一只黑豹的眼睛更深邃、更诡异、更神秘的呢？一个人在其一生中如能有一秒钟的时间得以窥见真理的面目，甚至是魂魄的面目，你就终于明白，自己可以不说什么了。因为你没有畏惧，只有满怀的虔敬。

我看不见黑豹眼角的花纹，它不像花豹那样昭示痛苦，它已经穿越了这些皮相，在一个幽深的梦里迟疑，折返现实的大地。

2004 年 3 月 17 日在自流井

2005 年 6 月 11 日改于成都

附注：

文中引用的吉卜林故事，出自美国作家苏珊娜·查津（suzanne chzain）的《天堂的恩怨情仇》一文。

舌头的文化分析

先知的舌头都有其神性，据说被割掉了舌头的圣约翰，仍然用手举着自己的舌头滔滔不绝地传教。神一旦降到使徒们的舌头上，言说之焰便被点燃。

——[德]汉斯·比德曼：《世界文化象征辞典》，刘玉红等译，290 页，漓江出版社 2000 年版

三个向度上的舌头

"请伸出舌头！"

目无表情的医生一边说，一边拿一根竹片压住我的舌根。他眯缝着，眼睛透出缕缕精光。他凑得很近，在往空洞的嘴里探索，我则看他的眼睛。我闻到他散发出来的浓重的香水味。他的眼球布满蛛丝血，黄褐色的眼球宛如剥了皮的柠檬。竹片用力下压，我不知道他在找什么，想吐。我想起了"抓舌头"一词，这个俗称是军事术语。医生摆弄我的舌头，他会发现写在舌头上的身体秘密与心智地图。这一幕，人们都有过吧，心开窍于舌，故舌为心之苗。心有病变，可从舌反映出来。舌头成为了最为复杂

的心力呈现。通过舌头的桥梁，曲折的道路通往深渊……

舌头是人体最为柔软和灵巧的器官，其实也是身体中最强健有力的肌肉。东方智慧看重舌头，因为它比牙齿服役的时间更长。所以，"满齿不存，舌头犹在"好像是幸运的，但既然已到一望无牙的地步，再嚼舌头又有什么用呢？到 70 岁时，人的味觉只有 30 岁时的三分之一。人类的饮食进步，主要是在舌头的带领下获得的。软舌头的需求成就了文明的发展。厉行节约的孔子却提倡"食不厌精，脍不厌细"，其实是着眼于大众的。他的舌头忙得团团转，所谓天花乱坠，诲人不倦，哪里还有胃口？

我想说的是，人们是在三个向度上理解舌头的——生理的舌头、情色的舌头、话语的舌头。舌头不但伸延至人类的物质领域，舌头还舔舐出了形而上之天空。就像蛇，用烙铁的红丝勾勒了一个翻滚的世界。套用克尔凯郭尔的著名论断，舌头的边界，就是世界的边界。

舌为心苗

2003 年，我的思想随笔《道在屎溺间》在《书屋》发表后，蒙一些读者赞赏，认为此文对中国的身体政治（body politics）研究提供了一种现实性的思路。文章针对曹商、邓通之流吮痈舐痔的行为，我写道："曹商是中国身体政治的活学活用的先锋，他不但可以舌灿莲花，还可以施展舌头舔舐之术，抚平皇帝的伤痛，进而激发起皇家潮湿的愉悦。一份付出一份收获，体现了效忠皇权必然得到皇权回报的买卖大体公平的体制规律。在此，曹商是身体政治著名的先行者，他无法从话语的舌头获得帝王的赏识，他使用身体的舌头，不但吃回去那些废话，而且在唾液的加盟下，实现了对皇权的清洁和愉悦。舌头上的功勋，就成为曹商自己为身体树立的纪念碑。"所以，在有关基督教箴言的论著里，他们往往把谄媚视为埋伏在女人舌底的糖衣炮弹："因为诫命是灯，法则是光，训诲的责备是生命的道，能保你远离恶妇，远离外女谄媚的舌头。"（《敬虔配偶的品质》，Bob Deffinbaugh 著，傅晓萱译）这不仅仅是妇人的问题，我发现，最龌龊的身体事件，一般是来自一些男人的舌头。

清朝浙江人朱翊清《埋忧集》收录了三则"剪舌"事件，均发生在嘉庆戊寅（1818）时期，颇具经典意义。其中两则是：

> 按《医经》：舌为心苗。故断其舌则死，然亦有不死者，直隶吴直诠素无行，好渔色，不避亲族。一日将奸其女，女伪许之。从入卧内，裙腰甫解，先索其舌。吴狂喜，伸舌舐之，女一口啮断其大半。呼救命，家人咸集，执而诉于官，以乱伦论死。是其人初不死也。

> 又邑中沈某者，尝游幕，以刑名致富千金，援例分发东河县丞。性喜娈童。一童素以少俊得幸，后以恃宠忤意斥出。童衔恨，倩人求复入服役，某许之。遂入，长跪谢罪，某视其婉媚可怜，搂入怀中。童故与缱绻，索其舌啮得其半，某昏绝于地。童出至署外，声言某官欲行强奸，已不胜忿，故啮其舌。遂赴黄河死。某以有玷官箴革职，然未死也。

一则是弱女奋起反抗，"断舌"成为了乱伦的证据。但吴直诠竟然没有死，不知道这个从此语无伦次的人，是否还能继续为恶？另一则是娈童的革命性抗争，但革命的真正动机是自己"恃宠"让主子"忤意"而被斥出，没有当稳奴隶，泄愤而断主人舌头，最后勇于自杀。这样，"亮出你的舌苔或空空荡荡"，逐渐成为检验历史情色的口腔个案考察。

所以，口腔对舌头的认同只是身体的认同，对异己舌头的认同却是来自权力的认同，舌头摊开的面积和倒刺已然成为求生与权力的主战场。

那些用三寸不烂之舌就搞乱了春秋战国的纵横家们，展示的是经典意义的舌头纵横术，深情舌耕的获利，胜过了冲锋的刀剑，谁还能说"舌头的管辖小于法律"？法律的疆域还是帝王舌头规划、弹拨出来的呢，法律不过是爱情中的另一条舌头，顺着先行者的口涎而亦步亦趋。对帝王之龙舌，那没有什么好说的，针对儒生舌头过于好动的本性，权力者、武士是记恨的，一当得手，他们往往对舌头展开无情报复。比较触目的例子是吕后操办的，她等刘邦一死，就把戚夫人手脚全剁掉，挖出眼睛，刺聋双耳，割掉舌头，扔到厕所里做"人彘"。这固然体现了妇人的忌妒之力，但对手口不能言，那根被刘邦宠信不已的妙舌，再也无法迷惑男人了，估计这才是吕后的最大兴奋点。

古代阿拉伯有一个诗人哲米勒，他和布赛娜谈恋爱，为表达忠心，他写了一首孟浪的情诗来表达爱情之重：

> 如果布赛娜派人来要我的右手，
> 尽管右手对于我来说珍贵无比，
> 我也会给她，使她称心如意，
> 然后说："还有什么要求，你再提！"

显然，哲米勒根本不在乎自己，但一个根本不在乎自己的人，是不是就能挚爱对方？其实，一旦回到现实，诗人还是挚爱自己的。布赛娜被家人安排嫁给了别人，诗人就到处写诗，谩骂布赛娜的家人。后来被告上法庭，总督决定把这个乱嚼舌头的家伙的舌头割下来，以儆效尤。诗人虽然申明不爱惜右手，但很爱惜舌头，听到威胁后，马上逃跑了。

基督徒奉行的法则就是："舌头就是火，在我们百体中，舌头是个罪恶世界，能污染全身，也能把生命的轮子点起来，并且是从地狱里点着。"

舌头的罪与罚

但是，断舌之遇在现实里却是反复发生的。可以总结一下，断舌一般有三种情况。

第一，是为了保守秘密，自我了断。医学证明这是可行的，咬舌自尽的人把舌头咬断，伤口不断流血，血块血沫和断掉的舌头把呼吸道堵住而造成窒息死亡。这样的解释似乎可以进一步澄清咬舌自尽的真正死因，是因为剧痛使肾上腺素升高毒害心脏而死亡。

第二，是极度痛苦中，因为无法抗拒疼痛而不自觉地咬断舌头。

比如，诗人歌德的夫人伍碧丝，在与歌德度过28年的幸福婚姻之后，因身患尿毒症，于1816年去世。弥留时十分可怕，约翰娜·叔本华给朋友艾丽丝写了一封信报告伍碧丝的死讯。她说，专门请来照顾伍碧丝的护士也因为无法忍受她剧痛中发出的尖叫而逃走了。最后，她痛得咬断了自己的舌头。

迷恋菊与刀的人总是剑走偏锋，国人熟悉的日本作家三岛由纪夫，他选择了一种貌似显赫的壮烈死亡。1970年11月25日，他率领盾会的部下来到市谷自卫队东部方面总监部，公开演讲后当众"割腹自决"，将精美的"关孙云"短刀插入左侧下腹，围观者如北海道的雪暴一般涌进房间，他需要自己的死亡为人所知。一切都如预先排演过的按部就班地进行，唯一的残缺是，他未预料到"死亡秀"的痛苦会让他咬断自己的舌头。这条断舌，就像富士山的落日，被山峰啃掉了一块。奥野健男在《三岛由纪夫传说》中写到："三岛由纪夫是为自己的文艺道路而死的，决不是为政治，更不是为自卫队而死的！""这种虚无的、华丽的、鲜红的火花无疑将会永远地作为残像而影印在人们的眼里。"

第三，则是被权力摘除的舌头了。这是独裁者的癖好，他们恨不得世界只有一条舌头，长在自己口腔中。

法国人马丁·莫内斯蒂埃在《人类死刑大观》里，描述了割舌的刑法："割喉刑也用于制裁罗马的意识形态对手——基督教徒。亚、非、拉美的一些原始部落在祭礼时也用割喉刑。在欧洲，割喉只是为了加重刑罚而设，是为了'割开喉咙，塞进烙铁，将舌头挤出来割掉后再吊死。'在英王亨利四世拟定的法典里曾有规定，割口必须高及颈下，这样行刑者便能通过割口把犯人的舌头拽出来。"（漓江出版社1999年版）在历史上著名的道成肉身的纠纷中，争辩中的主角是两位主教，赛瑞利和奈斯脱流斯，前者被列圣徒，后者却被判为异端。赛瑞利大约自公元412年至444年死去时为止，身为亚历山大里亚的大主教；奈斯脱流斯曾为君士坦丁堡的大主教。但奈斯脱流斯没有获得诸如火刑这种壮烈成仁的机会，他死得很惨。赛瑞利的信众们确信，由于奈斯脱流斯能言善辩，蛊惑人心，他的舌头后来被虫子咬掉了。尽管如此，帝国之尊、专制国王、宗教裁判所的割舌术，不但没能钳制话语，反而激发了舌头们据理力争的正义，文明的车轮在舌头的推动下缓慢前进。

与西方封建时代的刀路殊途同归，在几千年中国专制时代的历史中，为了封人之口，割断喉咙、切掉不听话的舌头完全是合法的刑罚，被残害者不绝如缕。舌头的博弈，自然成为了争夺话语权力的主要战场。无论对个人还是对制度来讲，对舌头的拉锯战从未停止。只有死者例外，他们常把舌头伸出，没有忘记提示旁观者，这是缢死的重要特征。

"生死在舌头的权下"，成为了太多人的经验之谈。他们开始是沉默，接着就逢迎，再就展开谄媚之舌，一脑壳扎进权力的裤裆，吮痈舐痔。而那些"死在舌头的权下"的人，舌头拒绝了善意的规劝，舌头用最软的努力，像蚕一样，在濡湿、嚼烂黑暗。他们抵押了舌头，终于为汉语里只会山呼万岁的舌头，赢得了另外一小片光亮。

1975 年 4 月 4 日，毛远新下令处死张志新。听完死刑判决，她被带到一个屋子，狱警将她压倒在地上，后颈上填了一块砖，他们用普通的小刀，不用麻药，割断她的气管，装进一个 3 寸长的钢管，再用胶带粘上。进行中，张不断嚎叫，挣扎中咬断了自己的舌头。一个女管教员，一个向女病人实施割喉的行凶者，看着，听着，突然惨叫一声昏倒在地。据记载，张的刑前割喉，已是辽宁专政者干下的第三十多起"创举"了（朱健国：《张志新冤案还有秘密》，《南方周末》1998 年 8 月 7 日）。

李九莲（1946—1977 年 12 月 14 日）写道："我只是像一只杜鹃似地啼出血来，又有何用？我向冰冷的铁墙咳一声，还能得到一声回音，而向活人呼喊千万遍，恰似呼唤一个死人！！"（见《"我只是像一只杜鹃似地啼出血来"——恶毒攻击英明领袖华主席的李九莲案平反始末》，邱石主编《共和国重大事件和决策内幕》第四卷，经济日报出版社 1998 年 9 月 1 版）她说得太多，她的话语里流出了舌尖的血。在她被杀害时，为避免她在广众之前进行分辩或呼喊口号，她的下颚和舌头被一根尖锐的竹签刺穿成和谐的一体……作为杜鹃的李九莲怎么想得到啊，连学一学啼血的"自伤"资格，也被强力意志删除了。

2000 年 5 月 12 日的《南方周末》报道说，山西省农民李绿松只因揭露村干部的腐败行为，被无理关押，备受折磨，出来时，体重由进去时的 100 多斤变成 50 多斤，舌头还少了一截……

这些仅是个案，前两者发生在"极端年代"，与后者自然不可同日而语！但透过个案的细微光亮，我们可以找到那对舌头的管辖之权柄。也许在强大到无须设防的利维坦看来，庸众的舌头并不重要，它只是消化器官的附属设备，至多是表达感激的工具而已，不过是热烈鼓掌之外的一种发声设备。当舌头不能满足胃的基本需求时，舌头只好发表进一步感激的唾沫，利维坦可以根据它伸出的长度，来决定是否再添加一把草料。一旦抗议，那么钳制它，进而予以拔除，让舌彻底缺席，至少从外观上，并没有任何破绽。

舌头的威胁

在巴门尼德（前 570—前 480，埃利亚学派的代表人物）看来，人的感官接触的现象都是不真实的，只能是虚幻之见，因此他教人们不要以茫然的眼睛，轰鸣的耳朵以及舌头为准绳，而要用理性来解决纷争的辩论。但问题是，那只倾听"解决纷争的辩论"的耳朵，并不长在理性的大脑上。在一个狂热持续、进一步深陷极权迷狂的语境里，辩论的舌头终将是一直的输家。那么，在这样的语境下，人们是否就应该信奉哲学家斯宾诺莎的规劝——"经验给我们太多的教训，告诉我们人类最难管制的东西，莫过于自己的舌头。"

我相信这话固然是对的，但我却拒绝它的善意和驯良。首先，我不是诉说《获救之舌》的英国作家艾利亚斯·卡内蒂（1905—1994）。幼年的卡内蒂坠入了一片红色的感觉之中："一位姑娘抱着我走出家门，我面前的地板是红色的，从左边走下来的楼梯也是红色的……"卡内蒂的记忆从红色开始了，因为他受到一把小刀的惊吓。与姑娘相恋的小伙子，向幼小的卡内蒂伸出小刀说："伸出舌头来！"他很乖地伸出了舌头，小伙子看了一眼姑娘又说："现在我把他的舌头割下来。"……姑娘与小伙子靠这个威胁，将卡内蒂征服了。于是，他们可以趁机谈情说爱。卡内蒂获得了一个关于舌头的恐怖记忆，为此沉默了10年。在默默成长中，他毫无声息。往事可以没有声音，但晃动在往事中的那些舌头，却让正义无法缄默。

1975年，意大利著名导演帕索里尼完成了自己惊世骇俗的最后一部电影《索多玛120天》，将法国最臭名昭著的作家萨德侯爵的作品搬上银幕。《索多玛120天》是萨德最著名、最遭非议，但名声也最为显赫的代表作。影片里，卫兵们推来一个装食品的小车，有一口大锅，里面盛满了大便，分给众人吃。统治者们吃得津津有味，谈笑风生；那些少男少女们被迫吞食自己的粪便，有个女孩吞吃得很刷溜。有个少男逃走被射死；有个男孩因拒绝吞食大便被割掉舌头，有人往他口中硬塞进大便；有个女孩被活剥了皮……渐渐地，有些男女已经麻木地顺从了这样的生活，并开始从中获得乐趣，甚至学会了告密、偷情、鸡奸……

人性之恶，是被权力制造出来的。电影展示专制时代里人性的丑恶，通过各种变态的情节来演绎独裁暴政对人的肉体、精神全面摧残。火"像劈开的舌头"堆在我们头顶！所以，以血写的东西，用泪水、用性命可以擦干；用墨水写下的一切，用舌头却无法舔舐干净。历史一当铸成，任何粉饰，不过是进一步彰显它的触目罢了。我理解斯宾诺莎的规训，我尚未让舌头在汉语里、在写作中游刃有余，既然管理不好，那么出路还是有的，就像诗人波德莱尔在诗中所言："我把舌头扔给狗吃！"——这总比被强行摘除好啊！

前者已矣，来者还可追么？

漫步成都春熙路街头，我看见人们拎着大大小小的购物袋，奔走在春阳播散的时光里。偶尔可以见到情人在湿吻，哦，女人伸出了猩红的舌苔，舌尖上还有亮闪闪的饰品。据说除了便于湿吻外，就是声音在饰品阻碍下，说话声音绝对发嗲。阿门！仅仅依靠着桑丘·潘沙一般的男人，女人们垫起了物质主义的脚后跟，翘起了舌尖，在对上面说："我要……"

2007 年 3 月 15 日在成都

皇帝的新衣与安徒生的燕尾服

登堂入室的安徒生

在丹麦的哥本哈根市政广场上，波罗的海之风裹挟着海腥味，似乎在提醒人们这里是《海的女儿》的故乡。这里有一条以安徒生命名的大道，碎石路面具有斑驳的历史感，那里有安徒生的坐像。身穿燕尾服的安徒生坐在椅子上，一只手扶拐杖，另一只手拿一本书，用斜睨而冷峻的目光注视广场上的芸芸众生。

在我的印象里，安徒生的眼睛是灵活而亲善的，甚至流出几分女人气的收敛和敏感，与这般斜睨的冷峻眼神相去甚远。这意味着已经成为国家文学符码的安徒生，不能不具有文学君王的威仪和气势，而那些褴褛的奋斗史与怯懦，统统遮蔽在一袭华丽的燕尾服之下。而历史上的很多事情，就这样落定。

安徒生的父亲是鞋匠，母亲是职业洗衣妇，要在如此环境中渐次发动升空的冲刺，难度不亚于扯着自己的头发直线上升。

2005年1月8日的《纽约客》杂志，发表了一组纪念"安徒生逝世132周年"的文章，等于是将伟人的燕尾服掀翻，暴露出他坍陷的肋骨与

"假领"。

1952 年，美国喜剧明星丹尼·凯（Danny Kaye，1913—1987）主演的《安徒生传》将这种观点表现得淋漓尽致。其实这部影片几乎成了那些童话的续篇：一个来自费恩岛小镇奥登塞的穷小子，这让人想起司汤达笔下的于连，而与于连的情色攻关不同，安徒生独闯哥本哈根后，征服逆境，终于出人头地。据说这部影片也在丹麦上映过，但丹麦人认为这"是一部无聊、且令旅游业有点儿难堪的作品"。

　　"见鬼去吧！"灯光灰暗的房间里回荡着这句话。这是对 22 岁的安徒生说的，话里充满火药味。这是 1827 年 4 月的一个早晨，安徒生愉快地脱掉了燕尾服和面料粗糙的灰色校服，走进赫尔辛格文法学校二楼的图书馆，向校长道别，并且感谢多年来校长对他的关爱。

这是《安徒生传》里的一个片段，描绘安徒生勇闯哥本哈根的滔滔雄心。扔掉的燕尾服，在寒风瑟瑟的哥本哈根，反而显得是那样不可或缺。

安徒生终其一生都梦想出人头地，能够被上流社会接纳，视作真正的艺术家。人一旦放弃物质欲望、男女之欢，一门心思耿耿于此，对名声的渴望不但可以战胜一切艰难险阻，而且俨然会成为支撑自己不至于倒下的脊梁。"我的名字开始熠熠生辉，这也是我活着的唯一理由。我觊觎声名和荣耀，与守财奴觊觎金子如出一辙，"这是安徒生 30 岁出道那阵写给朋友的信。

由于"倒嗓"，安徒生的演艺生涯结束于 1838 年左右。摆在他面前有两条路：一是回老家欧登塞继承父业做鞋匠，或是成为裁缝。还有一条路就是继续在哥本哈根流浪，寻找机会。但是他找到了第三条道路：写剧本。

根据他的自传描述，1840 年 2 月 3 日，剧本《穆拉托》在哥本哈根戏院举行首演，戏院座无虚席，不乏名流名媛，连国王、皇后也出席了。这时候安徒生不再是衣衫褴褛的波西米亚风尚，他穿着一身庄重的燕尾服，他坐的处所是贵宾席，俨然已是上流社会的一员。但上流社会一直密切注视着他燕尾服的抖动。他的一位报社朋友告诉他，收到了很多来信，其中有一部分是揭发信："《穆拉托》是剽窃别人的，人们在骂你是一个可恨的骗取财物的人，你欺骗了大家的情感。"

但贵族沉重的橡木大门毕竟为安徒生张开了一道门缝。不久，安徒生收到了一封邀请信，邀请他参加一个皇家聚会。安徒生十分激动，穿上燕尾服步入皇宫。据说，值勤官打量了一番他的服装，然后说：亲爱的安徒生先生，像你这样一个鞋匠的儿子居然在皇宫里参加舞会，这不是让大家都很丢脸吗？安徒生如遭雷击，他大声说，我爸爸是鞋匠，可是他是一个淳朴的手艺人，我今日所得到的一切都是我用笔一个字一个字写出来的。

在这样的打击下，安徒生逐渐感到自己不属于上流社会，充其量，是一个过客。

正如卢梭难以回避自己的低微处境而时时要愤怒声讨上流社会一样，安徒生在对底层民众倾注无限同情之余，他也会偶尔批评柄权者。我相信，就汉语阅读者来说，《卖火柴的小女孩》与《皇帝的新装》是他两篇在汉语领域最为驰名的上乘之作，它们展示了安徒生柔情、悲悯的一面，以及更为复杂的人性视角，以及他的狡黠。

在我看来，安徒生无意于与皇权决裂，他就是吃这个才渐次成为安徒生的。所以，他更不可能以童话向封建专制体制或上流社会的偏见挑战，他渴望成为其中一员，或者说，较有良心的一员。所以，他没有必要去充当真理代言人的角色。他的隐喻与影射不过是他恼怒于被上流歧视之后的"症候反应"。根据现有资料，我们无法推论他在写作《皇帝的新装》一文的动机，即使他有讽刺柄权者的意思，他的态度也颇为暧昧。作品甚至具有这样的暗示：权力者醉心于那看不见的"新衣"，反而像自己这样的货真价实的"燕尾服"，却被他们视而不见——反过来说，自己倒成为了那个不穿衣服的愚行者。

其实，安徒生似乎忘记了一个游戏规则：你是在上流社会的牌桌边出牌，就必须懂得何时该赢、何时必须输的道理，但你却忘情地玩起了乡下酒吧里的牌戏，即使你赢了，在座的大人们又如何会认输？

安徒生信奉的话是："只要你是天鹅蛋，那么即使你是在鸭栏里孵出来的也没关系。"他完全错了，上流社会不但要甄别天鹅蛋的真假，并一定要追问它诞生于哪一只屁股，进而还要考证这天鹅蛋的父亲的血缘是否高贵。如此经过"组织考验"后，才考虑是否予以接纳。

就像鲁迅先生笔下赵太爷申斥阿Q的那句话："你配姓赵么？"

据说《皇帝的新装》发表后，曾有一位哥本哈根的演员挑选它在剧场幕间朗诵。听众们都活跃起来，爆发出一阵阵开怀大笑，连皇家包房里都传出了笑声。接着，整个哥本哈根都传开了一个光着身子的国王的故事……

所以，《皇帝的新装》只是一篇关于人性的漫话，那愚蠢的皇帝、愚蠢的骗子、愚蠢的臣民之外，好在还有天真的孩子。

四个类型暗示了"四类分子"，颟顸的独裁者、油滑的谄媚者和顺从的大众、一意孤行的行骗者和道破这透明骗局的孩子。这些角色是否是安徒生性格的幽微体现？或者说，安徒生横下一条心来，自己就要做那个孩子？

可是，你毕竟就是一个过于耿直的孩子！

既然如此，你又何须坐在哥本哈根街头，以斜睨而冷峻的目光注视人群？就是说，你饱受了上流社会的歧视之苦，终于依靠雪亮的才华获得成功，你终于可以安然穿着燕尾服坐在贵宾席里接受人们的欢呼了。仔细计算一下，你何必又总是愁眉苦脸呢？

2005年1月8日的《纽约客》杂志上，还发表了一篇文章，提到安徒生功成名就之后，时年仅23岁、也不会说丹麦语的英国文学记者和评论家爱德蒙·高斯，后来写了他如何在门口遇到"一位高个儿、上了年纪的绅士，身穿整套的褐色西装，戴着一顶颜色同样深浅的鼻烟色卷毛假发。"爱德蒙·高斯接着写道：

　　"那一瞬间，我好像被狠戳了一下，他那张古怪丑陋的脸和手，他那极长的令人眩晕的胳膊……汉斯·安徒生的脸是一张农民的脸，长至一生的感性和文化生活也没能从他脸上移去泥土的印记。"

言辞有些苛刻，但大体想来，符合安徒生的生活形象。有人说，一个作家的生活形象与他笔下的文学形象毫无关系，我不想多置喙，想来它们都可以在一个形体上得到归位。写到这里，突然心酸起来，就觉得还是巴乌斯托夫斯基笔下那个坐怀不乱的安徒生，因为置身黑暗而依靠话语而熠熠生辉，尽管有点单面，反而因功败垂成而暖意四射。

《皇帝的新装》在中土

那个喝破美梦的小孩处境如何？这也许是中国式的关心。

早在 1914 年，刘半农就翻译了安徒生童话《皇帝的新装》（载《中华小说界》第 7 期），译名《洋迷小影》，后译者不绝如缕。

前不久偶读杨宪益先生的《译余偶拾》（山东画报出版社 2006 年 5 月第 1 版）。他写于抗战期间的文史考证笔记里，在该书 69 页刊有《〈高僧传〉里的国王新衣故事》一文，我认为其实是另外一种意义的"殊途同归"，我们不能据此说杨宪益先生考证"皇帝的新装"就早于安徒生一千年，这样的话语就不具备起码的历史眼光了。

《高僧传》里的鸠摩罗什，以绩师和狂人的故事用来比喻佛法。绩师用虚拟的"细缕"戏弄了狂人，说它是看不见的宝贝，因此还"蒙上赏"，鸠摩罗什的结论在于："汝之空法，亦犹此也。"这是偶然巧合，还是安徒生偶然见到这一记载？无论如何，皇帝新衣的故事是一部时空连续剧，在今天的生活中也毫无终止的迹象。

所以，后来才有叶圣陶先生的续写，也才有《上帝的新衣》，也才有新词诸如"裸体官员"之类的风起云涌。

据说在丹麦，安徒生的童话已经从小学课本里取消了，因为道德家认为安徒生的作品过于悲惨、暴力、不适合儿童阅读。这个理由冠冕堂皇，有"三俗"之嫌疑。想一想，安徒生可能本来就不是安心为孩子们写作的，他的眼睛瞄着更高的地方。他穿上了挺阔的燕尾服置身上流社会，却一定要给目空一切的领导套上脱不掉的"新衣"。

好在中国的小学生汉语课本、高中英语课本里均保留了。阿门！如此"双语教学"，在以道德主义教育为主的汉语课堂中大概是唯一的个案吧。

敢于玩虚拟之衣的人，必须是衣服多得不胜其烦还渴望更上层楼的人，在某种程度上说，虚拟之衣也是一件隐蔽之衣：渴望把自己身上的服装百货公司隐蔽起来，以半两拨千斤的战术，获得奇异的敬意。其次，敢于玩虚拟之衣的人不但身体具有超抗打击的能力，头脑也能够坐地飞升，也就是说，能够高速入魔。这有些像奄奄一息的瘾君子对毒品的渴望。

应该仔细分析一番这件新衣的"翻面处理"。

作为虚拟的奢侈品，它不过是用符码替换了传统意义的新衣，当幻觉将酒和酒杯统摄一身时，这就足以将当事人灌得酩酊大醉。由于当事人的嘴巴和味觉无法虚构，那么，进一步麻痹当事人的知觉就成为骗子的第二个难题，这有些像赵本山的《卖拐》。进一步做到后，这虚拟的美酒才安稳地穿过口腔流进肚子。

当飘飘欲仙的道袍迎风飞扬，就启动了一种顾盼自雄的英雄主义情结。就像亩产一百万斤的喜讯，不是人想跑，而是脚刹不住车，在权力力比多鼓噪下、一脑壳扎进大同主义的裤裆。可惜，那个裤裆依然是符码！就不要说什么主义了。

后来，幻觉的高烧略一退烧，当事人纷纷说，我们嘴里明明有酒味，可惜那件新衣掉了。大家写了很多文章来怀念那"新衣"。就是说，他们脱下制式服装时，里面"新衣"赫然已是"黄袍加身"——这就叫隐喻成翻面处理。

当人们试图努力去接近事情的真相，一般而言，我们看到的只有衣服——隐形的或者夸饰的，可惜没有国王。如此一衣障目而不见主体，估计就是一种接近历史真相的常态吧。美国艺术批评家罗伯特·休斯曾经如此评论道："目前的难题不是国王没有衣服可穿，而是在衣服之下，根本就没有国王。"

2010 年，因为学者王彬彬揭发的汪晖涉嫌抄袭案，汪迷们在奋力进行"跨语际"试验，试图海外包抄汉语话语权，消除这一不名誉案。这个过程里，有人翻出了安徒生的《皇帝的新装》不是抄袭鸠摩罗什、而是抄袭西班牙王子堂·胡安·曼努埃尔王子的老话。

《皇帝的新装》的本事，的确出自西班牙王子堂·胡安·曼努埃尔（1282—1348）写的小故事《织布骗子和国王的故事》。作为 14 世纪西班牙最为杰出的散文家，曼努埃尔王子的著名作品《卢卡诺尔伯爵，或帕特洛尼奥之故事书》风格卓异，彰显对话体，共有劝世的小故事 50 个，显然深受阿拉伯文学的熏陶。

余风高先生在《哪来的"皇帝的新装"！？》一文指出："《卢卡诺尔伯爵，或帕特洛尼奥之故事书》于 1868 年译成英语，以《卢卡诺尔伯爵，或帕特洛尼奥的故事五十个》之名出版。专家认为，安徒生是看了此书中的一个类似的故事，才写成了《皇帝的新装》。"（见《中华读书报》2008 年 4 月 2 日）

后来西班牙作家塞万提斯也曾在他的戏剧中运用过这个典故作为素材。说有个国王自吹耳聪目明，从来不会听信谎言，却还是上了骗子的当。故事的结局是那个国王赤身裸体在朝臣和全城百姓面前威严地裸奔，成了老百姓在"检阅"他，这也隐喻了"僭越"一词的翻面处理。大家噤若寒蝉，投以注目礼。

安徒生改写这个故事时，在结尾处让一个孩子喊出了一句真话，这就是安徒生彬彬有礼的名流手杖斜刺里暴发出来的振聋发聩之声。我想，类似的寓言很多，但唯有安徒生做到了，他就是那个孩子。而且，这样的作家绝对不可能出现在汉语领域，我们有太多"过于聪明"的作家和学者，他们一般是在柄权者身后争先恐后托举那虚拟的裙摆，或者——进一步努力去虚拟那进入主流的燕尾服……

我在这里引用这个故事，只有摆弄、整理、熨烫"新衣"的意思。中国学者的抄袭风波本是与"新衣"风马牛不相及的事，如果非要扯在一块儿，这翻面处理的"新衣"，一些人恐怕很难脱掉干系。既然遁词无法让主体获得遁形，那么，我还是要真诚地说，即便是"坐实"了，新衣还是新衣。

最后，让我们大家一起再念一遍："可是他身上什么也没有穿呀！"

2010 年 8 月 14 日改定于成都

<h1 style="text-align:center">从掐脖子到锁喉术的"大跃进"</h1>

文化分野下的铁钳

我无事时爱在网上闲逛，直看得头昏眼花，就发现冲浪的强度不亚于陪夫人逛百货商场。当然，我必须有一种技能，可以从大量重复、无效的资讯里，分析出它们的保鲜期以及适合人群的胃口，或者是"反向理解"的新闻意义。至少，要从一个重复的动作里看出不重复的意义，就可以让人咂摸出一些连续剧似的悬念。比如，我看到了很多有关"掐脖子"的新闻。它们一般是作为一个法律案件的演绎过程被报道的，尽管无法描述细节，但"掐脖子"的所指所辐射的区域，就很自然地呼唤着"能指"从四面八方合拢，直至把这个概念掐死在无边的黑暗与晃动的身体之间。这个时候，动作总是要比概念丰满，汁液四溅，就像一个处于青春期高峰的女人，火力四溅，喷薄欲出，却穿着一件平胸时代的紧身衣。

在我看来，掐脖子的主角和配角古往今来主要有四种类型。一种是官员掐死妓女、情人的类型，为制止真相败露或掐断威胁的嘶叫，官员的智力水平急剧下降，因此，从那些充满淤血的致命掐痕里，事后人们很难想象官员两袖清风的绵软手掌，如何施展出了法力无边的大手印；另一种是从事性冲刺的虐恋者，他们来不及从摇晃的峰巅退回到呼吸畅通的安全地带，他们赤身裸体，大小便失禁，展现着命赴爱河的决绝姿态。这印证了希波克拉底的话——"不当的性快感会招致死神"；还有一种是直接地谋财害命，一些地方现在出现了所谓的"掐脖子帮"，罪犯连刀子、铁锤也不需要，伸手即为利器，无成本支出，直取美眉的粉颈，劫财也劫色。还有一种重在对言论的仇恨，显然源于历史渊薮里的阴毒智慧。我记得自己的童年时代，20 世纪 70 年代，小男孩之间的打斗游戏，一个是摔，另一个就是掐，掐脖子，有时怒气攻心，会把对方掐得口流白沫为止。还好，孩子们知道退却，他们到此为止，怒火熄灭，又成朋友。当然了，1980 年11 月老迈的哲学家阿尔都塞精神病发作掐死妻子，是特例。

无论是在米歇尔·福科的著作还是法国人马丁·莫内斯蒂埃的《人类死刑大观》当中，掐脖子并不在研究之列，原因在于这个动作不具备惩罚的昭示性。福科就认为，就惩罚史"一般而言，惩罚越来越有节制。人们不再直接触碰身体，而是触碰身体以外的东西"。问题在于，掐脖子是与人类历史一样悠久的攻击性动作，我倾向于发明者是女性的观点。何以见得？因为在双手可以支配的范围内，应该还伴随着抓、挠、捏、扯、撕、咬等等小巧动作，如果均不能解决问题，掐脖子就成为了女性的杀手锏。这一系列贴身短打功夫，具有阴性成分和本能意味，体现出弱力状态下勉强取胜的决心。但我觉得她们掐脖子具有比赛性，即希望这个过程中，让对手因为呼吸不畅而面如死灰口水乱流，你比我难看，自己在身体美学上首先就获得了胜利。于是，我们在大街上看到的女性之间的徒手搏斗，她们几乎出于同一个教头门下，一起吐口水，一起扯头发，然后一致性地高举双手，犹如两只螃蟹互掐脖子，空虚的下盘拼命站稳立场，臀部以空前的肥硕高高翘起，凸显女性的身体意志。男性为什么不愿意跟女性缠斗？因为他们视这些招数为不雅之举，有娘娘味儿。掐什么脖子？老子一拳就可以送你回老家！而缺乏一招制敌技术的男人，一言不发，他们白刀子进红刀子出。所以，手无缚鸡之力的宋江，用刀宰杀阎婆惜是符合英雄语法的。"手刃"一词，在男性手里获得了干净、迅捷、快意恩仇的美感。相比之下，掐死的意象就显得阴湿而黏滞，比较猥琐。正因如此，在那些搞笑的港台武功片里，复活的僵尸们直立而跳跃，双手木棍般平伸，只以掐脖子为己任，同样体现了一种阴鸷的搏杀意图。这也可以解释民间有关鬼掐脖子的传闻，并非空穴来风。

但是在西语中，掐脖子获得的胜利并不比动用武器获取的差，即使那些真正的英雄也喜欢使用这个方式。比如，力大无比的赫拉克勒斯面对赫拉派来的两条毒蛇，刚满八个月的英雄却毫不费劲地把毒蛇扼死在摇篮里。后来国王召他去服役，他得到神的启示，答应为国王完成 12 件苦差使。其中，他再次使用绝技，扼死了铜筋铁骨的涅墨亚森林的猛狮。扼杀的修辞含义，在文字造型上显然比掐脖子要华丽庄严得多，尽管实质并无差异。再看看武松、李逵杀虎，就非常清楚地暗示我们：存在于汉语里的掐脖子，根本不是英雄的身体政治。

深宫高墙内是掐脖子频频施展的理想领域。神秘的宫闱床榻之间，恩仇总是像胭脂香味一样扑面而来，所以，掐脖子的意象开始出现分野：一是为"挤"出真相，一是为掐断真相的诉说，在铁钳一般的虎口拷问声带的同时，它只要略微把持不定，就一并勾销了气管呼吸的权利。这就是说，掐脖子对真相构成了一种"项庄舞剑"的环绕合围意义，情况往往是：在获得了真相以后，虎口从来就没有放弃进一步用力的本能愿望。作为威胁的道具，虎口的刑具意义并不是固定的，它面对人体最为柔弱的部位，总能激发起一种摧毁的狂喜。受审者命悬一线之际，虎口充分感受到了来自于脖子深处的冷汗和油脂，在喉头痉挛的配合下，秘密连同唾液在虎口的抚摸下吞吐，虎口必须分辨两者，明白该对谁予以放行，明白对那些企图蒙混过关的秘密，解除游鱼似的伪装。想想鱼鹰的脖子吧，它总是无法享用自己的劳动果实，它用水洗掉堆积在咽喉里的痒意，但能够想象美味，于是它继续劳动。但脖子们在虎口的紧逼下，想象与回味功能已然完全丧失，即便是美丽的脖颈也会逐渐像植物造型靠拢，鼻息即将喷出残留在肺叶底部的酸气，这潮湿的气体喷在虎口上，让拷问者联想起腐烂的蔬菜。虎口会觉察这种变异，觉察到一根丝瓜的碎和软，虎口会尽快结束这种肮脏的态势。

在古罗马历史中，69 位皇帝中有 39 位死于谋杀，著名的暴君康德茂尽管有大力神之誉，被服下情人毒酒后体力不支，最后被拉厄图斯掐死在大殿内！这种死法对大力神来说具有反讽意义，因为罗马人一直认为，被人扼死是一种奇耻大辱。

公元 251 年的 8 月，天起飓风，孙权祖陵中的松柏也被拔起，卷落在建业城南门外，孙权受惊起病。几个月后，皇后潘氏密谋孙权死后，模仿吕后临朝称制。潘皇后为人凶暴，平时经常为小事残杀宫婢。宫女们怕她一旦称制，会不可收拾，于是就在夜间乘她睡熟时，将她扼死。这段历史记载是真实的，有一种除暴安良的快感，也完全符合宫女们的"手性"。至于武则天掐死自己的女儿，陷害别人的举动，别的我不说，至少说明了掐脖子的安静性和极大的成功率，空手不但可以入白刃，空手也可以攫取权力和宠信。因此，我们对晃动在权力周围的每一双纤纤玉手，在它们翻飞如兰花时，应该具有必要的警惕。

掐脖子在宫闱床榻之际的著名演出，自然是莎士比亚的著名悲剧《奥赛罗》。这个来自于意大利的悲情故事，成就了掐脖子的经典意义：近距离的肌肤相亲，足以造成致命的伤害。在苔丝德蒙娜的床榻上，本来可以上演一场惯常的鱼水欢宴，女人深情款款，但奥赛罗准备使用掐脖子的古老方式，"挤"出苔丝德蒙娜红杏出墙的细节。他开始发力，他必须把自己堆积在脖颈上的亲吻全部删除，因为这其中已经混入了"不纯的唾液"，但他感到无法控制虎口下的真相，他进一步发力，他握住了命运的咽喉。在这个时候，面对苔丝德蒙娜的苦苦哀求，奥赛罗说了一句名言——

　　"已经干了，便不能终止！"

诗人席勒是察觉出了一种本质危险的。因为苔丝德蒙娜"是一朵不自觉地老是将头仰向那白昼的星座的向日葵"，细长的花颈在巨大的轮盘下显露出不堪的迹象。苔丝德蒙娜做祈祷时唱的《信经》已经绕梁而飞升了，盲目的英雄在快意恩仇之后，看着这株美丽的向日葵如空口袋一样瘫倒，他觉得意犹未尽。这个细节对后世的影响是深远的，在于彼此缠绕的手臂，本来可以邀来柔情蜜意，在身体最为柔嫩的部位，实现对情色的冲刺，而当手臂蛇一般收紧的时候，这种巨大的逆差将人性中的极端走向清晰地呈现出来。波德莱尔在《天鹅》一诗里说："像奥维德诗中的人，有时向天空，那令人难受、冷酷的蓝天，抬起渴望的头，伸长痉挛的脖颈，仿佛向上帝发出种种的责难！"如果联系到阿道斯·赫胥黎的《美丽新世界》，这个掐脖子的意图就具有了形而上的隐喻：未来世界里的专制主义开始控制人民的性欲，一种叫"代猛烈情素"的东西，每月固定接受一次注射。控制生理即控制思想的企图，使官方与个人开始了肾上腺素的拉锯战——"从生理上说它完全和恐怖与狂怒相等。它所能产生的滋补效果跟杀死苔丝德蒙娜和被奥赛罗杀死相同，却丝毫没有它的不方便。"

掐脖子尽管效果明显，但一直没有成为刑法当中的主流惩罚方式，它被后世放大为扼杀、绞杀、上吊、"站笼"等等科学方式进行，逐渐脱离了其徒手意义。但死亡的模样没有实质改变。按照马丁·莫内斯蒂埃《人类死刑大观》的说法，扼杀"不像绞刑那样会使人产生色情的反应"。这就充分说明，掐脖子的死亡过程，当事人至少在弥留当中，是体味到了色情实质的，如此命赴黄泉，可以作为对死亡的小补偿。正义的刑法不可能让罪犯体验到快感，刑法是黑色的。所以，性虐恋中的窒息快感，以及对女性实施的掐脖子流氓手段，则显然符合这个濒死生理规律。

村上春树有篇奇怪的小说叫《掐脖子鸟与星期二的女人们》，立意充满性暗示："附近的树林里，有一种鸟的叫声，听起来像被掐到脖子似的，我们就叫它'掐脖子鸟'，这个名字是太太取的……"在平淡的叙述里，情色暗示无处不在，某种程度上也体现了投射在纸窗上的日本人的情色剪影，而东瀛电影《感官王国》不过是纸窗内的真实操作：两人私奔到一家旅馆，没日没夜地沉醉在肉欲高潮中，为求得更高的欲念满足，两人以互掐脖子和其他世人眼中变态的行动进行性交。最后，阿部定在性交高潮之时勒死了吉藏，并割下了对方的阳物。当然，我们不能据此就认为日本文化就是掐脖子的产物，只是我很难消除并无多少道理的猜测。

喉骨轶事

对揭露真相之声的肆意宰制，具体到对喉头的刻骨仇恨，这种对正义、真相的高度恐惧造成的，继而对发声器官的仇恨政治学，在中国历史里罄竹难书。

中国历史中，明末东林党人是骨头最硬的人，也是后辈知识分子的脊梁。在黑暗颓败的时节，他们用古中国罕见的赤胆和良知，对于厚黑权力予以狠命一击。东林党人最后大多或身陷囹圄，或被迫害致死，但其卓绝的精神和坚强意志，以"铁石铸造之肺腑"与权力的绞肉机对峙，不仅深深感动了后世，也令魏忠贤群小胆战心惊。寝其皮，食其肉，成为了魏忠贤的复仇之举。

"东林六君子"杨涟，史家评价他"为人磊落负奇节"。他在狱中写下了著名的《狱中绝命辞》。然而，就是这样一位"大笑大笑还大笑"的人物，他的死状却是："土囊压身，铁钉贯耳"，尸体被领出时，全部溃烂，惨不忍睹。"东林六君子"中的魏大中死后，魏忠贤拖了 6 天才准许从牢中抬出。还有铮铮傲骨不逊于杨涟的忠毅公左光斗，史可法看到他已是"骨断筋折、血肉俱脱"，却依然以死相抗，大恸而叹"吾师乃铁石铸造之肺腑也"。

天启四年（1624）六月一日，杨涟在奏疏中列举了魏忠贤的二十四条罪状，揭露他迫害先帝旧臣、干预朝政、逼死后宫贤妃、滥施淫威等罪行，请求熹宗"大奋雷霆，集文武勋戚，敕刑部严讯，以正国法"。魏惊恐万状，跑到熹宗面前痛哭流涕，因之他对杨涟恨之入骨。

"六君子"被害后，魏忠贤对其汹涌的言辞依然耿耿于怀，他对那发出刺耳之声的喉骨产生了探寻的兴致。他命令走狗用利刀将他们的喉骨剔挖出来，各自密封于小盒内，送给魏忠贤亲验示信。面对英烈的喉骨，魏忠贤获得了一种大快意，他说："诸公别来无恙，还能上书否？"仔细把玩所有喉骨后，他把杨涟等人的喉骨烧化成灰，与太监们一起，和酒吞了。

这不过是拿仇敌心脏做"醒酒汤"招数的改良。但还意味着：杨涟等人在阴间是"哑巴鬼"，在来世也是"静默"的。显然，目不识丁的魏忠贤业已实现了由掐脖子到锁喉术的一次飞跃。

对"六君子"的耿耿喉骨为何如此深恶痛绝？《东林悲风》的作者夏坚勇说得精彩："就因为它生在仁人志士的身躯上，它能把思想变成声音，能提意见，发牢骚，有时还要骂人。喉骨可憎，它太意气用事，一张口便大声疾呼，危言耸听，散布不同政见；喉骨可恶，它太能言善辩，一出声便慷慨纵横，凿凿有据，不顾社会效果；喉骨亦可怕，它有时甚至会闹出伏阙槌鼓、宫门请愿那样的轩然大波，让当权者踱蹀内廷，握着钢刀咬碎了银牙。"（《长河如烟》，当代世界出版社 2005 年版）

喉骨，在中国历史谱系里不但已经成为"枭鸣"的中枢，而且成为了昭示正义和真相的最后"一隅"。比如，戊戌政变以后，光绪皇帝十分看重的"新政重臣"陈宝箴，作为倾向维新变法的实权派人物，他也无法逃脱慈禧太后的"喉骨摘除"——据传，陈宝箴于 1900 年 7 月得太后密旨，赐其自尽。后令人挖取喉骨，奏报太后。这等历史，正是我们的"国粹"。

从另外一个角度看，权力者有时又希望异端的喉骨不断制造声音，来延续和增加冒犯权威的恐怖。崇祯三年（1630 年），袁崇焕以"通虏谋叛"、"擅主和议"、"专戮大帅"的罪名磔于北京甘石桥。百姓都误信袁通敌，恨之入骨。他皮骨已尽，《明季北略》记载说："心肺之间，叫声不绝，半日而止。"这声音，多么让权威沉醉，等于袁崇焕在喊叫：快来看，这就是通敌者的下场！

安插在喉头的阀门

在锁喉谱系当中，不应该忘记的是郁达夫。1945 年 8 月 29 日晚上约 9 时，日本宪兵把惨无人道的暴行演绎到极致——把郁达夫活活掐死。据说理由是日本宪兵怕用枪会发出枪声，用刀怕留下血痕。我看这个理由不大充分啊，擅长用刀的倭寇，看来没有采取"手刃""资深翻译官赵廉"的烈士方式，他们竟然使用掐脖子的古老方式！化名"赵廉"的作家在军国主义的虎口里嘶叫，但没有来得及说出，他的话连同他的喉结一并粉碎在南洋的沙土之上。看看我们的革命烈士，是被日本鬼子按在地上掐死的，想想那个手脚乱蹬场面，必然尘土飞扬……

这里，我们不应该忘记的是小学生刘文学同学。1959 年 11 月 18 日晚，现合川市云门区双江村双江小学四年级学生、年仅 14 岁的刘文学，为维护集体财产——半筐海椒，夜晚与地主分子王云学在生产队的海椒地狭路相逢，被地主掐死，并被抛尸堰塘。刘文学成了举国学习的英雄。但几十年后的今天，刘文学的故事竟有了多种功利主义的说法……

这两个个案昭示了一个特殊结果，他们大概是历史上唯一被掐死而成为英雄的人物。掐脖子的阶级成分，即由生理意义的种种感受，上升为一种稳准狠的阶级锁喉术。这个阴损的招数，尽管敌对势力经常对"我"采用，对此，官方在语言表现上过滤了对手的攻击力量，还是称其为掐脖子："苏修"掐我们的脖子！美帝国主义掐我们的脖子！我们要突围，用正义之师的"铁钳"攻势，粉碎敌人的阴谋……

但是例外也并非没有。在一份党史研究资料中，指出毛泽东在中共七届二中全会上预言的几种不健康"情绪"便发展起来……如果说共产党人昨天的辉煌、昨天坚定的共产主义信念来自于革命与战争年代的艰难困苦、玉汝于成的话，那么执政后出现的齐姬越女，甘饴美酒，"颂扬"与孔方，就成了"不拿枪的敌人"、阉割共产党人理想的"锁喉三枪"，从而使得执政党的理想建设面临着新的严峻考验。这就是说，类似的"锁喉"招数，毛是心知肚明的，当然至于他推行从阴谋到阳谋的革命，那倒是可供人联想的。

锁喉术是高明而优雅的，根本无须虚张声势双手作八字状，它是单手操作，拇指和食指如握酒杯，出其不意直取你的喉头。锁喉不仅仅是勾销呼吸，关键在于"禁声"。它使得那些黄钟大吕立即软化，成为气球泄漏的嘶嘶声。于是，锁喉之手就成为一只安装在脖子上的活动阀门，可以随意调节进气和声调。

作为一招毙命的战术，锁喉术与撩阴掌相比起来，就显得要光明正大一些，搏杀的结果尽管两者并无高下之别。以往，我们每每为自己的档案上的某个暗箱操作的记载而忧心不已，因为我们知道一旦自己被组织拿住了命门，自己就只能像被高高提起来的鸭子，除了徒劳的叫唤，就是开始无休止的进食，准备提前成为对手们金黄的晚餐。一只"无形的手"可以随时在脖子上显形，使阳光和空气得到人为的管理，在这个先决条件下，所谓独立思想，就只能成为藏匿在少数人肺部中的底气！有时，我能从一个广阔的范围内听见自己急促的心跳声，以及剧烈的喘息。我能感到那一双无形之手，掐住了我的脖子，它留下的冷汗如口痰一般粘在喉结，将一种前所未有的恐慌与不安搁置在预感之中。

在《美丽新世界》里，恐惧的本能想让每一个人尖叫，可是不论嘴张得有多大，喉咙的发声权利却被事先删除，于是人们发不出一丁点声响。慢慢的，那无形的力量越来越紧，紧到让人们渐渐透不过气。于是他们只好挣扎，自己抠着自己的嗓子眼，拼命挣扎。这种本能的动作类似于"催吐"，是"无形之手"早就编排好了的，吐，吐出来。可是你吐不出来，什么也吐不出来，甚至空气也吐不出来。大张着嘴，感觉生命一点一滴傲慢地走过心脏走过喉咙走过口腔而后消失不见。

所以，著名的经济学家亚当·斯密提出了"无形的手"，放之于如今在经济、网络、金融领域出现的瓶颈现象，为攫取的本能欲望提供了掐脖子的良机。可它并不仅仅是适用于经济学领域的，它无形，却获得了比"有形"更为直接的威严和效用。我唯一感受到的是，个体在机构面前，脆若喉头！

但是我们必须坚信，只有时间才是上帝之手！只有时间可以解决所有冒牌货的觊觎和小偷小摸，无论是对咽喉的威胁，还是对空气中自由浓度的调配。柔嫩的脖子，将是时间解除掐脖子到意识形态锁喉术等等有形无形之举的终极地！

值得注意的是，"我要扼住命运的咽喉！它绝对无法击倒我！"这个

比喻本没有错，但命运往往是由具体的人、事连场上演的，无论你往虎口
灌注多大的欲望，也阻止不了时光的呼吸，同样也扼不住自己的命运，结
果要么是自己被命运掐住了脆弱的喉结，要么就是自己掐住自己的脖子，
用力，嘴里蹦出咔嚓的伴音……

2004 年 9 月 13 日　在成都

<h1 style="text-align:center">凡在林中的，未必是路</h1>

  冬季暖阳连续普照，成都，尤其是锦江九眼桥南岸的成都，恍如春日。坐在望江楼公园的竹林边，泡一碗"飘雪"花茶，一个下午很快就过去了。出门时随手拿了一本书，是日本作家、艺术派诗人荻原朔太郎的《诗性的哲学漫步》，群言出版社 2002 年初版，于君翻译。哎呀，多么繁复的书名！翻遍全书，没有发现一篇与书名同题的作品，这就是说，书名是翻译者加上去的。按照我的推论，能够使用《吠月》、《青猫》、《冰岛》、《纯情小曲集》等等作为书名的诗人荻原朔太郎，大概也不会在"漫步"之前，赘加"诗性"又"哲学"的巍然包袱，否则，漫步就成了驴友的负重行军。

  在德国海德堡大学，就有一条"哲学家之路"，位于内卡河北岸的山丘上，据说黑格尔任教海德堡大学时，常与朋友在此散步，讨论问题。此路伽达默尔走过，存在主义哲学奠基人雅斯贝尔思走过，据说康德每天下午都要到此处散步。诗人更是荟萃于此，歌德、席勒、荷尔德林、艾兴多夫，还有音乐家舒曼、小说家马克·吐温等也到此"采气"。"哲学家之路"旁的一个花园的门口竖着一只向上平伸的手掌模型，掌心写着一句话："今天已经哲学过了吗？"

  古往今来，小到一片树丛，大至广袤森林，一直就是思想者的游牧盘桓之地。为何？荷马早就道出了实质："那树林的状态，简直就是人间；春去秋来，叶落满地——秋去春来，猛抽新芽。人世间何尝不是如此——生生死死，永不停止。"树巅葳蕤，把大地的生机突举起来，向高处冲刺；无边落木萧萧下的时光，则让漫步者获得了一种忧郁而慎独的清凉；即便是热不透风的原始密林，它的气温至少也比林外的旷野要低一些，是"忧郁的热带"，反思如同震惊或淬火。所以，古往今来的哲人，大多通过树林为后人留下了一种"趋冷"的泠泠智慧。树林成为了沉思者的路标。而在汉语的词性地域里，竹林固然参差飘拂，但它往往与情欲之思相摇曳，历史上大概只有竹林七贤是个例外。话也说回来，尽管阮籍的家乡鄢陵县翠竹叠嶂，但给人的印象是，竹林里的琴声是幽咽的，唯有松林间的琴弦，切金断玉。这没有优劣之分，只是我的一种植物倾斜下来的文化印象。

这让我联想起荻原朔太郎的前辈作家国木田独步。《武藏野》被认为是日本现代散文的滥觞，文章结构具有一个与汉语中思想言路的数字路标相巧合——它也是"九章"。第四章和第五章的主题是"沉思"，是作者大面积的风景主义工笔描摹之后对思想的凸显。国木田独步服膺屠格涅夫的白桦林之思，赞美之余，也把武藏野色彩错落的"彩林之想"呈现出来——这让我感到，一个人置身其间，如果不思考点什么，就有暴殄天物的危险。

顺流而下，国木田独步走的，还是存在哲学的路子。这就进一步让我感到，林中的思考，本来是上天入地的，但思者往往被一种无形的气场控制着，就是说，如果不会走存在主义的经典狐步，亦步亦趋，不越雷池，似乎就找不到路。

当路窄变为独木桥，或者干脆成为"旱地独木桥"时，路，也许就不成为路了。

请注意，林中、小路，凡至林中，总是有路。路才是递解林中之思的通道。于是，关于林中叉道，关于小径分岔的花园，关于马丁·海德格尔，关于朗费罗与波特兰市的森林公园，关于罗伯特·弗罗斯特与位于佛蒙特的林中小屋，关于林中思考的俄罗斯作家普宁，关于在雅庄（Yasnaya

Polyana）林中漫步的列夫·托尔斯泰，关于在康科德附近瓦尔登湖畔森林中漫步的梭罗，还有诗人冯至都有类似林中雾气一样袅袅飞升的描写或诗篇。鲁迅先生尤其喜欢用"路"为象征，是否有感于《武藏野》的阅读余续，无从得知，但鲁迅留学日本时曾读过此文，则几乎可以肯定。国木田独步仅活了 37 岁，死于肺结核；鲁迅先生比他多活 19 岁，也死于肺病。

相比之下，与其说国木田独步的漫步是最深情的，不如说荻原朔太郎的林中思索更为犀利。

林下之路的抉择，一直是思想者关注的焦点。被人广为称道的美国诗人弗罗斯特名诗《未走之路》，是怎样展开的？我的同乡、翻译家曹明伦的译本我十分钦佩——

> 金色的树林中有两条岔路，
> 可惜我不能沿着两条路行走，
> 我久久地站在那分岔的地方，
> 极目远眺望其中一条路的尽头，
> 直到它转弯，消失在树林深处。
>
> 然后我毅然踏上了另一条路，
> 这条路也许更值得我向往，
> 因为它荒草丛生，人迹罕至；
> 不过说到其冷清与荒凉，
> 两条路几乎是一模一样。
>
> 那天早晨两条路都铺满落叶，
> 落叶上都没有被踩踏的痕迹。
> 唉，我把第一条路留给将来！
> 但我知道人世间阡陌纵横，
> 我不知道将来能否再回到那里。

我将会一边叹息一边叙说，

在某个地方，在很久很久以后；

曾有两条小路在树林中分手，

我选了一条人迹稀少的行走，

结果后来的一切都截然不同。

　　这又是否暗示了，在这个世界上，抉择的空间，往往是依靠非此即彼的二元对立来完成的呢？我这样想，绝非有贬低弗罗斯特之义。弗罗斯特表达一种选择的难度，但是这种选择不是尖锐对峙的，更非你死我活。不是刻意在对立中选择的概率，在生活中极低。林中路上的细小差别，却造成最后结果的迥然不同。弗罗斯特不同凡响之处，恰在于以平凡的睿智态度，又穿越了庸常生活的帷幕，他抵达了那条路的尽头。想到此，不禁又联想起"万古长空，一朝风月"的古话。

　　但我私下忖度，这个世界什么时候为我们提供了如此清晰的选择时机呢？你竟然可以从容面对？全方位权衡？其实，在我们面临需要做出审慎重大抉择的时候，往往是不具备选择能力的年纪。弗罗斯特所言"而我选了人迹更少的一条"，也被诗歌论者赞为箴言。试想：仅仅需要一夜的暴风雨，就可能完全改变选择的格局——在你还没有走出丛林之前！

　　诗人马拉美说："骰子一掷，永远取消不了偶然。"

　　还是回到国木田独步。他在《武藏野》里，首先对思想空间进行了"削平"处理："来到武藏野散步的人，总是喜欢捡更高更高的地方走去，以便找寻一处可以眺望得广阔一些的地方，可是要达到这个愿望却不容易。那种可以居高临下地远眺的地方是绝对没有的。这个念头及早放弃的好。"然后，他进行了类似的历险："如果你走在一条小路上，忽然来到一处这条小路分成了三条的地方，那你也用不着困惑，只需把你的手杖直立在地上，然后把手杖松开，但看它倒向哪方，那你就朝着这个方向前进吧。这条路也许就会把你引导到一个小树林里去。如果这条路到了林中又分成两条，那你就试挑其中较小的一条走吧，它也许会把你领到一个奇妙的去处。可能那是树林深处的一块古老的坟地……"凡在林中的，未必是路。陷阱、陷阱底部还有陷阱、穷途、绝路、烂柯美学的仙境、永无休止的分岔小径……既然目迷五色，心猿意马，何来智慧抉择？

我意识到，诗人弗罗斯特式的选择，也是置后型的智慧，但是，并不滞后——因为它注定要开启后来者。而国木田独步的选择，含有兴之所至的天真意味，把自己交给林中，由树木告诉自己的出路。

所以，只知弗罗斯特名诗《未走之路》是不够的，还必须知道国木田独步的《武藏野》。

我在前面提到荻原朔太郎思索的犀利，何以见得？他在《思想家的散步方式》里干脆划定了一个分界线："如果不想做学者，而祈望成为一个思想家，那么，非得经常走出书斋，有一片广阔的散步区域不可。工厂、监狱、酒馆、烟花柳巷、森林、田间小路……"我与荻原朔太郎观点略有差异，我相信学者中有独立思想家，尽管他们像稀有元素破一样匮乏。但这是否暗示人们：思想家也有两类：书斋思想家和社会思想家。也就是说，"林中之思"显得更为纯粹、深笃和高蹈，而"社会之思"则更为浩瀚、纷繁和驳杂。

顺着这一言路，朱学勤先生提出的"书斋里的革命"就显示出日益溃疡的现实病灶。作者提到法兰克福学派，这样说道："上代批判者多有革命气质，恩格斯还直接参加过巷战，到法兰克福一代，批判再激烈，也只是在书斋里撒豆成兵，关起门来指点江山，自我称雄。"这固然是朱学勤对知识分子包括自己在内的反思，也未尝不包涵思想向度正逐渐偏离现实的大遗憾。

在回家的路上，我走了一小段林荫道。路灯像招魂的灯笼，光照下的树叶更显幽深。想起海德格尔的《林中路》（上海译文出版社 2004 年 7 月第 1 版、2006 年 6 月第 3 次印刷的版本，译者孙周兴）扉页上的话是："林乃树林的古名。林中有路。这些路多半突然断绝在杳无人迹处。这些路叫林中路。每个人各奔前程，但却在同一林中。常常看来仿佛彼此相类。

然而只是看起来仿佛如此而已。林业工和护林人识得这些路。他们懂得什么叫做在林中路上。"海德格尔以"森林"暗喻荆棘之地，认为每人在路上，而且是在布满荆棘的路上，它不是现实中的路，人们已迷路，它是一条一踏就迷失的路，陌路。同时，它又是一条归隐的路，它是危险的，因为它不"存在"，踏上的是茫茫不归路。这暗示——剥夺路上之思，或让思缺位，就放出一条新路，活路？

树叶因为有隙，光才会照射进来，如果树叶堆压在一起，没有任何光，没有任何的距离，就不会有美，也不会有"在"。因为有空才有"在"，因为空，才有路的显形。正如本书书名所标明的：《林中路》——林中多歧路，殊途而同归。但我的殊途就与哲学家们分道扬镳了。

相比起来，鲁迅先生的选择更为透彻："世界上本没有路，走的人多了，便成了路。"无论是大道或落叶纷飞的小径，足迹对土地的赋性与赋形，也许就是老海的"在"之意吧。如今人们有一个口头禅叫"注重过程，无所谓结果"，那好，就注重抉择之后的过程吧。在人生的底牌还没有翻出来之前，这样的历险之举又是多么可贵。当然了，选择的结果，也可能是瓦尔特·本雅明的"单行道"，一旦抉择，就无法更易。而且置身时间的洪流之中，人生也好，树林也罢，都是单行道，一旦踏入，连驻足不前也不行，更遑论回头，因为回头也无岸。所以祖宗古话里，就有"一失足为千古恨，再回头已百年身"的训诫。

2010 年 1 月 31 日　成都

驴上沉思录

近来，因为在修订自己的一本论述古代侠义的著作，查阅了不少古人诗作，发现骑驴而行的诗人，与纵马飞驰的官员，在尘烟四起的历史旷野上，昭示了不同的路数。

按照顾炎武的说法，驴进入中土，是战国后期的事。"然其种大抵出于塞外，自赵武灵王骑射之后，渐资中原之用。"（《日知录》卷二九）而"驴"字的产生，段玉裁认为是秦人所造（参见《说文解字注》）。这等于解释了肇始于东汉的十二生肖中，自然没有舶来品了。

驴背一直是文人们悠然的回忆平台。相传张果老与鲁班打赌，后来输了，从此以后倒骑毛驴。"倒骑"的人生美学体现的玄机还在于，即使一个人输了，也可以采取一种另类、边缘、去中心的方式展示自己的智慧。事物在自己之后依次盛开，墙内开花墙外香，并暗含"后发而先至"的时间追溯功能。

杜甫名诗《饮中八仙歌》，对唐朝八位嗜酒如命的名人作了生动的描述："知章骑马似乘船，眼花落井水中眠"，这是写初唐贺知章（659—744），自号四明狂客，武则天证圣元年(695)进士，历任礼部侍郎、集贤殿学士和秘书监等官职。有这等身份的诗人，自然可以纵马，即便是醉得人事不省，马是照骑不误的。为何？马就是官员天然的代步工具。晚清吴友如据此绘制了 8 幅作品，自然是以贺知章、汝阳王李琎开头，我以为，这个酒仙的次序未必是偶然的。

尽管写有十几首咏马的古诗和律诗，杜甫却不大骑马，所谓"骑驴三十载，旅食京华春"（《奉赠韦左丞丈二十二韵》），反而成为了颠沛生涯的写照。一次他在夔州府参加过宴会后，借着酒劲跨上了马背，"骑马忽忆少年时"，青春在马背上颠簸，那时候的杜甫"性豪业嗜酒，嫉恶怀刚肠；脱略小时辈，结交皆老苍；饮酣视八极，俗物皆茫茫。"甚至"放荡齐赵间，裘马颇清狂……呼鹰皂枥林，逐兽云雪岗。射飞曾纵鞚，引臂落鹜鸧。"但毕竟年龄不饶人，"走马踏花，快意山水，痛快诗酒，豪杰之风，英雄豪气。不虞一蹶终损伤"，骑在马上的杜甫没走多远就从马背摔了下来，这让诗圣得出了"人生快意多所辱"的深刻结论。值得注意的是，杜甫众多咏马佳作里只此一首是写"马上"，而且还是遥忆当年。

他在《放船》一诗里说："直愁骑马滑，故作泛舟回"，这固然解释了自己的年龄已不能纵马的原因，但也暗示了一种身份的困境。

在诗歌里反复咏叹骏马的李白，也是骑驴的主。《唐才子传》记载：李白云游四方，某日，他想去登临华山，便醉醺醺地骑着毛驴向华山赶去，经过华阴县的衙门口，他没有按规定从驴背上下来，县令大怒，派衙役把李白抓来，怒问："你是什么人？竟敢这般无礼！"拿出笔墨纸张，让李白写供词。李白在供状上没有写自己的姓名，只写道："曾令龙巾拭吐，御手调羹，贵妃捧砚，力士脱靴。天子门前，尚容走马，华阴县里，不得骑驴？"这番出自体制认可的功勋，足以证明骑驴者比那些骑马者强。所谓"食肉者鄙，未能远谋"，在此不妨改为"骑马者鄙，未能远谋"。宋代御府藏有《李白骑驴图》，在毛文岐《李太白骑驴处》、元好问《李白骑驴图》等诗里，明朝礼部尚书邵宝（1460 ～ 1527）的《太白像》一诗，将诗人之驴同时放大："仙人骑驴如骑鲸，睥睨尘海思东瀛"，这不是美化驴子，而是驴因人贵。

《全唐诗》中共有 2 200 多位诗人，诗人兼官员的不少，但更多的则是布衣。这些诗人生活贫寒，当然买不起高头大马。美国著名汉学家谢弗在《唐朝的外来文明》一书里，援引《新唐书》的资料指出，"在 8 世纪后期的几十年中，一匹回鹘马的普通价格为 44 匹绢，这对于唐朝来说是一笔令人触目惊心的支出。"

陈寅恪先生说："唐代实际交易，往往使用丝织品。"根据《贞观政要》的记载，由贞观之初的"率土霜俭，一匹绢才得粟一斗"一变而为"频岁丰稔，一匹绢得十余石粟"，可以推测出当时一匹绢的实际价值。初唐的均田制度，规定了相应的租庸调制，据统计：天宝年中，全国的赋税收入，包括租庸调、地税、户税，根据卢华语女士的研究：折合绢共计 4146 万余匹（《唐代蚕桑丝绸研究》，第 68 页，首都师范大学出版社 1995 年版）。由此可推知，一匹西域马的价格实在高得离谱！

因此，结论很清楚，一是在于诗人买不起好马；但更关键还在于，马往往是官阙中人的坐骑，是体制身份的象征。从低处而言，驴比较皮实，好养，不易生病。马就娇气了，饲料不好都不行。那里回娘家的小媳妇就是毛驴背上铺个被子，由老公牵着，成为了一曲经典的田园牧歌。

驴子是民间化的坐骑，体现了一种悠然慢性之美，尽管它看上去缺乏飞荡扬厉的意象。所以，白居易的《钱塘湖春行》，描写诗人骑马（骑驴？）所见到西湖早春的旖旎风光，展现了世间万物的蓬勃生机，将闲适自得的情感表露无遗。如果把"乱花渐欲迷人眼，浅草才能没马蹄"改为"驴蹄"，真实倒是真实，诗歌的构图感就低级了。

可见，驴蹄一直带领诗人深入事体，并不时被马蹄冒领了功名，驴子不过偶尔发出几声不满的驴鸣。

诗人李贺也是终日骑驴游走，《新唐书》说：李贺每天早上太阳一出，就骑上毛驴到山野间转悠，背着破锦囊，东瞧西望，有了灵感就在驴背上记下来，装进锦囊，晚上回家整理成篇。《唐诗纪事》引《古今诗话》中的一条记载：有人问诗人郑綮新近有无诗作，郑綮回答说："诗思在灞桥风雪中驴子上，此处何以得之？"作为诗人的郑綮已很少有人提及了，但这个回答却是妙论，诗思只有在驴背上才能产生，离开了驴背，哪还会有诗情？细想起来，他这话的确深谙事理。法国诗人雅姆在一首诗里，借用其女友的话揭破了谜底："驴子就像诗人！"事实倒是事实，但估计中国诗人要集体驴鸣抗议。

　　唐朝诗人固然写了很多纵马仗剑闯荡江湖的豪迈诗篇，在我看来，这多半是他们骑在毛驴背上雄视古今的结果。诗人踏上致仕之途或屡遭碰壁后，慢镜头一般在落寞中颠簸，脑壳却在拼命壮怀激烈，遥望已然渺远的怒马鲜衣岁月，甚至臆想"十步杀一人，千里不留行"，不妨就叫"驴上沉思录"。而在西方，自我神话的堂吉诃德，再怎么不济也要骑上驽马，由此可以俯视众生以及他的助手，所以桑丘·潘沙注定就是驴子的伴生物。

2010 年于成都九眼桥

倒读与反写

<h1 style="text-align:right">灵欲的出口</h1>

2003 年，我在写作《玄学兽》一书时，注意到黑豹，尤其注意到里尔克笔下那属灵的黑豹。而围绕黑豹的叙事，像刀在石头上布满的划痕，也如藏匿在黑豹纯光里的白丝。

科运特·布赫兹是慕尼黑一位享誉世界的插图画家，他给慕尼黑的出版社做过许多书的封面设计。某天，他来到 HANSER 出版社，把一卷画作在地板摊开，这些画都有书或书的前身：纸、打字机、自来水笔等等，出版社总编想到一个主意：为什么不把画中的故事让人写出来呢？于是，编辑们把他的画分别寄给了米兰·昆德拉、黑尔塔·缪勒、乔治·史坦那等47 位不同国籍的作家，请他们根据自己对画作的想象和解读，把藏在画中的故事写出来，这就是题为《灵魂的出口》的小书的来历。我读到的是作家出版社 2000 年的译本，荷兰作家蔡斯·挪特本用"沙制的绳索、镜子、碎金"般的词语，谶语连篇，连缀为典型的博尔赫斯式的文体，这就是杰作《梦中的黑豹》，成为了本书黑白反差最大的"出口"。

灵魂的出口不同于身体失守的"出窍"，等着陌生的灵念附体。近似于"出游"，就是说，倦怠了，我要安然回来。兴奋之余，灵魂会把一些异力带给身体，身体懵头懵脑，算过了一把干瘾。灵魂喋喋不休，像用话语分辨鸡尾酒的余味与口红的混合之丽，因此，身体被吊起了胃口，也渴望用脚"出走"。

有了如此雄心，我们就必须留意身体的算计，在歧义的岔道走错一步，身体就不能回来。就是说，有些词语是不能替换的。比如，不能用站台去替换月台，铁路的月台充满冒险、风力、呼啸的危机，是让裙裾之花翻转的花园，由此呼应着月台之后的正殿、宫阙、华屋的楠木立柱，构成了一种古典延宕。同样的理由，我喜欢地下铁，从不使用地铁。穿行在"地下"的身影与灵魂可以派生出许多主义：地下党人、地下组织、地下钱庄、地下刊物、地下音乐、地下美术、地下电影和婚礼，以及派生于地下的"洞穴幻象"，"陷阱里的狐狸"，"狐狸洞"，卡夫卡的"穴鸟"……地下铁，尽管因为几米的漫画《地下铁》而从地下突然盘桓于地上，有人很是不解，认为"地下铁"已成为小资、唯美者的代词，而国人熟知的地铁也开始被地下铁所代替。但我的理由如下，如果说大地是世界的身体，那么，地下、地面、地上应该有三个空间意义。这近似于体制、民间、异端的三个空间向度。就是说，首先它们是空间词语，然后是心理、文化词语，最后是意识形态词语。缩略式的地铁，剪除了空间的阶级差异，而2010年3月发生的莫斯科地铁爆炸血案，再一次让人们注意到了来自地下更深处的力量。

地下铁掀动的风，总是幽暗的，风在一条环形的通道中循环加速。人群像公文纸一般被吸入，又像落叶一样被喷出去。地下与地面交汇的道口，宛如一个来自地下的潜望哨，窥视着阳光和鲜丽的人群。但地下总有一种异质的品种，具有地上物质不具备的反差和震惊。这似乎让我想起一句源自泰国的话：原来世界上最美的是男人！

瓦尔特·本雅明一直是地下铁的旁观者，他发现地下像个神话般的世界："当傍晚亮起红色的灯光，人们就会看到一条通往阴曹地府的路，路边都是作古者的亡魂。孔巴特—爱丽舍—乔治五世—埃蒂安—马塞尔—索菲礼诺—沃基拉尔，在电光闪烁的黑暗中，他们挣脱了那些大街和广场名的羁绊，变成奇形怪状的妖魔鬼怪。这个地下迷宫的最深处，藏着许多性情暴烈的猛兽，每天清晨都有1000名面色苍白的妙龄少女成为它们的血盆大口里的牺牲品。"（［德］贡特·里尔、［法］奥里维埃·费伊《巴黎的地下世界》，山东画报出版社 2003 年 7 月版，133—134 页）

这样的"地狱"描述，并不能阻止丽人们用土遁的方式由梦田回到现实。她们吸纳着地下的水露，像暗生植物一般积蓄精血，迎向出口——那灵光聚集的地带。

艾滋拉·庞德在 1916 年的笔记里写道："三年前在巴黎，我在协约车站走出了地铁车厢。突然间，看到了一个美丽的面孔，然后又看到一个，然后是一个美丽的儿童面孔，然后又是一个美丽的女人。那一天我整天努力寻找能表达我感受的文字，我找不出我认为能与之相称的、或者像那种突发情感那么可爱的文字。那个晚上……我还在继续努力寻找的时候，忽然我找到了表达方式。并不是说我找到了一些文字，而是出现了一个方程式。……不是用语言，而是用许多颜色小斑点。……这种'一个意象的诗'是一个叠加形式，即一个概念叠在另一个概念之上。我发现这对我摆脱那次在地铁的情感所造成的困境很有用。我写了一首 30 行的诗，然后销毁了，……6 个月后，我写了一首比那首短……"这很清楚地展示了名作《地铁车站》的来历。此诗汉语中已有近 20 种译本，我以为杜运燮的最佳——

人群中这些面孔幽灵般显现；
湿漉漉的黑枝条上朵朵花瓣。

此诗与庞德创造性翻译的李白诗《长干行》，成为了《美国名诗 101 首》等权威选本必选之作。我想，当这些面孔带着地下风的速度，花开花落，并突然与强光相遇时，凋谢的、开在中途的、刚刚打开蓓蕾的花，用一种震惊的方式，构成了一幅纵深的图像。有些像毕加索的画。

在我看来，深受中国古典诗歌熏陶的庞德，也有登徒子的本质，灵魂出窍，但身体保持君子仪态，灵魂的蜜蜂固然逐花而去，但花一当熄灭在簇拥的街头，灵光消失了，蜜蜂尽兴而返。他把这种"追香"的姿态，定格在纸上，成为了不休的诗章。

近读欧凡先生《柏林苍穹下》（中央编译出版社 2010 年 1 月版），其中有《毕加索方式》一文，转录了《毕加索女儿追忆往事》一文的片段，玛雅是毕加索的第二个孩子，她的母亲玛丽－泰蕾丝·瓦尔特是毕加索所有情人里特立独行的一位。她与毕加索相遇的时候才 17 岁。"那是在 1927 年一个寒冷的冬日，当年已经 46 岁的毕加索——一个已婚并有一个 6 岁儿子的男人——在从巴黎一个地铁口上来的人群中看见了年轻貌美的玛丽，他被轰然击中。他几乎是毫不犹豫地上前抓住了玛丽的胳膊。当年的玛丽有一双湛蓝的眼睛和一头剪成男孩发式的金发，周身散发着青春的活力。毕加索用深邃的黑眼睛盯着玛丽，急切地说：'我是毕加索！你得跟我走。'半年后，也就是在玛丽 18 岁生日的时候，她成为毕加索的人。"

这的确是"毕加索方式"，而非庞德式的。灵与欲均是急不可耐地加入到"逐香"行动中，这让 46 岁的毕加索在地铁出口打了一个激越的趔趄。

玛雅在毕加索和玛丽相爱 7 年后出生，玛雅的出生使玛丽从一名在毕加索那里偷尝禁果的少女变成神圣的母亲，同时也使毕加索开始疏远她。当时毕加索已经找到新的情人。这就是说，玛丽－泰蕾丝·瓦尔特的灵光彻底熄灭了。毕加索死后，67 岁的玛丽－泰蕾丝在自家车库上吊自杀。需要注意的是，车库作为一个密闭容器，总让我联想起地下铁迷宫甬道的构造。也许正如瓦尔特·本雅明所言，"建筑扮演了下意识的角色"，这样的建筑在与人群的暧昧接触中获得了"情感"。

法国诗人列斯塔维（J·Lestavel）写过一首咏叹巴黎地下铁的诗：

转运站里发生的故事
电扶梯卷起的波涛
人潮流动
时间喘息。

列斯塔维没有像本雅明那样诅咒地下的铁流，但他分明感到地底的欲望脉动，有一种问鼎地上的躁动。

我无意分辨庞德方式和毕加索方式的优劣，那只是适合自己的方式，出走或出游的方式。看到成都热火朝天地大建地下铁，我注视那些出入道口的工人和车辆，那些运入地下的成千上万吨钢铁和水泥，想到的不过是一些脆而软的东西。研究巴黎建筑的学者们注意到，圣母院和卢浮宫代表了两种最基本的空间"句型"，它们象征着西方文化中的两个基本的精神向度或权力模式："天上的权力"和"地上的权力"。但还有一种"地下的权力"，却蕴集着惊人的秘密。一种让人出窍或出游的力量，打击着身体。

2010 年 4 月 9 日成都

一只逆风而舞的牛虻

　　2004 年的 12 月新闻，总令我想到诗人爱略特笔下的四月，是一个"残忍的季节"：不少煤矿接连发生爆炸；铺天盖地的印度洋海啸，带走了十几万人的生命，地理版图也永久性地被改变。哀伤之余，被誉为"美国公众的良心"、"文学批评的帕格尼尼"的苏珊·桑塔格于 28 日在纽约凯特林癌症中心辞世，享年 71 岁。她的儿子大卫·里夫说，因为白血病并发症，同癌症斗争了 30 年的桑塔格永远离开了这个世界。我不相信漂浮在寒冷季节里的谶语，但桑塔格的死，无疑为 12 月的一系列灾祸，增添了让人感伤的一笔。

　　苏珊·桑塔格和西蒙·波伏娃、汉娜·阿伦特被并称为西方当代最重要的女性知识分子，也被称为美国当代"目光最敏锐的论文家"。桑塔格以其建构于文学之上卓然而坚定的批判精神，产生了广泛而持续的多方面影响，她批评的词锋涉及文学、戏剧、电影、摄影以及意识形态，集中体现了"新知识分子"重估整个文学、艺术和价值的革命性姿态。

　　2003 年 12 月，上海译文出版社开始陆续出版了《苏珊·桑塔格文集》，这使得桑塔格的声音开始深入呈现在汉语的公共话语当中。对以美国国家利益为圭臬的主流话语，桑塔格近 40 年来，始终以批判的姿态，捍卫了本真知识分子的立场和血统。在我看来，无论是在文化评论还是意识形态批评方面，桑塔格堪称一只苏格拉底式的牛虻，努力实践着一个知识分子的历史使命。

桑塔格在汉语读书界享有盛誉的著作首推《反对阐释》，这是桑塔格20 世纪 60 年代的一部作品集，奠定了她作为美国"现有的目光最敏锐的论文家"的声望。在她另一部论文集《重点所在》中，她的目光投向了现当代的重要诗人、作家、戏剧家、舞蹈家，以及各种类型的艺术与文学形式。《反对阐释》以畅达、华美而沛然的言语，强调以欣赏、玩味的态度来解读作品，这跟那些惯常于枯燥说教的学院式论文，自然有着天壤之别。她生前的最后一篇文章是 2004 年 5 月 23 日出版的《纽约时报杂志》上的长文《论他人之酷刑》，论及美军在伊拉克的虐囚事件与摄影的关系。在此文中，她将美国士兵与萨达姆的行刑队，甚至纳粹军队相提并论，再度引发了美国媒体的新一轮争论。

桑塔格说，美军在阿布格莱布监狱虐待伊拉克囚犯的事件曝光之后，布什及其辩护者力图限制照片流传之迫切，显然胜过对照片所反映的罪行进行处理。照片已经由一种载体转而成为现实本身。政府称，总统对那些照片感到震惊和厌恶，仿佛罪错与恐怖仅仅发乎图像，而非它们所描述的内容。

桑塔格指出，美国政府一直避免使用"酷刑"一词，只说囚犯可能遭到了"虐待"或"羞辱"。但是，发生在阿布格莱布和伊拉克其他地方，以及阿富汗和关塔那摩湾的一切，皆属"酷刑"无疑。由于记录现实的方式已经发生改变，使得真相无法被封锁。桑塔格认识到，过去拍摄战争只是摄影记者的专业工作。但是现在，由于数码相机的普及，士兵们自己成了摄影师。他们到处寻找可拍的东西，包括恶行在内，不仅自娱自乐，也互相交换作品，并将它们以电子邮件发遍世界。这一切，已经使影像记录战争的方式大为改观。桑塔格甚至直言不讳地指出，在人们的潜意识中，伤口和死尸的图像有着色情照片般的魔力。

针对美国或西方对她的一些指责，桑塔格不以为然。她曾在接受德国《时报》的采访中继续抨击美国现政府，她指出："自从'9·11'以来，在美国的国土上，人权的基础已经渐渐宣告瓦解。宪法保护美国公民和非美国公民权利的传统已经被司法部长弃之不顾。"

仅在 2001 年，桑塔格就曾两次置身于世界舆论的中心。那年 5 月，桑塔格获得了两年一度的"耶路撒冷奖"。这个由耶路撒冷国际书展颁发的国际奖，宣称授予探讨社会中的个人自由的作家。有人认为她不该去以色列接受这个奖，因为以色列正在无情地镇压巴勒斯坦人民。但桑塔格指出，这基本上是一个文学奖，过去的得主包括昆德拉及美国小说家德利洛等，因此她要去领奖。可是在 5 月 9 日的颁奖典礼上，桑塔格发表了离开"纯文学"的演讲，在题为《文字的良心》的演说中，桑塔格指出："集体责任这一信条，用做集体惩罚的逻辑依据，绝不是正当理由，无论是军事上或道德上。我指的是对平民使用不成比例的武器……我还认为，除非以色列人停止移居巴勒斯坦土地，并尽快拆掉这些移居点和撤走集结在那里保护移居点的军队，否则这里不会有和平。"

会场顿时嘘声四起，有些观众甚至立刻离场以示抗议，而以色列主流媒体则大为震怒。整个事件显示出这位犹太裔女学者对以色列爱之深责之切的态度——因为她曾于 1974 年拍摄了有关巴以冲突的纪录片《许诺的土地》。

要梳理这个历史渊源，我们不能不关注桑塔格在 1963 年出版的首部小说《恩人》。小说出版后，立即赢得了哲学家汉娜·阿伦特的激赏。阿伦特从桑塔格的笔调里，似乎看到了那只来自苏格拉底的牛虻，又叮在文学霸权的大氅之上。在她那里，思和行是统一的，她不打算把她的思想用于指导行动，或为行动确立理论标准，她在思和行之间自如地往返，就像人们在生活中不停地往返于经验和对经验的反思一样。在《精神的生活》中，阿伦特说："苏格拉底所做的事情的意义在其活动本身。换句话说，思考和充分地活着是同一的，这意味着思考必须不断重新开始，它是伴随生活的活动；关注语言本身提供给我们的概念如正义、幸福、德性，这些概念表明了发生在生活中的事情的意义，因此只要我们活着，思就会产生。"人只要思就意味着行为，因为它关系到人与存在的关系。"知识"

必须在本真的含义上被理解为一种指向生活和行为的认知，这就是苏格拉底的名言"美德即知识"的含义。

苏格拉底以后，再也没有哪个哲学家把自己称为"牛虻"。这也许意味着哲学家的思考可以脱离现实的政治，但并不意味着哲学一定要变成仅仅是一种职业。尽管桑塔格无须声明自己的言与行，但在我看来，她是真正把思考与行为合一的思想者，以反对的声音，构成了一面社会的镜子，在供人反照之余，指出了她心中的正确之路。

现在在网络上很容易看到苏珊·桑塔格的照片，看看她由年轻、成熟到苍老的过程，就像一个置身于光与影的黑白精灵。有人说桑塔格很漂亮是不准确的，其实，她的面庞具有一种雕塑一般的力量，无论是从青春洋溢到容颜苍老，从目光沉静到神色黯然，岩石一般的线条却没有放弃那种硬朗、挺括的内心造型。这种面庞阻止了对漂亮背后风月的追问和缅想，那些流畅的线条穿过岁月把我们带往灵魂的所在，带往现实与思想激烈拉锯的领土。如果说一个成熟的人必须对自己的长相负责的话，那么桑塔格的面庞，无疑证实了桑塔格本人的看法："摄影便意味着置身于他人的生老病死、脆弱悲伤、无常多变的生存状态当中。照片把这些时刻抽取并凝固，以这种方式证明了岁月无情。"但在岁月之外，她必将以她的文字，复活着灵魂的芒刺，继续扎在时代的肌肤上。如此，一根批评的蜇针以疼痛的方式，宣告了她之于时代的存在与作用。

值得一提的还在于，桑塔格从来不以庸常定义的知识分子自居。她尤其善于以一种简洁有力的语言揭穿那些"唬人"的自命不凡的学术高论和巧言令色的政治神话，其直率而本真批评话语，具有直击人心的力量。当有人将"知识分子"这一称呼神话化时，她批驳说："我觉得把知识分子和反对派画等号，对知识来说是过奖了，在最近两个世纪，知识分子支持了种族主义、帝国主义、阶级和性别至上等最卑鄙的思想……大多数知识分子和大多数人一样，是随大流的。"显然，她对社会学定义的知识分子含有极大的不满。而针对三十年来作为"显学"的后现代思潮的泛滥，桑塔格指出："人们所说的'后现代'的东西，我说是虚无主义的，我们的文学和政治有一种新的野蛮和粗俗，它对意义和真理有着摧毁的作用，而后现代主义就是授予这种野蛮和粗俗以合法身份的一种思潮。"这些观点，对盲目崇拜西方学术的汉语知识界，对那些一直担当把"别人的减肥药当作我们的救济粮"的汉语学术二传手们，但愿是一帖清醒剂。

至今在很多人眼里，苏珊·桑塔格也不过是个有点学问的"老愤青"罢了，她习惯性地对所有现成的一切都嗤之以鼻、横加指责。甚至也有人认为，桑塔格远远算不上是一个富有创见的思想家，她的高明之处乃在于将很多作者的观点融合到一起，整出一个"能够供大众消费的观点"。美国作家欧文·豪尔甚至不无揶揄地说："苏珊·桑塔格是个能够将祖母的旧布条编出新花样的写手。"

但是，桑塔格根本不属于那类死亡即等于过期作废的作家。她是评论界与阅读界的一个思考标志，是时代的一根温度计。她的思考也正在改写、拓宽人们的思考。在她死之前，《谈话》杂志认为二战之后的知识分子历史，要是缺少她是无法想象的；而《纽约观察家》也觉得没有任何人比她更适合贴上"知识分子"的标签。在她逝世之后，有人给予她以伟大的女性思想家的称呼，作为其墓志铭。但是我想，这些赞誉桑塔格本身都不需要，能够为更多的人带来思考，让人们在仅有立锥之地的地方展开牛虻的工作，也许就是她最大的心愿了。

几年前，她在《时代》上发表文章说，她家里连电视都没有，以至于当客人来访的时候，她不得不现去借一台。这个从不驾驶汽车的女人说过："我是一个好战的唯美主义者，还是一个几乎与世隔绝的道德家。"这个崇拜资讯的时代不会制造完人，就像喋喋不休的桑塔格，充满魅力而特立独行，观点鲜明而难免极端，但正因为如此，这个倔强的女人提供给世界的一种眼光，将她具有花岗岩线条的面庞从黑暗的基座凸显起来，勾勒思想落地的轨迹。苏珊·桑塔格不是思想家，但作为一个伟大的思想者，将为这个世界，尤其是我们，带来无尽的反思。

2004 年在成都

纸上建筑的不朽技术

　　喜欢西洋文学的人，很难绕得过乔伊斯的天书《尤利西斯》，这就仿佛迷恋古典文学的汉语读者，很自然地会对《红楼梦》产生伴随生命的痴迷。道理很简单，两部巨著统摄了大千世界的文字景象。在兰登书屋组织的 20 世纪百部最佳英文小说评选中，作品能够在前 5 名中独占两席的，唯有詹姆斯·乔伊斯一人而已（第一名是《尤利西斯》，第四名是《一个青年艺术家的画像》），这也很能佐证这位意识流小说开山祖师在文学谱系所占有的至尊地位。也许异人总有一些极端特征，不然，他们是很难出类拔萃的。乔伊斯曾经说过，他之所以写《尤利西斯》，就是准备让大学教授们忙活半个世纪。这是一个可怕的雄心，在与时间拔河的角逐中，他达到了目的。如今，曾经竭力贬损他的学院派，已经成为了捍卫乔伊斯不朽地位最有力的群体。反过来说，乔伊斯之"乔学"养活了许多学者啊，估计还要养下去。而且，不少汉语学者也要分一杯羹。这些变化，让人感慨宿命的威力，是否也具有黑色幽默的意味？

　　2004 年 6 月 16 日是"布鲁姆日"百年纪念日，如今已成为爱尔兰的"小国庆日"。1904 年 6 月 16 日是世界现代文学史上至关重要的一天，因为《尤利西斯》以近千页的宏伟篇幅，记录了小人物利奥波德·布鲁姆在 6 月 16 日这一天内的生活。每年的"布鲁姆日"，都会有大量来自世界各地的乔伊斯的书迷，在都柏林的街巷间追寻布鲁姆的足迹，2004 年这一活动大大超过了以往的规模和热度。

爱尔兰的政府机构、文学界和出版界自 2003 年开始，便着手"布鲁姆日"纪念活动的筹备工作。名为"2004 重温乔伊斯"的大型纪念活动将延续半年，数月内，都柏林市将举办数十场乔伊斯作品朗读会、有关他的美术展和其他一些文化活动，包括在利菲河边举办的一场音乐晚会，以及一部新的改编自《尤利西斯》的电影。此外，预计将有超过万人到都柏林的奥康纳街品尝一份"布鲁姆早餐"——这是庆祝"布鲁姆日"必不可少的一项内容：从上午 9 点到中午 12 点，将有上万人坐在奥康纳街上按照书中所写的布鲁姆的食谱共进早餐。商家纷纷鼎力加盟这一纪念活动，经济的无穷活力正在成为严肃文学衰退的强心剂。

不论这是不是由文学派生出来的"乔伊斯产业"，可以带动旅游经济，但走出了书斋领域的"文学"，也许才是真正的文学。它不但复活了一个城市的光荣，而且已经跟大众的生活融为一体，谁能说，这就不是对文学大师的最好纪念和道歉呢？

说到道歉，在于《尤利西斯》问世之即就被都柏林的道德家们判定为"邪恶和淫秽"，所以直到 20 世纪 60 年代，它在爱尔兰都是禁书，乔伊斯也被迫流浪异乡。乔伊斯曾于 1909 年在一篇日记中似乎对这座城市就有先见之明："多么令人恶心啊，我竟然置身都柏林！这是座失败的、仇视的和忧郁的城市，我渴望着离它而去。"1898 年乔伊斯进入都柏林大学专攻哲学和语言，1902 年毕业后，他已经决心同天主教会决裂，同都柏林庸俗、堕落的社会生活决裂。

在乔伊斯看来，爱尔兰的腐朽政治、狭隘的民族主义也起着推波助澜的作用。他选择了"自愿流亡"，但他对祖国念念不忘，所有作品都是以都柏林为背景的，他认为从远方对故乡进行观察和描绘会更客观、更真切。

在文学创作过程中，乔伊斯发展出了一种崭新的散文文体（"一种处心积虑的卑琐的文体"）和一种崭新的小说形式（即以人类心理活动包括无意识活动为主要观照对象的意识流小说）。他认为文学发展有三个阶段：

抒情、叙事和戏剧。戏剧阶段是最高、最完美的阶段，作家不再抒情，也不再介入事件，而是"像造物主一样，隐匿于他的创作之后、之外，无迹可寻，超然物外"，让人物在没有作者干预的场景中自由生活，直接展示自己的精神世界，同时也让读者直接进入角色的灵魂深处。这就是乔伊斯所追求的文学目标，也是意识流小说的一个显著特征。

长篇小说《尤利西斯》其实是一个平凡的小人物一生中平凡一天的记录，即广告经纪人利奥波德·布卢姆在 1904 年 6 月 16 日一天的活动。乔伊斯在本书中将象征主义与自然主义铸于一炉，借用古希腊史诗《奥德修纪》的框架，把布卢姆 18 小时在都柏林的游荡比作希腊史诗英雄尤利西斯 10 年的海上漂泊，使《尤利西斯》具有了现代史诗的规模。《尤利西斯》以三个人物为主，除代表庸人主义的布卢姆外，还有他的妻子、代表肉欲主义的莫莉以及代表虚无主义的青年斯蒂芬·迪达勒斯。小说通过这三个人一天的生活，把他们的全部历史、全部精神生活和内心世界表现得淋漓尽致。

当时，爱尔兰的出版商根本不敢想象这样的有伤风化的作品可以问世。乔伊斯曾把《都柏林人》这部手稿先后投给 22 个出版商，每次都遭到退稿。《尤利西斯》则被法院宣判为猥亵作品受到查禁。直到死前一年，已经享有盛誉的乔伊斯在给朋友的信中，这样谈到整整半年之内自己作品的销售情况："《流亡者》0 本，《一个青年艺术家的画像》0 本，《都柏林人》6 本。"难道寂寞从来就是大师的影子？而冒着坐牢危险连载《尤利西斯》一书的美国《小评论》杂志主编玛格丽特·安德森曾指出，乔伊斯的小说是"为自己而写，为那些有志于探讨命运如何欺凌、伤害自己的人而写"，"唯有不凡的人，才能够将陈腐、枯朽及淫猥完美地转化为人类的批评史诗，以向那些腐蚀他心志的人类劣根性讨回公道。"

这只是反映了已经成型的事件过程，而不为大众所知的还在于，乔伊斯为了使这部天书真正成为不朽，他的预谋技能其实水平并不亚于写作技术。

学者单世联在一篇文章里指出，乔伊斯当时采取了自己向法庭控告不为人知的《尤利西斯》"诲淫诲盗"，这才使卫道士们觉察，立即采取了查禁措施。美国耶鲁大学的雷纳教授对其"操作"过程予以了披露，指出《尤利西斯》的真正丑闻不在其肮脏龌龊的描写，而是艺术价值与投机性的商业活动搅和在一起，所以"现代派文学与商业文化并不是势不两立的天敌，而是兄弟般的竞争者"。不管这个结论是否公允，乔伊斯对资本主义本质的认识以及其对应手段，比起那个自己给自己写鼓吹文章的诗人惠特曼来说，无疑是更上层楼了。

更有意思的还在于，1934 年美国纽约的一家巡回上诉法院，针对"合众国诉《尤利西斯》一书"案，律师为《尤利西斯》在法庭上对于言论自由的辩护成功，立下了著名的言论自由例证——淫秽的标准不是孤立的淫秽段落的内容，而是"出版物从整体看是否引起淫荡的效果"。这些事件，进一步确立了《尤利西斯》渗入民间阅读领域的把握性。连威廉·福克纳也承认："我那个时代有两位大作家，就是托马斯·曼和乔伊斯。看乔伊斯的《尤利西斯》应当像识字不多的浸礼会传教士看《旧约》一样：要心怀一片至诚。"

刻意不朽的东西该如何获得免疫？萧乾在译本序里指出，1921 年乔伊斯在苏黎世一家咖啡馆里曾对为他写传记的画家弗兰克·勃真说，"我在这本书里设置了那么多迷津，它将迫使几个世纪的教授学者们来争论我的原意。"接着，他还恶作剧地调侃说，"这就是确保不朽的唯一途径。"也就是说，作者是有意把这部奇书写得生僻古奥、扑朔迷离，以致七十多年来，西方乔学家们根据不同版本，对本书内容各执一说、争论不休。不朽为上，还有什么德性能够与不朽相提并论呢？说到这里，就必须摊开自己的想法了。我无法、也没有能力否认《尤利西斯》已经进入到"不朽"之列，但我无法喜欢它，无论是语言还是故事，总让我无法喜欢。我无法将这个预先设计为"不朽"而且竟然成功的"个案"，与那些无意不朽的一流之作混为一谈。当文学作品俨然已经上升到"不朽性"的层面之时，大概与"圣书"已经比邻而居了。这与其说是乔伊斯拥有尤利西斯智慧的自证自明，不如说是时代大幅度的价值震荡，将其小说颠簸到了一个可怕的位置。这是否也意味着一种另类观点：纸上建筑的不朽，要胜过我们高标的心灵上的不朽?！

由于《尤利西斯》内容庞杂，萧乾、文洁若在《尤利西斯》"译后记"里指出："作者犹如天马行空，浮云流水，想到哪里写到哪里，还信手引用他过去作品中的一些人物。全书有的章节写音乐（第 11 章），有的写天文（第 17 章），许多典故出自《圣经》、荷马史诗《奥德修纪》、莎士比亚戏剧以及一些不常见的典籍。还夹杂着大量俚语和歌曲片断，而且涉及 30 多种语言。"为此，萧乾和文洁若为《尤利西斯》中文全译本（1994 年版）竟然加了 5991 条注释。说是天书，毫不过分。说不定有可能再过上几百年，他才会等到真正的知音或者对手。

有关作家为什么选择 6 月 16 日这一天作为文学的重大时间，历来有多种说法。最接近真实的说法是：当天乔伊斯与美丽的旅馆女佣诺拉·巴拉克尔在都柏林大街上邂逅，他们一见钟情，从此双飞双宿。当时，乔伊斯确信自己将成为最伟大的作家，诺拉比乔伊斯更坚信这一点。事实上，诺拉对男人有着很强的直觉判断，她斩钉截铁地跟乔伊斯登上了去苏黎世的航船。诺拉没有文化，她是欲望的细节，成为了作家写作的无穷源泉，可见情色的机缘对乔伊斯来讲，简直有着扭转乾坤的伟力。这就让我猜测，诺拉也许是为了实现"不朽"而显身于爱情的都柏林的纳索大街上的。

至于头脑单纯的诺拉为何又迷恋上了外表苍白、纤弱的乔伊斯，有人论证说是乔伊斯的嗓音令人销魂，我想这不是实情。只是觉得，已经完成了太多情色历险的乔伊斯，如何又在一场情色游离当中获得拯救？但事实证明，这个"以毒攻毒"的办法，不但解放了他的情欲，而且使他的心灵获得了一种奇怪的平静。这莫非都是出自天意授命的"不朽"之下的安排？就爱情而言，比起爱尔兰另一位享誉世界的大师叶芝来，诺拉·巴拉克尔比叶芝的终身恋人毛特·冈更清楚地明白，爱情对于一个天才的价值。这样的女人，与其说是太少，不如说她们本就是为一种使命而委身于这个尘世的。这些感叹，已经成为了对《尤利西斯》无尽的注释……

2004 年 6 月 20 日在成都

作为他山之玉的宇文所安

近年，费正清、高罗佩、顾彬、孔飞力、魏斐德、史景迁、王斯福、崔瑞德等汉学家的著作早已寻常，宇文所安异军突起，尤其是他散播的唐诗流韵深入人心，行家里手也赞叹不已。其实，宇文所安实为 Stephen Owen 读音所化，平仄玉声，算是妙译了（有人指出"所安"出自《论语》"观其所由、察其所安"，名和姓有胡汉融合的意思），可以让人顿生诗情，直追唐宋地界。比起港台自我拔高的名字王安娜、叶乔治、夏查理之类，显然，宇文氏要高明得多。宇文娶了才女田晓菲（酷爱南朝）后，田又取了一个姓宇文的笔名，唤作"宇文秋水"。一双玉人，高起高打，跨国诗话，缤纷才情，都沉淀在"宇文"（原意为"天子"）这个峭拔于西域、后流散于中原的姓氏上。

一个人一生的安排，也许就是源自一次刻骨的"相遇"，在洋人看来，就是一次洗筋泛髓的神启。宇文所安 1946 年生于美国密苏里州圣路易斯市，长于美国南方小城，来自中国的古典诗词魅力在他幼年的阅读时光中翩然君临，自此欲罢不能，沉迷其间，以至于他父亲担心他的研究嗜好会让他饿肚皮。但宇文十分聪颖，他由一个中国古典文学的阅读者逐渐成为了一代大家，这不能不归结于他的高度敏感，他善于在范式里发掘异样的情愫，并从庸常的见解背后提炼出卓见。这就意味着，宇文不仅仅是敏感的，他更有在邈远山水、草木当中感知诗者命运、悲欢、沉浮的古典情怀。在我看来，宇文已经金钩银画，是汉语的宇文所安，这很容易让我们模糊那个遥远的斯蒂芬·欧文。

宇文从1973年出版博士论文《韩愈与孟郊的诗》以来，他的研究领域从作家研究推向诗歌史、诗歌理论、文学史、文学理论，在研究领域扩大的同时，开始对中国文学的深层结构予以全方位考量。随着他的《追忆》、《迷楼》、《初唐诗》、《盛唐诗》、《中国"中世纪"的终结》以及自选集《他山的石头记》先后在中国大陆翻译出版，赞美之余，让我们发现他治学重心的最显著变化，是从"诗史"到"诗学"的挪移。他在古典氤氲中的转身，还让学界中人深切意识到，"一位优秀学者的基本素质，除了勤奋和颖悟之外，最重要的就是能对自己的工作保持不断的反省能力，始终意识到自己的局限——研究类型和自身能力两方面的局限，并对成功的模式具有高度的警觉和随时准备摆脱它的决心。"

旁观者迷，当局者清

诗人就是世界的命名者。因此，说出就是照亮。基于对现实的难以言说，因而今天的诗人们正在失去命名的能力，但总有人试图恢复诗人往昔的光荣。记得我最早阅读的宇文的作品是《迷楼》。书名是一个让人浮想联翩的命名，正如它的副标题"诗与欲望的迷宫"所显示的，是诗歌中对欲望的呈现。诗歌是欲望的语感，而欲望几乎就是诗歌的语境。用迷宫对应于西方诗歌，用迷楼来指称中国古典诗词，可谓相得益彰。对这样一种命名风格的偏爱甚至迷恋，在宇文所安来说已是根性。

迷宫里的事物总是被赋予了超现实的光晕。当代中国人对迷宫产生迷恋，主要是源自置身庞大图书馆和时间深处的博尔赫斯。博尔赫斯认为迷宫根本没有出路，那些错综复杂的"假路"，为我们提供了无数的可能，但世界即在迷宫之中。其实在希腊神话里，米诺斯迷宫就成为了一种极端复杂的隐喻。忒修斯到了米诺斯王宫，公主艾丽阿德涅对他一见钟情，公主送他一团线球和一柄魔剑，叫他将线头系在入口处，放线进入迷宫，忒修斯在迷宫深处找到了米诺陶洛斯，经过一场殊死搏斗，终于杀死了米诺陶洛斯。可见，这是一个有解的迷宫，是一个有出路的迷宫，理性主义的睿智洞悉秋毫，迷宫不迷，我们不妨称之为一种"线性迷宫"。

那么，中国式的迷宫——迷楼，是否有解？或者对有些人来说，迷楼正是保护自我的超级堡垒。

"迷楼"原指隋炀帝在 7 世纪初建造的一座供其恣意享乐的宫殿，其本义就是"让人迷失的宫殿"。无论是谁，只要进入迷楼，就会迷而忘返。在我看来，其实有两种情况，一种是无力走出迷楼，还有一种是根本不愿意出去。那么，无论作为时间纠结的迷楼还是作为空间回环的迷楼，作者似乎忽略了有关迷楼的另外一个说法：唐代颜师古的《大业拾遗记》记载说："帝尝幸昭明文选楼，车驾未至，先命宫娥数千人升楼迎侍。微风东来，宫娥衣被风绰，直泊肩项。帝睹之，色荒愈炽，因此乃建迷楼。"此乃目迷五色之"迷"，色迷迷，更多体现了迷楼的情色空间性质。尽管如此，宇文用以打量迷楼的手电筒，就是隐喻。

正如《迷楼》的翻译者程章灿先生指出的那样，宇文对两类系列的隐喻情有独钟：一个是有关行走、路途、岔道、迷路之类的隐喻，如"绪论"中提到的临阵脱逃，第一章中的离开爱尔兰、进出于舞圈，招引走上歧路、岔道，第二章中的牧女与蚕娘的途中遭遇、陌路的荡子，"结语"最后的走向他方，等等；另一个是有关建筑的各种隐喻，如第一章中的"马拉美内室"，第三章中的"相邻密室""里尔克之室"，第四章中的"回廊"，第五章中的"前厅"，"结语"中的"假出口""此路不通"等。可见，书名中的迷楼和迷宫不仅隐喻本书的论述对象，也同样隐喻本书的结构特点和论述方式，是兼具客体和主体双重指向的隐喻。这里凝集了作者的精细和深微用意。

那么，以隐喻照亮隐喻，以修辞的隐喻来"澄清"认知的隐喻，也许会让事情进一步"迷楼化"。中国古典诗歌表达的远不止是一种人生／写作经验，不仅具有审美价值，诗歌还揭示了更加重要的东西，它帮助个人确定他在世界上所处的位置。当然，作为纸上迷楼的建筑者，宇文可能比读者更清楚一个用意：他在以"隐喻诠释学"行走于诗歌中，他留在诗歌巷道中的身影，也是一种隐喻。这就像一个古物的修复者，他的复原主义努力，恐怕也有不少粉饰成分。这自然让我产生了如下臆想：古人的诗文，真有如此繁奥吗？

宇文所安作出了一种富有生机的解释，意味着他给出了一种他的理解。这姑且叫做"以其昭昭，使人昭昭"，但他显然并不满足于此，而是尝试"抛开固定的期待"，经常给出完全相反的解释，颇有启迪人心之处。宇文所安实际上将古典文学中的作家还原成了具备普遍人性的普通人——《回忆的诱引》对于李清照之潜在的怨恨情绪的发掘，将这种还原推向了极致。所以，《迷楼》的成功，不在于提出了什么观念结构，而在于这些诗歌经过他的复原，给我们（西方人？中国人？）带来了簇新的愉悦。

宇文所安的文体

1998 年之夏，宇文所安跟《第五届人文学科国际学术讨论会》开了一次玩笑。以"习俗与创新"为主题的大会要求他提供一篇正规论文，他却以"赋得人文学科国际讨论会"这种吟诗心态，写了一篇杂感《微尘》上交。我们知道，宇文的治学功力对于"论文"早已经驾轻就熟，只是他觉得，一本正经地不断重复讨论一些重大问题，自己已没有兴趣了。

从收有《微尘》的自选集《他山的石头记》来看，宇文不但不屑于写八股文，也反对"洋八股"。《微尘》文笔卷舒，开合自如，所谓深得事物中元的抒写，在宏大叙事为主导的学院派话语中别具一格。其实，他所偏爱的"文本细读"，最为和洽的言路，就现代汉语而言，是随笔，而不是散文。

不少学者认为，宇文所安的研究很不够"学术"，宇文所安的多数著作，尤其是《追忆》、《迷楼》和《他山的石头记》，都是有意用散文（Essay）写的，这种文体与点缀着大量注脚的"论文"大异其趣。

其实，Essay 固然可以译为散文或者随笔，但具有现代汉语常识的人知道，两者在汉语类型中是有明显区别的。Essay 一词源于法语的 essais，其拉丁语本意即是"尝试、试验、试笔"，在此，随笔作为一种"试验性"文体的特点，已经被"随笔主义"先驱穆齐尔深刻领悟并在写作中有意识地运用了。

所谓"真正的断片，是举隅物，是时间的宠物"。宇文所安认为《论语》储存了大量的断片，没有说出来的话远远多于说出来的话，"当你能够从只有经验丰富的眼睛才能勉强辨认出的地方，得到作品的表明拒绝提供给你的那种智慧和深沉的感情时，你就得到了为'含蓄'设立的奖品。"其实，断片正是汉语随笔最突出的一个特征。

断片并非碎片，更非整体的碎屑。断片是对思想的深犁。从高处着眼，断片就是个体思想者逾越天堑与宏大叙事的一根钢丝。常识告诉我们，思想必须通过它最"对位"的文体来表达。文体之变，宛如兵器之于技艺的重要。显然，文体意识是由文本在读写过程中的自有功能所决定的。它主要体现在两个方面：为写作提供了编码程序；为阅读暗示了解码方式。我再提示一个如下的言路：思想往往是在思者毫无准备的情形下光临的，它总是以缓慢的姿态出现，让思者松弛下来，准备好盛接它的器皿。它以一个形象、一个反诘、一个断片的彰显来还原我们渴求的形象。时间被劝化了，空间柔软而浑圆，思想得以打开，使黑暗进一步黑下去，黑得雪亮；思想使光进一步纯粹，就像刀口上飘过的细雪……

请注意，在汉语写作中流行了十几年的"人文随笔"，它从来就没有被从未命名的"人文散文"置换过。林贤治先生对人文随笔的解释很清晰：抛弃学院立场，坚守民间，以此立场表明一个非学院的民间价值向度。我认为，随笔不但是散文界的撒旦，也是体制文学散文的异端。散文需要观察、描绘、体验、激情，随笔还需要知识钩稽、哲学探微、思想发明，并以一种"精神界战士"的身份，亮出自己的底牌。散文是文学空间中的一个格局；随笔是思想空间的一个驿站。散文是明晰而感性的，随笔是模糊而不确定的；散文是一个完型，随笔是断片。这没有高低之说。喜欢散文的人，一般而言比较感性，所谓静水深流，曲径通幽，峰岳婉转；倾向随笔者，就显得较为峭拔，所谓剑走偏锋，针尖削铁，金针度人。

所以，一些中国学者把宇文的文体定型为"散文"，我以为不妥帖，而应该是"随笔"，这才能符合宇文所安的志趣。

个案举要

宇文所安所说："在学习和感受中国语言方面，中国文学的西方学者无论下多大工夫，也无法与最优秀的中国学者相比肩。我们唯一能够奉献给中国同事的是：我们处于学术传统之外的位置，以及我们从不同角度观察文学的能力。"（《致中国读者》）（《初唐诗》，三联书店 2004 年版）正是这"学术传统之外的位置"使宇文在面对汉语文学，能够保持持续的发现的激情和不懈的审美努力。另外，在传统文学史忽略的地方，往往是他发掘宝藏的所在——他的确拥有未泯的赤子情怀。有关宇文的赞美篇章已经很多，这里仅提出几个瑕疵，供读者参考。

1. 关于"古诗"

宇文所安说："这是一首古诗，一首人们耳熟能详的诗，是那一些常读常新而又从来没有新过的诗歌中的一首。我们也无从想象它曾经有过一段新的时候，从它在文字记录的历史上第一次出现开始，它就已经被称作'古诗'，包含在一组人们称为《古诗十九首》的诗里。这些都发生在很久以前，而且发生在另一个国家。"（《迷楼》第一章《诱惑／招引》，三联书店 2003 年 12 月版，9—10 页）

其实，在汉代并无《古诗十九首》之说，更无"古诗"之称。齐梁间刘勰的《文心雕龙》与稍后钟嵘《诗品》中始见"古诗"一词，据《诗品》记载当时这类"古诗"尚存有 60 首左右。到昭明太子编《文选》，始在杂诗类中首列《古诗十九首》之目，又将陆机所拟 12 首称为《拟古诗》，为后人沿用至今。可见"古诗"一称是在六朝经过长期酝酿，随着当时文体分类的细密化而形成的，而《古诗十九首》则更是在当时流传的众多无名氏古诗中，经过反复的筛汰，至梁代中后期方以组诗的面目而定型。

2. 关于"地主"

在谈及白居易《游云居寺赠穆三十六地主》一诗时，宇文指出："在诗题中使用'地主'一词是不太寻常的。称某人为'地主'，或作一首诗赠给某'地主'，等于承认一个在唐代文学中通常避免提及的事实：也就是说，在中国存在一个权力和占有的结构，有别于由士与农构成的社会。'地主'占有土地，但他不耕作，而且，也不依附于国家……"（《中国"中世纪"的终结》，三联书店 2006 年 1 月版，23—24 页）

这些议论显得有些粗率。唐朝时，"地主"一词已具有了"田地主人"的含义。韩愈在一首诗中就用了"地主"这一含义。杜甫有"清晨蒙菜把，常荷地主恩"的句子，白居易也还写有"海内时无事，江南岁有秋。生民皆乐业，地主尽贤侯"的篇章，这些诗里的"地主"，就是"一地之主"的意思，没有这么复杂呀！何况，出租土地的地主，也未必不耕作，而且他们从来就是依附权力的。

另外，宇文尚有不少对汉语现代诗的议论，我并不苟同。但他没有犯过类似德国马普研究院那样的汉学失误。他超拔于庸常研究的言路和精深，为汉语文学打开了簇新的视域。这意味着并非读书人都可以自称为"读者"，必须是如宇文所安的词语"追忆"，才称得上是"读者中的读者"。退到文字深处的古人，他们的文字，其实就是为宇文所安这样的人而准备的盛宴。

2009 年 6 月于成都

火焰叙事

1. 巴什拉通过诗学的管道，企图恢复想象与感知的联姻，即想象先于感知而存在。他提出了梦想的形而上学：我梦想，故世界通过我的梦想而存在。而在他臆造的火阵里，世界的确在他举起的火焰里得到了熔化和再铸。火打开的纯净区域，火的极限，无论是在火苗的顶端，还是火的心脏地带，火的容颜流淌着水意的颤动。于是，火成为首鼠两端的守望，物质／精神，实在／虚在，火在转身成为精神的造像时，火没有忘记自己搁在烧造之外的身体。

我想，一个没有尽力去懂《烛之火》的人，就容易与诗、形上之思失之交臂。请看它的小标题："蜡烛的过去"，"烛火遐想者的孤独"，"火苗的垂直性"，"植物生命中烛火的诗意形象"和"灯之光"等等，用这火来点燃自己，就像揭开自己的头盖骨，点天灯。

2. 一个人开始在一件事情上持续用力，那就像金箔被越摊越开，就像锋刃从他杀转向自杀。他最终获得的不是事情的全部，而是事情在通往归属过程中的变异，以及事情不断改变环境与局部的真相。这种获得与目睹，可能每个人都不同，正因如此，我们不要去蔑视那些被视作"无用功"的行为。比如，那些希望在坟茔的磷火上取暖的人。

3. 一个人坚持某种理念，并将自己的身心浸淫其中，直到产生出一种深切的、而非强加的认同，那么，这个人即使在日常生活中的举止，往往会不自觉地伴有梦中的光辉。这让我看见从鞘里伸出来的刀尖；我投于墙壁的身影越是渺小，就说明我正在接近真实。当我伸手触及墙体时，身影还将手的抚摸与叩问，纳入到自己的氛围中。

4. 夜色中，日光灯与白炽灯相互交织，容易让人联想起白银与黄金的品性，看起来，发明日光灯的人，多半是个左派。

5. 为什么我感到了灼热，却看不到光？光的侧身形式，成为了暗中的异物。舌尖在找不到词语出口时，却击溃了那陌生的红唇。

6. 天黑下来的时候，我尚未能将铺在桌面上的杂念聚拢、理顺。但是，天就黑下来了。我摸索着那些稿纸，在窸窸窣窣的声音中，有个温热的东西逐渐被我摸到了，它不发光，也可能它本就是黑的，但是，却带着热温……

7. 钱钟书先生说过，黄昏是最容易让人伤感的时刻。置身于沱茶色的黄昏，总会被一种败兴而温暖的气氛所笼罩。我回头，看见了一炷静立的火！火就像探入黄昏的锚，用最深的根须，不让黄昏飘走。

8. 我不需要太多的光。太多的光是有害处的，它把那些徘徊在暧昧地带的东西驱赶到了黑暗的深处。所以，失名大于失色。

9. 我预感到有某种危机在高处摇晃——
它是否跌落，它还会停多久，一直困扰着我。当我为避灾而远远站开时，才发现，不过是一朵奇怪的花，翻着古怪的叶瓣。从豹子的双瞳，游弋到了尾巴。

10．火焰用它的刃剖开木柴，将那些来自土壤的液汁逼出，白中带黄的雾气，火收回了它的利刃，使得木柴停在那里，找不到寄托。

11．有些事情之所以完美得如同善行，就在于它完全不为人知。就像一罐滚烫的炉灰，不冒出一丝热气。

12．透明并不是静止下来就能发现的，而多半是在彻底放弃之时。犹如王国维在宋词的小桥流水边"蓦然回首"时的看见。

13．最美的一瞬，是在黑暗的旷野里点燃柴堆。火边有水，火苗从水面升起，刚刚抵达齐腰深的黑暗……
而最美的生，在火的灰烬里，那睁开的眼睛。

14．在烛火熄灭的时刻，火的丝绸被揉乱，火突然惊慌失措。它往四周寻找可以支撑身体的东西。这就意味着，当我的脉搏慢下来时，我还是要做最后的火。

15．有些感觉，在我的身体里长期处于悬滞状态。它们宛如悬空的麦粒，一直将根须收敛着。直到某一天，这些麦粒蝉蜕一样跌落下来，连声音也没有——没有奇迹发生！所谓空心的火，莫非是火遁走之后的梦境？

16．在烛火熄灭的时刻，火焰深深地低下头，埋进了自己的往昔，穿上石膏的紧身衣。它回家的一刻，如同我回首，与爱情告别。

17．回望，最后一次看见，看见火的一次轮回，然后，跟着熄灭。

18．回忆是这样的——火去掉了激情的累赘，激情的容颜在青烟里回望火中往昔，目睹着被点燃，美得万籁俱寂。

19．凡是得自于火的，总是让人产生敬畏。火并不是黑暗中的偶发行为。火更不是借助黑暗的大氅而上升的耀眼蕾丝。火的出现，是将过于浓郁的黑暗稀释，调和，拌匀，火将出位的黑暗放回到它原来的位置。用海德格尔的话来说，就是放进本质中去。更重要的是，火与黑暗是互为保管的，火是黑暗的动词，黑暗是火的钥句，在言与义无限接近的挪移中，火高高拔起，就犹如黑暗身体的亮丝。

20．有一些神示的话语，恰恰是在于不明确，你能感觉到言辞深处，还激荡着若隐若现的热流——这就是最要命的地方。

21．火焰从身体上跳跃着消失。与其说是身体燃烧殆尽，不如说是火淘空了自己，你的身体是火的蓄水池。

22．火将火的身体翻转过来，像我把口袋里的水和骨头翻出来。哲人说："所有的火焰都有着激情，而光却是孤独的。"光芒不过是火倾进视线中的躯体，如同一个词在意义中断时，出现的失措。

23．火以偏蓝的方式向左侧转身。花园的门扉里，猫的眼睛里，白昼刚好躺下。

24．火将最后的光向上抛起，光尚未超过火的肩胛，就委顿倒下，缎子一般将婴儿匿住。

25．雨中的燕子是带火的，它立于房子的尖顶，在它们将翅膀进一步收拢时，天在变小，雨声被羽毛完全收拢，又泼出。

26．我的背后，总有一支火焰的矛头一直跟着我，它不紧不慢，不断用一种灼痛来告诉我它的逼近。我像被火抛起来的蝴蝶，看不见的气浪，赋予了我的双翅一种濒死的绝境之舞。所以，不是蝴蝶舞姿的问题，而是那火的轮摆如此温柔。

27．我久久凝视从木柴上跳起来的火。它不像是黑暗的组成部分，到接近游历者的即兴之舞。在结尾处，火褪去了装束，用白骨返回灰烬，偶尔还伸出一根来拨弄头顶的灰，将自己掩盖得不露一丝痕迹。火回到了一种悟的出神时分，在半醒半睡中，灰烬如黑暗的城堡，佑护那睡眠。火从来没有动用暴力使黑暗屈服。火是用舌头来唤醒黑暗中最干燥的咽喉。

28．水打在火尖，噼啪作响，水被火顶起来，在高处开始溶解。水像一个被吹胀的避孕套，开出了半透明的花。水花在下坠，它往燃烧的中心，带回了火的花籽。

29．我看见苹果上流动的火，滚动到果实的高处，有露水一样稳定，又具有虫的狡黠。

30．乌鸦不是火焰，是烙铁。所以，我们只听进它扔在身后的哒哒声。

31．从最后一页读到一本书的开头，这样的阅读就像一根火柴在皮肤上播种发芽。

32．我梦见自己在生火取暖。火苗刚刚在火柴尖摇摆，立即就被猛扑而来的大鹰叼走了。风把那微弱火吹成一根导火索，一直在哭，没有尽头。

33．一个深夜，我在邛崃的白沫江心看见漂来的河灯。烛火让越来越多的水参与到反光中。烛火将自己嵌入黑暗的另一半收回来，在水中静养，生出根须。于是我得到了一个烛火的莲花形象。

34．我梦见，甘蔗由一节一节的火柱构成。燃烧的接力赛让它们走得更高，以至于根须全部露出来，首先被烧裂，剩下的身体半悬在空气中，逐渐变甜！

35．我偶尔回忆起自己生命中的大事——那些巨大付出的事情。但奇怪的是，我并不因此而激动。我的付出如同砸出去的石头，但连一点水声也没有听见，因为，我把自己狠狠摔到了泥潭中！

36．在回忆的中途，我逐渐就放弃了追忆的兴致。这有点像我手中的井绳，我可以继续将水桶提起来，因为我并没有脱力。但是，我还是放弃了，让水桶砸回水面，我不希望与这些往事继续交谈下去。每一次深入的回忆，就是历险，我无法确定能否安全回来！

37．深夜，我看见旷野里病痛的火焰。火那么微弱，甚至无法廓清火的边缘，但总有一些人、事为它所吸引，向它靠拢，以至于火毅然返回到变空自己的突然膨大中。

38．火光使四周的事物得到了稳定。它们梦游的过程中出现了一些定格的形象。由于光的勾勒，它们在阴影中叠现出厚重不一的性质，并让无法厘清轮廓的往昔在纵深中逐步呈现。但突然爆烈的烛花，掩埋了这丰富的差异，只有容光焕发的最后之火。

39．每当心烦意乱的时候，我喜欢到水边坐一会儿。这往往是最令人泄气乃至平息的时刻，因为水足以消泯那些横亘在我心中的硬物。就像把不可一世的东西投之于火。我往往像一张被水泡胀的宣纸，明白自己的分量，绝大部分其实都不属于自己。

40．烛火向四周抖动影子。所有庄严的造像均纷乱于这黑影的舌头。所以，造像也是像，无法常驻，也无法挽留。

当水波四散的时候，水面挽住了流云，以及流云上面的黑鸟。

41．行走在厄运的荆棘里，而且不知道什么时候才能走到尽头。这是多么奇妙的感觉啊，如果厄运要把我留住在某个拐点，那又还铺排那么远大的刺丛干什么呢？不是太浪费了么？陀思妥耶夫斯基说过：我们必须经受一切，这就是我们的命运！"我怕配不上我经受的苦难！"

42．法国诗人让·科拜尔写道："一道孤独的水柱／在黄昏花园／的石块之中／燃烧。"在水的灯盏下，树是黑炭的姐妹，树举起了篝火，让花草取暖。

树向火焰学习。树取材于火焰某次出神时遗留在空气中的身影。树填补了火离去后的空洞。树的根须，攥住了火的花边蕾丝。我在树阴下，看见烧焦的树叶在雨中复活。树叶攀援到最高点，它们举起了烧天的背面。

这样的诗思，被巴什拉纳入到他的火焰谱系学当中。其实，这远非个案。仅以被誉为俄罗斯"伟大的牧神"的普里什文笔下，这样的燃烧之木叶段落甚多。诸如《绿焰》和《秋灯》，"木叶一直在燃烧，在暗淡的背景中燃得那么耀眼，看着甚至有刺痛感。"椴树浑身黑下来，仅仅是为了让最后一片木叶掌灯。

43．诗人泰戈尔上百次在诗中谈到火、光、灯盏、黑暗、阴影。他在《跟随着光明》写到："如果没有人响应你的呼声，那末独自地，独自地走去罢；如果大家都害怕着，没有人愿意和你说话，那末，你这不幸者呀！且对你自己去诉说你自己的忧愁罢；如果你在荒野中旅行着，大家都蹂躏你，反对你，不要去理会他们，你尽管踏在荆棘上，以你自己的血来浴你的足，自己走着去。如果在风雨之夜，你仍旧不能找到一个人为你执灯，而他们仍旧全部闭了门不容你，请不要死心，颠沛艰苦的爱国者呀，你且从你的胸旁，取出一根肋骨，用电的火把它点亮了，然后，跟随着那光明，跟随着那光明。"［1923 年《小说月报》第 14 卷第 10 号《泰戈尔专号》（下）卷首语］

此诗在中国一直是寂寞的，经高建国先生《拆下肋骨当火把：顾准全传》（上海文艺出版社 2000 年版）的刊布，"拆下肋骨作火把"俨然已经成为思想家顾准的"专名"，成为了中国黑暗年代唯一的光源。王元化觉得书名过于"凌厉"，曾经建议改名。但时至今日，顾准的深邃立论尤其是价值立场，远没有得到认同。当然，我也完全可以把此诗理解为——渴望成为现实火炬的人，那就必须得牺牲肋骨等一切——包括爱情和家庭。其实，茅盾在泰戈尔来华时就指出："我们所望于泰戈尔带来的礼物不是神幻的'生之实现'，不是那空灵的《吉檀迦利》，却是那悲壮的《跟随着光明》！"（《对于泰戈尔的希望》，《民国日报》副刊《觉悟》，1924 年 4 月 14 日）

面对这种"自伤"而来的光明，让我更惊心的，却是胡风先生于 1951 年 1 月 16 日致牛汉信中说的那一种真正的凌厉之力："我在磨我的剑，窥测方向，到我看准了的时候，我愿意割下我的头颅抛掷出去，把那个脏臭的铁壁击碎的。"尽管他严重误读了现实。意识形态的击球棒已经把他飞舞的头颅凌空击碎，完成了一个超级"本垒打"——在头颅远未抵达铜墙铁壁之前。我们再看看 1895 年高尔基创作的浪漫短篇《伊则吉尔老婆子》。"丹柯"是伊则吉尔最爱讲的故事，"丹柯"用手抓开了自己的胸膛，拿出自己的心，把它高高地举过头顶，那颗心正在燃烧。整个森林突然静了下来，人们全都惊呆了。族人像着了魔似的跟着他。森林也被感动了，树木在他们的前面分开，让他们通行，而后又在他们的身后合拢。如此凌厉的描绘，为什么人们着迷于泰戈尔的肋骨，而漠视于高尔基的心脏呢？丹柯那"不能够用思想移开路上的石头"的话语，石头一样敲打我们的现实。正如伊夫·克莱因迷恋火的感觉与神圣而进一步逼近火焰："我坚信在空之心一如在人之心，有火在燃烧。"这样的火，其实已经退掉了"形而下"的焦灼与激情，遁入纯思的空门了。

44．泰戈尔《飞鸟集》里尚有不少妙句，例如——"那些把灯背在背上的人，把他们的影子投到了自己前面。"虚张声势的光，就像人民的先头部队，把光的影子投写在地上，成为了纪念碑的斜影。

45．尼采在《瞧！这个人》里感叹道："没有东西比愤恨情绪能更快地消耗一个人的精力。"这是爱得最深的尼采对世界所奉献的"愤怒的遗产"，因而，经常听见一些人叨念着"君子报仇十年不晚"的口头禅，我就明白，他们既不可能恨，也不可能去爱，他们只有怯懦。当一个人真正懂得了仇恨的道义时，他举重若轻，他柔情似水，他把生命压缩成了一个可以预见的路途，从爱的基座上，把自己的骨头磨砺成了一根针。

针对火，尼采说："世界上仅仅属于艺术家和孩子的游戏，永恒的活火也游戏着，建设着和破坏着，毫无罪恶感。"

46．诡异的造像被呈现于无限相同的幻觉，如同一面镜子反照在另一面镜子，它们构陷的深度不但可以吞下所有梦境，而且，彼此也在吞噬中和解，平稳而高超。偶尔，时间在光面上，滴一串水痕。

47．裙裾从光斑飘出，在阴影中融化，剩下一段白蜡的身体在燃烧，越来越亮的胴体逐渐为激情的节律所控制，闪出鬼的火苗。当身体回返光面之中，裙裾再次被光赋予丝绸的幅度，但感觉却是相反的。如爱伦·坡在《仙女岛》中所言："影子再一次从她身上跌落"，影子成为一段身体，看着飘飘欲仙的裙裾，直到它的丝缕间露出欲望的亮水。

48．读马可·奥勒留的《沉思录》，我记住这样一则——"如果事物不趋向你，对事物的追求和躲避打扰着你，你还是要以某种方式趋向它们。

那么让你对它们的判断进入宁静吧，它们也将保持安静，人们将不会看到你在追求或躲避。"所以，是内心的火向往着外面的世界，还是世界之火渴望与内心交媾？或者遥相呼应，既不靠近，也不背离？

49. 英国哲学家怀特海指出："第一个注意到七条鱼和七天之间共同点的人，使思想史前进了一大步。"

如果我从隐喻的角度而不是从各种矛盾在事物中的位置的关系出发，就会发现，从事这种"深度勾连"的联想，恰恰符合隐喻的诗性秩序。它肯定不是散文式隐喻，只有第二个人去重复适应这一诗性秩序的人，用火点燃火，才会明白它的命名无可替代。

50. 黑格尔说："在纯粹的光明中就像在纯粹的黑暗中一样，看不清任何东西。"在权力中看不见权力，但是在血中却可以看见血。一个人坚持于纯光中行走，并不是光之子的唯一使命，他恰是黑中之炭。

51. 弗兰西斯·培根指出："异端分子不是在柴堆上被烧死的人，而是点燃柴堆的人。"这体现了火的两个向度：在所有极权的麾下麇集着太多的点燃智者膏血的人，他们一直就是那"添砖加瓦"者。不可忘记的是——在地狱里，那些为非作歹的人在被投入烈焰之前，判官首先要罚他们点燃那柴堆。

52. 尚未硬凝的蜡烛，在身体趋向的奔驰中途，突然回忆起自己的状况而停止，于是，它所有的动感表明一种趋向，一种肌肉与表达停顿无法归位的伤感。火是血液，还在空气里讨还血债。

53. 焰的欲淘空了火，火使黑夜外翻，如同玫瑰反穿豹皮。我记得法国诗人、文艺评论家和记者阿兰·博斯凯 (1919–1998) 在《首篇诗》中写道："在每个词的深处，我参加了我的诞生。"应该说，是在火最弱的根须上，我全力参与了燃烧的合谋，有热，但不发光。

54．一个针尖上可以容纳几个天使的舞蹈？并非经院哲学烦琐的抽象议论。一茎火苗顶起了黑暗，在智力的盲区我们看见了存在。我看见玫瑰树上绽放的苹果。我看见鸽翅边缘有鹰的披光。这时，透明的蝉翼抵达焰口，还带走了御火的快感。

55．马克思·舍勒在《同情的性质和形成》中说："一切事物只是火焰的界限，事物的存在全靠火焰。"所以，靠近火光的工作和作业，就使人的未明事体变成蜡。如同一头母豹走进另外一头母豹，彼此在确认中，打开了后腿。

56．巴什拉写到："喔，我的朋友，在晴朗的早晨，来歌唱溪流的元音吧！我们的苦楚源于何处？因为我们迟疑着不肯说出来……苦楚产生于我们在自己身心里堆积了一些沉默不语的东西之时。溪流会教您开口说话，尽管曾经历过苦难和各种往事，溪流会用矫饰的语言教您学会心情愉快，用诗歌学会强有力。它会在每一瞬间教您某个在石头上滚翻而过的圆润的动人词语。"每天读三遍。

57．用一根火柴呼唤光，用一根火柴点燃星星，就像你的头骨在叩响女人的胯骨。所以，世界上最遥远的距离，是火柴划向擦皮的距离。

58．天使总是清贫的。天使总是站在一根划燃的火柴显现。

59．《春秋维·演孔图》记载："凤，火之精也。"西语称为火蜥蜴的动物，实为"吃火的蝾螈"，产于火山口内。早期基督教文献《自然哲学家》也提到，火蝾螈住在埃特娜火山口而不被火吞噬的"最冷的鸟"，它"以火为生又扑灭火"。亚里士多德在《动物志》里认为，"蟹、鱼、蛙、蝾螈则是由黏液变来的。"而炼金术士历来相信，坩埚内鼎沸的神秘溶液，往往会吸引或生成蝾螈。蝾螈这种动物在生成（火）的过程中，扮演着重要角色。

60．在巴什拉眼中，火在燃烧中分为两种：一是黄焰，保存着物质性，最后坠为灰烬；另外一种是白焰，不断升腾，最后粹化为光，提升为观念性的明亮无形之火（参见黄冠闵《巴修拉论火的诗意象》）。因而，黄焰趋于物质，是"反价值"；而白焰倾心于光，是一种"高估"。但正如善要消融恶，正如物质要纯化为精神。但保有了火的人或事，也许就拥有更多。

61．火在被火点燃之即，火应该被火烘烤、去蔽、祛魅、提纯。火点燃时，火从光中回到它的水居。在有关涉及火的赞美诗中，最好的言辞总是带有水的气息。于是，火像长发一样散开，被强光剁碎，成为了诗的粮食。

62．火拒绝被穿透。火用不透明的影像放过了所有企图穿透它的物质，并拒绝提供物质的形而下形象。于是，我们只能在火的上升过程中，观察那些物质与火的争吵，并悄然回到本身。

63．法拉第在 1840–1860 年间，以蜡烛为主题，对青少年发表了系列演讲，后来编成一本书——《蜡烛的化学史》，包括蜡烛的组成、蜡烛的燃烧，以及氢、氧、水、二氧化碳的物理化学性质和大气的组成。其实，法拉第有关蜡烛的第一次演讲，是在 1848 年的圣诞节那天。烛之光以前所未有的宏大，既照亮了喜悦，也照亮了死亡。

他说："火焰中较亮的部分，投影到纸屏上反而变得较暗"，那是因为反应物吸收光线的缘故。法拉第堪称人生热力学大师，他是十分明白热力之于维系自己生计的"星期五讲座"的命运的。当人们聚集在蜡烛旁，会产生出一种温馨亲密的气氛。这种热是由渺小的火光产生，并非是熊熊大火燃烧，这也就是为何制造气氛只能使用蜡烛的原因。因为只有微小的烛火，才能散发出温暖而不是烦热的用意。法拉第的烛火投射在听众的脸孔上，他看到了什么？反之，巴什拉在《植物生命中烛火的诗意形象》中，把树比为开花的蜡烛等。生命的本质正是一种挥发和流逝，所以，圣诞树的烛光，成为了科学家法拉第与诗人巴什拉结盟的菩提。

64．烛光让人生热。尤其是在周围寒冷的时刻，更尤其是在烛光君临两人世界时。

65．蠟燭之燭字，对于蜀地之首成都则意味深长。蜀本有孤独之义，独火独照，人则有了影子的扶助。许慎《说文解字》："烛，庭燎，火烛也。从火蜀声。"再据《说文·十三上·虫部》："蜀，葵中蚕也。从虫，上目象蜀头形，中象其身蜎蜎。"《诗》曰："蜎蜎者蜀。"段玉裁注："葵，《尔雅》释文引作桑。"认为蜀就是蚕，甚至与蜀王蚕丛相联系，认为蜀国的得名就是由于最初养蚕的缘故；或谓是野蚕。而烛在此用蜀来当做声旁，在于它的形状像蛆会发光。《尔雅·释山》："独者蜀"，皆可证蜀即独一、孤单之义，此即为蜀之本义。所以，在成都成为一根烛，成为烛照大地的火，当成为我来生的梦。所以，铭记泰戈尔《飞鸟集·90》就显得很有必要："在黑暗中，'一'视若一体；在光亮中，'一'便视若众多。"

66．布阿德福尔在《当代文学史》第一部分《小说》中的第五章"论新小说中的想象"里指出——

法国新小说家中最接近巴什拉的是利卡杜。利卡杜这样写道："加注润滑油是机器的一种幻想。"对他来说，写已经物质化，人格化了。写开始思考。更能说明他是巴什拉派的身份他对罗伯—葛利叶《纽约革命计划》第13页加以评论时说的一段话："故事介于可以读懂的琐事和可怕的反面之间，卷入根本的冲突：水与火，像马拉梅镜子中那样火与水妖，或者像很快就得到说明的这种情况（火焰失去了名称，就应该以在叶丛中出现为满足，炉火则以水的颜色出现为满足）……"（利卡杜《燃烧的虚构》，见《批评》1971 年 3 月，总第 286 期，第 212 页，收入《新小说理论》，色耶出版社 1971 年版）

67. 巫字金文作（齐巫姜簋），指祈祷使用的玉器形工具。与癸（父癸鼎）相同。《说文》："癸，冬时水土平，可揆度也……"则癸跟测量有关。张光直先生考证巫为手持矩的人，"矩可以用来画方圆，用这工具的人就是知天知地的人，巫便是知天知地又能通天通地的专家。"（《商代的巫与巫术》，见《中国青铜时代》增订本第 256 页，三联书店 1999 年版）《文选》思玄赋引《淮南子》："汤时大旱七年，卜用人祭天。汤……乃使人积薪，剪发及爪自洁，居柴上，将自焚以祭天，火将然，即降大雨。"这里焚的自然是女巫。因过于残酷，后来开始用"曝巫"的方式，来逼出女巫体内的雨季。外在的火，通过女巫的身体，通达上天，用火呼唤水的降临。或者可以这么理解，女巫的身体，本就是水火一体的。甚至这个巫字，应该暗含了这个密码。

从另外一个角度看，当四只眼睛的仓颉造字时，"天雨粟，夜鬼哭"，汉字的落成典礼，就是一个威力非凡的作法道场。

68. 2004 年 8 月的一个夜晚，我和具有女巫气质的散文家周晓枫在青城后山的林地间，捉了不少萤火虫。萤光不断从她指缝漏出，就像是从白云寺冲下来的白泉，偶尔还漂来几朵芍药花。她哆嗦，手掌全是冷汗。

69. 北欧诗人索德格朗写道："当精神受到压迫的时候，肉体就呻吟。"而当身体置于火，精神是否就守护在皮肤上？

70. 我经常在回忆的漫途走出很远。那些熟悉的路径，不断被陌生的岔道分解，最终使我迷路。往往是在这样绝望的时刻，我拍打梦的玻璃，打碎了，像个越窗而入的强盗，才回到现实。这就是说，如果不是被厄运的冰凉惊醒，我既不知道自己的过去是那样悲惨，也不知道该如何原路返回。

71．一个人带着刀和火把夜行，他因充足而无惧。这与一个已经金盆洗手的写作者，再面对文坛所进行的种种揶揄完全是不同的。

72．火提升神的愤怒。如同上帝降下"硫磺与火"于所多玛和蛾摩拉两座城池，以惩堕落之民（《创世记》第 19 章第 24 节）。但悲伤之火也时常将我们的生活照得昏黄。在这样的时候，我就该想到，火悲伤，它被自己的泪水淹至脖颈了。

73．那长明不熄的圣坛之火是圣火，也是"老火"，这是火的累赘；而用一根火柴竖直的火苗，则是"新火"，这是火的妹妹。在《利未记》第 10 章第 2 节里，亚伦的两个儿子因为用了凡火去祭奠，耶和华立即放出火，"他们就死在耶和华面前。"尽管如此，我还是更喜欢凡火，它在一根火柴上就可以从容站立，就像一个无解的命题，或者明朝的一个纤腰，在自己手里融化。

74．普罗米修斯标志希腊人从原始阶段向文明时期的过渡。他是反抗一切腐朽的、褊狭的、自满事物的圣斗士。马克思在博士论文《德谟克利特的自然哲学和伊壁鸠鲁的自然哲学的差别》里，高度评价其为"哲学史上的最崇高的圣者和殉道者"。一个最缺乏神性和人性的民族，在装甲车和"天网"监视系统的严密保护下，却渴望利用"圣火"来宣传自己的和谐、民主理念与科学发展观，展示独裁几十年来的巨大成果，而代表"圣火"的丁烷或丙烷燃料，就像宙斯放的屁。

我们更应该注意的是，普罗米修斯是被火神赫维斯托斯绑缚到高加索悬崖上的。人间与天上之火的对立，从一开始就确立了。

75. 旷野篝火，就是有火的风景。黑夜降下无数细微的翅膀，把片火带往黑暗的角落。使那些沉湎于梦的暗生植物，在悄然运行中得到了加速的推力。

76. 一堆大自然的篝火，静静支起黑暗，火向四周膨鼓腰腹，像一个右旋的海螺。按照藏传佛教的说法，每当海螺吹响，就可以熄灭战争之火，并营造吉祥圆满的氛围。海螺贮藏的不绝之水，当以火的形态造型时，它将熄灭战火。这是多么有意思的连续转喻啊。

77. 那敢于窃天火者，罪孽远远大于伊甸园的蛇。在尚未吃下苹果时，夏娃的火一直处于均匀燃烧状态。而她吃下苹果后，火就难以控制。男人们认识女人，却是从"火被火灼痛"的地方开始的。

78. 燃烧的煤油灯用一种奇特的香气，一种令人遥想工业时代的香气，把火的锋刃藏在淡淡的青烟中。油灯在无尽的等待里，自己也陷入到把持不定的摇摆，它用一阵爆裂的灯花排遣绝望，就像从黑暗深处泅出水面来换气。直到一个女人被灯花引诱，试探着用羽翅来拍动火苗的方向，并窥视火苗掩盖着的、孕育着的灯花构造。火将锋刃递出，把羽翅卷成阴道，于是，我又看到一朵灯花凋谢的过程。

79. 煤油灯最早现身于4世纪的巴格达，这见诸波斯传奇的炼金术士、医生、哲学家拉兹（AL-RAZZ）的著作。当一盏煤油灯用微暗的光照亮我的童年时代的阅读和出神时，油灯燃烧的气味打开了更远的世界。一种喜悦与担忧交互而行的预感逐渐被黑烟提升。火，被房角的老鼠搅扰，飘摇不定，从老鼠眼睛反射出星星碎光。就像是坩埚里的金红石在水银上沉浮。那时，我不大喜欢电灯，觉得一切东西被强光赶跑了，强光在物质上

磨牙，并没有照亮自己牙床的辖区。何况，煤油那种香味，总是以慢飞的
姿势，在烟雾的裙裾下穿梭，忙得像个伴娘！

80．在油灯与烛火，在观察着心中代表了两种迥然不同的文化谱系。
油灯照亮了古佛神龛，灯盏的大肚皮渴望以一种包容的智慧隐喻来覆盖饕
餮和纵欲之象，火在黄铜与金箔的返照下倍显火之上的威力、神秘；烛火
则撑起了基督的门楣，耀眼的光在它的周围形成了一个光环，所有祈祷与
忏悔倾斜倒地，成为了圣灵君临的基座。油灯是重浊、世故的，随时准备
冲入现实，照亮御用之书；烛火轻盈，随时准备拉扯着这些斜影飞升。但
是我发现，油灯总是做到了油尽灯枯，但烛火却死于自己的一汪烛泪。

81．置身于汉语中的少女厌倦了油灯，她们喜欢烛火的轻盈。她们既
不适应强光下的人生，也不习惯油灯下的凄清隐喻。对妇女而言，火在金
子上的反光就是最好的光源，所以她们喜欢急时抱佛脚。

82．哀伤的火焰从不偏爱蓝光，Blue 是忧郁的。而是蜷缩于微动的橙
红。就像一面紧张的红绸，卷成了一只橙子。这个时候，火扬起一些灰
烬，遮住了裂开的脸。

83．敢于攫取蓝焰的人，非伊夫·克莱因莫属。他仿佛一只飞蛾成功
地掠过蓝焰的荆棘，并完好地把战利品装入墨水瓶。戈德弗里·奥纳热讲
述了这样一件事情：当伊夫·克莱因第一次看到大西洋，这位地中海和蓝
色海岸的儿子把一瓶蓝涂料倒入水中，并大喊："这下，大西洋比地中海
蓝了。"其实，克莱因的血液就是蓝色的。

84．极富能指的词语，总是带有高热。唯一的麻烦在于：我用笔把它
捕捉到纸上，纸和笔不被烧坏。

85．一块烧红的炭，在我的注视中逐渐暗淡了。炭回到了原处，炭也回到了它并不希望的状态。炭仍然向四周辐射热能，像那些自我身边远去的人，偶尔借助一个词汇，会灼伤我的手，痛得抓不住眼泪。也许，这就是巴什拉所说的，词的每一次崭新的出现，都能成为世界的一次萌芽和诞生。

86．木头的烟雾是所有烟火里最熨帖的，它是火的紧身衣。但火焰从烟雾中冒了出来，就像男人一只手搂住细腰，一只手在撕掉衣服。南宋时代的江南的黄昏情欲，就这样伴随着华服的裂帛声而玉山倾倒……

87．三星堆出土的青铜器、玉器、金器的精美绝伦让人瞠目，这些东西是谁制造的？为什么会发现它们被砸毁过？并且拿大火烧过？这些人当年做这些事情的时候目的又是什么？创造出如此灿烂文化的主人，去向何方？火将几千年前的文化托举起来，又使其在火中定型。火没有毁掉自己烧造的东西，火的泄密事件让我们得到了文化的灰烬。

88．火上浇油不能实现的东西，那就不妨试试火上浇水。得到灌溉的火苗，长成了火墙，很像防火墙。

89．石头被火劈开，我听见纵深的爆裂声。那些躲在石头里的梦，被火吹到空中，但到不了更高的河滩，无法着床。

90．情欲与火，几乎是手掌的正反面，但不是一面。它们的区别在于，火的每一次窜起和蛰伏，只有大小强弱之分；情欲则不同。针对浮士德的自证式漫游体验，桑塔亚那指出："这就是他绝对的浪漫主义精神的特征：当他完成某件事时，他就必须发明一种新的兴趣。他不断寻找新的游戏；他总是处于变得极为厌倦的边缘。"

91. 在古波斯，拜火教教主琐罗亚斯德的教义指出："每一个千年末都有一个救世主，从琐罗亚斯德的精液里生出。三个救世主最后一个出现并发起战争，历史传说中的英雄与妖魔都将复活参战。彗星降落大地，燃起大火，一切金属熔化为岩浆，形成滚滚火焰洪流——所有的人，生者与死者，都要渡过这洪流，善者净化入天堂，恶魔永堕黑暗深渊！"西藏苯教的一些习俗也有类似说法。由于白色与光明一纸之隔，苯教对白色也十分崇拜（而且崇尚白色与藏族古老的白石崇拜也一致）。白色暗喻明亮，在苯教的神话中，教主辛饶米沃以及一些出身高贵的人物在诞生前都有神秘的白光照射其母亲使其受孕的神奇传闻。白光与人的精液不同，一种高蹈，一种暴力，但这二者藕断丝连。摩尼教与苯教都认为精液虽包含了光明，但它还混合了黑暗，这就是情欲、无根、堕落、疯狂等等，而对火的祛魅和提纯，不但成为了不同宗教面临的难题，更成为人类文明必须依赖的水源。就像撒旦是上帝刻意制造出来的一个叛逆——强光必须在黑暗中，才能显现。撒旦是光的黑色大氅。

92. 火、灯、光，在感官和精神层面上都是三个不同的东西。火是对光的牙牙学语，火拨开了光的丝绸，洞悉了内幕的空，于是，这里成为了火的高温的庇护所。灯本写作"镫"，指"置烛用以照明的器具"。"镫"在古代还作"盛熟食的器具"解。隶变以后，作照明器具用的写作"燈"。但灯是聪明而与时俱进的，是好好学习天天向上类型，是光的向日葵。但与人距离最近的，还是火。火用危机的伏笔，宣告自己的存在。

灯罩的绿绸过滤了一切暴力和非诗意的情愫，宫灯适宜投射在权威的道袍或美人的粉颈削背，或在南宋的临安花窗下摇曳，这些旧物是灯的最好诠释者和受用者。而火将密写者、阅读者、偷听敌台者的头影抓到墙壁上，呈现出一种秘密的、食欲大振的狂喜，那火光里永无休止的晃动与拔长，成就了这些借火者的一生。

这个时候，光被挡在瓦楞上，像正义一般逡巡天下。

93．十几幅各种花姿的《向日葵》画作，均为梵高在法国南部所作。在法语里，向日葵的意思是"落在地上的太阳"。梵高的向日葵不是明快、充满希望和幻想的向日葵，而是歇斯底里的，就像在极度缺氧的高原渴望飞速冲刺。梵高的世界里，一切对象都充满了强制与反强制的生命。但向日葵既非回春之药，也非让梦躺下来的草甸，与其说梵高是喜欢太阳，不如说，他把自己作为灯芯，燃着从向日葵那里采集来的火。用火点燃火，用火来熄灭火，用火来反对火。在他举起耳朵来与太阳对垒时，他甚至可以掏出内脏，火种那样掷出去。他说："我越是年老丑陋、令人讨厌、贫病交加，越要用鲜艳华丽、精心设计的色彩为自己雪耻。"

94．夜里，雪亮的车灯像改刀一样捅进了瓜果。但改刀无法分清它触及的瓜瓤或果核，它只是一个劲地往前深入，摧枯拉朽地拉稀摆带。一个男人的裤裆撑起了帐篷，很像尚未完工的建筑物外的防尘罩，这与车灯，这与胸罩的叙事力度刚好相反。

95．最蹩脚的光，来自日光灯。这种对冷色调的无休无止的模仿，据说，使用者最多的是家庭。天哪，这是用面粉来幻想银子的伪造书，让我感到暗无天日。

96．夜雨秋灯的气象，从古代江南的一只屋檐下缓缓流淌，一直成为古文化的"诗眼"。典出宋代鄞县人吴文英《宴清都·连理海棠》"暗殿锁、秋灯夜雨"一句。这盏灯的气象背景无从更替，秋季与雨水的合谋，最好是初秋，至多漫延至仲秋，一旦越过这个地界，灯光就老了。灯光把雨帘尽力推开，但力不胜任，刚好把雨推到芭蕉、秋海棠的叶面，如果掩口的玉人患有肺病，再吐一口血，诗人柏桦一定感动得多次昏死。

97．据说路灯最大的敌人来自停电，恐不确。大白天路灯依然亮着，不但说明运行体制依然处于黑暗、昏睡状态，而且，路灯并没有把亮光增大一分。根据第欧根尼白天提着灯笼在雅典的市集上"找人"的哲人化生活，面对他"人啊，你在哪里"的悲切呼唤，我的回答是：路灯，别挡住我的阳光！

98. 林治平在《白昼提灯》里，沿着第欧根尼的白日灯笼，他还发现，哲学家尼采讲述了一个疯子，也是白昼提灯，在市场上跑来跑去，不停地喊，"我在找神！我在找神！"其实，这个"找神"的主角就是尼采，他唯一缺乏的东西，是一面被人民承认神存在的镜子。人性与神性并非对立，何况，神性的疆域，远非伊甸园的苹果所能探照。执其一端，未必是第欧根尼、尼采的本意。

99. 无论书籍具有怎样的威力，对我来讲，照亮书籍的火，才是取之不尽的血库。"新的火焰可以把旧火扑灭，旧的火焰可以让新火成长。"

100. 手电筒发出的光，很像一个"一根筋"的教条者。它原没有灯笼那样圆滑，没有火把那样峻急，手电筒宛如一支在手工业时代边缘吟唱的咏叹调，喝着烧酒就想起了女人。照亮了脚掌大的一块地方，当你把一只脚踏上去的时候，你根本不知道下一步去向何方。

101. 灯笼又统称为灯彩。起源于西汉时期，尤其是红灯笼，成为了中国人喜庆的国家叙事方式。如此喜庆的中国式礼仪方式，也用于战事。义和团中的女兵，是18岁以下、12岁以上的少女，身穿红布衣履，手执红巾和一个小红灯笼，这些女兵统称为"红灯照"。据说念咒用法后使扇子一扇就能升空驾云，像一颗高扬的大红星，洋人的大炮遇见了红灯照的扇子就放不出炮来，而扇子一扇可以使轮船在海中自焚，城楼或洋房烧毁。这样的文化"化"的灯，不但成为了洋枪洋炮的活靶子，也让张艺谋高高挂起的大红灯笼，一点微弱摇曳的光，营造出了不可忽视的力量感和存在感，像充血的睾丸。

102．古代的莘莘学子总是执烛的。左手执烛，右手正栉，左手居静，右手常动，执烛有定——《管子·弟子职》指出："左手秉烛，右手折聖。"聖字，刻上从即，指蜡烛的余烬。拨烬使落，烬落则烛明。所以，手捧烛的古典意象，除了照明也是督促学子心情平静，否则烛影摇曳，或者烛影摇红，心境大乱，如何安静？

103．在亚里士多德心目中，比火更强大的生命力，来自蝾螈。它们身上有五彩的斑点，散发火焰，四肢常常抱起冬天的河流，在高温的火山口、炉膛之中狂舞。后来，15 世纪的巴塞尔大学校长帕拉塞萨斯便提出了火元素的精灵是蝾螈的说法。亚里士多德描述说，它们的身体非常冷，不但不怕火，还可以灭火，而且懂得用火去攻击来犯者。而且它们的体液中含有剧毒，人如果食用了它们爬过的果实会立即中毒身亡。普林尼埃尔德在他的《历史的归化》一书中，向人们作如下的建议：溺死在男人的黏液中的蜥蜴，有抑制性欲的作用。

104．微弱的烛火永不停歇地向上攀援，但柔弱的灯芯已经无法承载这无休无止的努力，火已经厌倦于灯芯的软与弱，但火毫无办法，只能麇集在棉芯的时间之纬上徒劳攀援。这就像站立在转轴上的老鼠，奋力地奔向自由，它在空间上原地不动，只是把时间缠绕在轴上。

105．诗人约瑟夫·布罗茨基是在梦中逝世的，也许这是最诗意化的死。

但一支烛火的悄然委顿，最后又被烛台底部的烛泪所支撑，他希望用最低的火，舔净了自己的脚。

106．安徒生《卖火柴的小女孩》发表于 1846 年。起因是出版商佛林齐寄给他一封信，信里附着丹麦画家龙布的三幅图，要求他选择其中一幅图而写一篇童话。他选择了描绘手中拿着一束火柴的小女孩的那幅。这其实是为安徒生的母亲而写。母亲是个洗衣妇，幼年讨饭。请注意安徒生的回忆："妈妈告诉我，她没有办法从任何人那里讨到一点东西，当她在一座桥底下坐下来的时候，她感到饿极了。她把手伸到水里去，沾了几滴水滴到舌头上，因为她相信这多少可以止住饥饿。最后她终于睡过去了，一直睡到下午。"

透明的雨滴，在饥饿的催生下化作漫天大雪。那个通过雨滴而不停取暖的女孩，作为生活中的真实场景。但安徒生笔下，水滴演变成了木梗上的火药，水滴打开的世界，与火药五次托升起来的盛景如出一辙。肠胃的雷鸣与圣诞的焰火完成了同构，达成了和解。像雪一样笑着，像雪花那样进入夜色殿堂。然后，再望一眼脚下的黑暗。透明的水滴与薄透的火焰，让死亡无限透明。所以，最纯粹的痛，从来就是透明的，飘升的，它的背景总是夜空。

107. 伸手不见五指。伸手为镜，手让黑暗在体温和摩挲中现形。

108. 川戏里，变脸、吐火几乎成为吸引外行的唯一噱头。这两个动作展示的是心神俱荡、天塌地陷的时刻。诸如《白蛇传》、《红梅阁》、《九美狐仙》等戏。吐火从梆子戏借鉴而来，由最早的"纸媒火"然后是"香面火"（用较易燃的松香粉的"香面"含在嘴中喷出），再依靠"洋油"来提高燃烧的突然感觉。嘴唇的外喷与内陷成为了支点，火的驱魔仪式压倒一切言辞，成为了说出的顶巅。

109. 火焰具有辣椒的造型，收拢之后的火是蜷缩的洋葱。植物的旗帜动荡火，这就成为一些古代部落或当代性焦虑主义者视辣椒、洋葱为刺激性器的仙药。狂的辣椒，蛇的红信，又回到了本喻。就是说，性欲是植物性的。

110. 火焰之书——

我只能在梦里用墨水点燃书纸，观察火在事物的内部
扭曲字义，烧造型体，直到发出爆裂。我闻到思想浴火的味道
一种具备腐蚀力的迷香，铺开火焰问鼎的祖国——

火从黑色的殿堂自明。它密集地爬上皇冠，突然收拢
一张复活了所有温情的脸庞，擦过我的面颊
我抚摸火焰的长发，就像清理情人裙裾的波皱
让它隐含的秘密排满我的睡眠。我在不停流泪，泪水把秘密漂
起来
词与事物在无限靠近，但水又使它进一步迷离
难以定型的愤怒和狂喜，逐一在火红的卷宗舞蹈、交错、磨蚀
一封火漆缄口的书信，出自异端的工作。而粘附在上面的三根
羽毛
一直在空飞。世界浮满了折断的声音

火焰塌陷下来，就像海德格尔之额，撤退是为了更稳的前行
带焰的火苗蓝汪汪的
它越来越下浸的幽蓝，暗示了那颗控制格局的宝石
正从一双回忆的瞳孔里，返回到无边的忧伤
那是从锋刃刨下来的一堆碎屑，是用凝干的血块碾成的粉末
是葵花的自伤。是老虎挣脱捕兽夹后，挂在阴谋倒刺上的一团
金丝
是子弹的直飞，然后侧旋、倒转，从权力的铁幕切出的一道血槽
这些火的元素把事物的圆滑与可能性逐个清除
在硫磺和哲学的深处，是一个被剧痛拓宽的边界
我一直生活在这座火的花园，我愿意看它打开，结晶我的眼泪

甚至不要光，只要有痛
因为我是最白的焰，是火焰裂口的补丁

被火抛起来的，除了作废的欲望，还有火的尸骸
它们都以黑鸟的姿态，把梦抬至稀薄的高度
褴褛的火啊，一种在其中坠落，而另一种，却锲进了天空
现在，四周下着黄金的血，灰烬以钉子的眼神，俯视我内心
开满的雷霆之花——
我在一个长夜得到的，却如何去维系一生的燃烧？！

      初写于 2002 年，改定于 2010 年 8 月

词锋断片·雪亮的内部

1．豪猪的法则

一群豪猪在寒冷的冬夜中相互接近，为的是通过彼此的体温流通以避免冻死。可是很快它们就感到难以适应——彼此的硬刺使它们又必须分开。当取暖的本能又使它们靠近时，很自然，又重复着第二次的痛苦，以至它们在两种苦难之间转来转去，直到它们发现了一种适当的使大家能够最好地维持下去的取暖方式与距离为止。

这段话出自哲学家叔本华的《附录和补遗》一书。是一段"没有结论"的著名结论。

仔细想想，在生活中既能够彼此得到好处又能够避免彼此痛苦的方式与距离是根本就不存在的。

也许，叔本华不愿得出这样的结论——

强壮的大豪猪可以杀掉周围的老弱病残，用尸体来筑墙取暖。理由是气壮山河的：丢卒保车，丢车保帅，牺牲局部利益以换取大面积的胜利，等等等等。春回大地之时，大豪猪会深情地向另外劫后余生的豪猪们流出滚烫的泪水，深刻指出：它们为神圣的集体牺牲了生命，荣誉价更高！你们应该向它们学习，前赴后继……

温柔的手段是难以让世界迅速发展的，倒是一些极端、甚至凶险的法则，促进了历史本质的改观。

2．永别

我们都有一些起码的感情经验，在面临送别亲朋挚友、情侣爱人的时候，那一份缠绵之情。有两首非常著名的歌曲，一首是《送别》，一首是《驿动的心》，每当如影随形的旋律回荡在心中的时候，我们就希望，什么时候才能相逢，心里已经开始设计着重逢的场景了。

但是，生活里有些告别是不能够说再见的，而是永别。

可怕的是，在告别的时刻，彼此都明白：今生不再见面！

唯有与朝夕相处或情感浸淫甚深的人分离时，我们方才惊诧于对方的可贵甚至可憎，都悄然转化成难以消泯的伤痛，堵住自己的咽喉，显示出一种至上的无可替代性。这样的分别是不可能"让它淡淡地来，让它好好地去"的。它一点也不浪漫，它只会以重拙、粗砺的棱角切割开生命的肌肤，划刻出难以愈合的痕迹。这就像一只强硬的手把某个器官从自己的身体内血淋淋地摘除一样！

经历过一次永别的人，大概真的才会成熟。

3．仇恨

我怀疑不少人血管里流的不过是些酒色和饮料。他们鄙视古人因家族世仇或立场对立而造成的复仇情结，反复倡导化干戈为玉帛、一笑泯恩仇之类的和解方式。

如果说连上一代的血债与屈辱下一辈都不愿正视，那么作为一个家族，是注定要散架、灭绝的。他们连起码的义务与道德也无力维护，谁能说他们不会遭受上一代同样的命运？作为一个集体、社会而言，莫不如此。仇恨是一种比生命更为金贵的责任。

一部《春秋》就是一部复仇史。复仇也是鲁迅先生热爱的主题。其小说《眉间尺》中，那位代替眉间尺复仇的黑色人宴之敖，就是先生的精神自画像。那些剑与火谱就的歌声，在肉与骨头的分离中得到了彻底的解放，以血偿血连带利息的反击信念，乃是生命中最粗大的一根支柱！真正地恨着的人，才会明白爱的分量。爱不一定需要理由，而仇恨却一定是冤有头，债有主。

画家黄永玉说，恩仇是天大的事，岂能一笑泯之！

作家张炜说，不会仇恨的人谈不上善良，更谈不上宽容。一个人只有深深地恨着那些罪恶的渊薮，才会牢牢地、不知疲倦地牵挂那些大地上的劳动者。

仇恨的高境界是除自己以外，谁也不知道你心怀仇恨；

仇恨的大境界是把恨与爱彻底地混为一体，因为仇恨的对象一旦消失，当事人恐怕就难以为继了；

仇恨的无上境界是已经不关心仇敌的存在，仇恨完完全全平静下来，成为了自己的脊柱。

坚持这种操守的人现在已经少得如同文物，而且，赝品还占了绝大多数。

4．活着

哲学是研究死的学问。文学大师加缪更进一步，19 岁时推出了《西西弗神话》。他劈头就说，"真正严肃的哲学问题只有一个：自杀。判断生活是否值得经历，这本身就在回答哲学的根本问题。"

从 1999 年官方公布的数字看，中国大陆自杀者的人数首次超过交通事故死亡人数，达 1 万多。我们随便就能从现实里收集到一万种自杀的理由，但所有理由中，核心都在于死亡者放弃了生活的自由权利。人在世上必须劳作、历尽沧桑，犹如生为鸟儿必须飞翔。生存的自由就是从不自由的状态中，体验到生命之水在身体流过时那样一种艰辛的感动！

没有任何清醒的学问是赞同自杀的。美国曾有一个丧心病狂的教派，向世人分发"自杀者手册"，还说是布施人道。在奔波劳顿中，我们应该无师自通地明白，个人与世界的关系，用水滴之于海洋来比喻就大错特错了。你无论如何微不足道，但你拥有一个谁也无权替代的全在生命，灵魂与世界沟通的唯一途径，正在通过你的身体传递阳光和风情。

所以说，世界上最美丽的事情，就是体验到自己——活着！

5．遗忘

世界上没有什么比昨天更遥远的了。

任何真理都得有一个时空界定，并不能放之四海而皆准。例如讲到历史，讲到耻辱记忆，忘记就意味着背叛，固然很正确。但我们学习遗忘，远比领会铭记要欠缺得多。

无论经历过什么海枯石烂、撕心裂肺的往事，或者有过手搏狮虎、响遏行云的壮烈，这些毕竟属于昨天。也就是说，它丰富了自己的人生阅历，让你体验到了生命中不能承受之轻或之重，使你日趋成熟。这就足够了！人的记忆不该是一座尘封的档案馆，更不能是"沼气蓬勃"的垃圾站，应该湮灭的东西，就要让它分解于繁忙的世事之中。无论多么深的伤痕，时间都会助你一臂之力，时光之水将冲淡、麻木原初的创痛。某一天，透过忙碌的缝隙，偶尔回望那些伤口，你会惊讶不已：伤口愈合得比周围的肌肤还要坚韧！

飞速发展的物质、情感世界，已让我们忙乱得不可开交，在刺激与希望之中沉浮拼搏，不是比沉浸在回忆里要有趣得多吗？我们说感谢生活，不如说感谢遗忘。尽管如此，我还是承认，有时，忘记一个人比爱上一个人要难得多！

6．就当没听见

权威的劝告或警告常常使大众左也不是，右也不是。

医学家警告人们不可大吃特吃咸盐食物，否则会加重心血管负担，诱发心脏病。营养学家著文反驳，说盐吃少了，造成碘缺乏症，而且不利于骨骼生长。一个养生学家又撰文说，凡事适可而止。只是这个"适可"在哪个位置呢？只有天知道。

各自从自己的专业提出的忠告，都是有科学依据的。问题在于，这种知识一放之于复杂的实际，就不那么灵光了。

而一些领导比专家自然要高明得多。他可以讲，一分为二；合二为一；反左与反右；防止过急与保守，最后没有忘记再加上反对中间的骑墙主义。所以，不快、不慢、不中、不左、不右，才是"符合历史发展规律的"。而历史的发展，大概从来就不会符合这样的乌托邦规律，而是在矫枉必须过正的震荡中前进的。可见，悖论与黑色幽默，远不止是逻辑和文学现象。

在西方，教堂、修道院想为人们分忧，教士、嬷嬷走上街头，对路人说："孩子，你有罪，向我忏悔吧！"没罪的人也很感激。我们把忠告当成是教士、嬷嬷的话就行了。

因而，想怎么吃，你就怎么吃。

因而，该怎么走，你就怎么走。

7. 精神的魅力

有人说过，人的一生即使只改变了其他人中某一个的命运，也是非常了不起的。这并不在于读了某人的一部小说，或者与之朝夕相处，或者感动于他的言传身教，而在于一个人的精神气韵在另一个人周围形成了一种极具感染性的气氛，就像从田野飘来的岚烟悄悄把你的身影淹没一样。而且，双方都未必知道彼此的精神交汇点能够在何时何地触发。

我们很熟悉佛教里"释迦拈花，伽叶微笑"的著名典故。释迦牟尼在灵山上面对数百弟子不发一言，只是伸手摘下一朵花，停在手上。全场静穆，谁都在想佛祖的意思。可是只有伽叶面含春风般的微笑。试想，大千世界已经凝聚在佛祖手中的花朵里了，一切喜怒哀乐、今生来世均已遁迹无形，除去最为自然的微笑，言行都很多余。

一个人对另一个人施加的影响力是极其深远的。越是长久地浸淫其中，那些潜藏于内心深处的尚未萌动的品行，竟会悄悄汇聚起来，在自己的精神高地上破土而出，成长为一片树林。而心灵传递的力量已化作拂过树冠的季风和暴雨，使一个人的德性，达到自己的顶峰！

细细回忆，好像在我们的个人历史中，都曾受过这样一个人的影响。这难道不是精神的魅力吗？

8．冷硬的成功者

人在孤立无援的情形下，靠自己的耐力走出了困境，他就会对自己的处境有更深切、更极端的体会。

我们经常从西方电影中看到如下的镜头：一个人有了麻烦，他就会不假思索地去找朋友、邻居，或者陌生的行人，直截了当地说——我需要帮助！如同咒语一般，真有人立即伸出援助的手。中国人更内向，深知好事不出门，恶事传千里，不到万不得已，不会向别人伸手。但内心肯定是渴望帮助的。久而久之，这种渴望逐渐淡薄，稀释在纷繁的世事里，以致彻底忘怀。

不愿找人麻烦，是缘于缺乏信任感。孤立无援的奋斗者一旦获得成功，成了正果，这种人明白自己太不容易了，他一直感谢苦难，感谢命运给他的栽培，他觉得成功者都应该如此，不自觉地以自己的经验升华为一条人生规律，准备放之四海而皆准。因而，他十分悭吝地对待着向自己求助的人。别人要想从他那里获得一点支持，几乎是缘木求鱼。

大凡有些才华的人，往往都是忘恩负义之辈。

由于"创伤记忆"作祟，这种人在他孜孜以求的领域里受过重创，因为无法退缩，变得极其冷硬。他曾经因战胜困难而获得过幸福感受，因为他不懂得从帮助别人的过程里就能得到幸福的宽慰，而且，行善就像在播撒种子，可以生长出人生最瑰丽的花！自然，这种欢乐他再也不会拥有了。

9．告密者

难以考证告密的起源，一旦有了利益私有的观念，告密之举大概也该产生了。

告密者夹在两个利益集团中间，左右奔忙，见缝插针，以较高的智力获得相应的回报。任何一个利益集团也不会信任告密者，尽管他能够提供一些极具杀伤力的情报，但利益集团从来就没有把他当成自己的一员。

告密者成了"两不归"的蝙蝠。

《春秋》、《史记》中有大量告密实例。那个倒霉的曹无伤，为取悦项羽，将刘邦领军至关中的消息通报过去，不想项羽对刘邦说出了告密的实情，刘邦从鸿门宴回来，干的第一件事就是诛杀告密者曹无伤。这是很多此中人的结局。通过告密而加官晋爵，"文革"十年已是登峰造极。进入信息时代，那些出卖所谓信息的人就是继承者。只要有市场，从事此一行当的人就如苍蝇逐臭。

在极其复杂化的社会中，告密者更像一种动物——四不像，非驴、非牛、非鹿、非马。敢于告密，就不会忠诚于任何人。既能单方告密，那会不会有双重、三重乃至多重告密呢？这是一个让人的智力与心灵都备受折磨的问题。

这些人格多重、阴暗、高度紧张的人，因为无从预计告密的后果，却常常引发了让世界惊讶不已的事情。

10．达到伪善的骗术

发明炸药的诺贝尔曾说过："在我们这个年代，行骗是仅次于农业的第二大行业。"这个分类法并不正确。

行骗本身不创造价值，只是聚敛与转移。行骗是诡计与诡辩驱使下的一种无孔不入的力量，它在哪怕有一丝利益的地方也会插进一只脚。因而，骗术其实是一个"通吃"的大行业。

骗术高手绝不会轻易在公共场合展示才华，在赌注不高的地方，他可能比谁都更公正、更无私。

骗术高手的确对人性一目了然。他抛出一个辉煌的承诺后，一直在观察动静。他是舍得下饵的，舍不得孩子就套不了狼。他还可以把自己的"隐私"大把大把地抛出来，忆苦思苦，与你"坦诚"相见恨晚后，还感叹自己失去了生命的活力，然后诱奸你的妻子和思想。最后，让你觉得他竟然是自己的挚友。

英国作家毛姆对此深有感慨，他说："伪善需要精神上的常备不懈和极端地位。它不像偷情和暴食那样可以在闲暇时进行，它是一种全日制工作。"

看来，达到了伪善境地的骗子，的确比你我累得多！

11．中庸的毒汁

宣布超越善恶而中立，就是侧身于助恶行径。

那些超然于事外、却骑在墙头两边观望的人，就是助纣为虐者。因为他们的伪善行为具有迷惑性，这更让人憎恨。

事不关己，高高挂起。若事涉及自身，只要损失不大，也可一言不发。所以，两个小流氓就可以挨个儿抢劫一节车厢的上百号人。这些生命价更高的人采取蚀财免灾的办法，活得挺滋润。他们无师自通地将中庸哲学活学活用，收放自如。例如，在鱼和熊掌的选择里，中庸者不会偏执于任何一方，而是鱼和熊掌均想兼得！他们的言行举止构成了社会的主流话语。他们是社会的强势群体。

在一个金钱把血性分割得七零八落的环境里，做个观众，做个待利的"渔翁"，是很多人的条件反射。这就是由所谓的闲云野鹤堕落成"帮凶"的过程。

鲁迅先生说："我正因为生在东方，而且生长在中国，所以'中庸''稳妥'的余毒，还沦肌浃髓……"这些毒汁早已沤透了人们的身心。其毒还不像吸毒者那样间隙性发作，它一直以广大的生殖力扩张着地盘。

刺激环境变化的，总是些极端的人与极端的力量。你就是一个恶人，也该坏出点名堂来。

12．眺望星空

当人生处于春风得意的时候，你不妨选择一个月夜，好好眺望星空。

天是那样辽阔，它呈现出钢蓝色的沉默，四周是如此的寂静和悠远。

作为孤单的人，我们是多么微不足道啊。我们不能想象星空到底有多大，有多宽。人之于宇宙不是处于一个层面的，不可想象的事情，即使给足了一切条件让你去尽情想象，也是不可想象的。也就是说，大千世界有些事情是不一定能够认识的。但人的探索精神又促使我们去绞尽脑汁。

不要太迷信人定胜天一类的信念。它发展到极致的表达是，宇宙固然浩渺，但心灵比宇宙更宽广！它之所以深入人心，主要是被用作了政治催化剂。它被浪漫主义的激情推动，显示出诗意的美丽。过于夸大人的作用，造成的危害非常可怕。人容易自大、自恋，不可一世。就像"法轮功"高手，放眼一瞧，楼房成了火柴盒，汽车都是昆虫。

眺望星空，你顶多是其中的一颗。那些忽明忽暗的光线，如像你的荣辱沉浮，不值得夸饰。

眺望星空，你会明白什么叫可怜，什么叫卑微，什么叫微不足道。

这会让人谨慎踏实起来，心存敬畏，全心全意去挚爱脚下的土地！

13．敬畏命运

无力改变现实，就很容易堕入宿命。近几年，很多人研究《周易》，不仅是卦象的意思，还要卜卦的仪式和方法。一遇上心烦犹疑的事情，往往会占上一课。

不要太沉迷于其中。因为似是而非的爻辞与纷繁的时空联系，以及含义的"辩证"的反复摇摆，几乎都可以让预言应验。可以倾心观察六个爻一一出现的过程。聚精会神地感觉铜钱在手掌反复地握捏时发出的声音，相信它将附带着自己的心思，去与陌生的冥念相遇。一些言词在卦象的巷道中遁迹而去，而另一些言语从变爻中突围而来，让人措手不及。然后，人与卦象开始等待判决。

一些不妙的结果会让人陷入忧郁的遐想，让人反省自己的荒谬之处。从未谋面的幽深往事开始浮现，使一场简单的是非选择变成无尽的省思。

这样，这一本来多少带有游戏成分的活动，却成为严肃的功课。不是让过去告诉未来，而是让现在预言过去。

　　闻着手掌上残留着的铜钱气息，我们在久远的崇高下发现，自己实在是有些胆怯。我们不得不承认，敬畏命运是最有威力的感情。

　　懂得敬畏的人，就会善待自己一天天少去的生命。

　　14．上半部与下半部

　　匈牙利著名作曲家李斯特一次外出，在旅馆的登记簿上写道——

　　职业：音乐家兼哲学家。

　　出生地：巴那斯山（即诸神栖居处）。

　　从何处来：怀疑。

　　向何处去：真理。

　　我们可以进行一番仿写——

　　职业：一个月出卖26天、以换取剩下4天的娱乐和胡闹。

　　出生地：全是才子和经理的地方。

　　从何处来：赤贫。

　　到何处去：暴富。

　　这样仿写并非为了挖苦当代人。这大体就是这个时代追求的生活伦理。如果说，李斯特代表了一个时代知识分子的形而上情怀，那么，我们还庸俗得不彻底，还有层遮羞的面纱盖住了欲望毕露的脸！

　　任何一个时代的进步，总必须得在很大程度上解决物质需求，才配谈论精神建设。现在，一旦物质的色彩浓一些，道德卫士们就开始批判拜金主义。你批你的，老百姓干他该干的，两不相欠。这样的正义卫士看上去很像一个乐队指挥，可惜既没有演奏乐器的人，也没有观众，这就成了指挥家的独舞表演。

　　15．聪明与智慧

　　聪明与智慧并不是一个量级。

　　聪明、狡诈、骗术、清醒等等都是智慧的组成部分。我们说某人很聪明，其实是有所保留的。就在于这种语境中的聪明，一般都是中性的，甚至还含贬义。这样的话，我们说某人还是个明白人，评价就比说他是个聪明人要高。

现今，环境在拼命创造出越来越多的聪明人。好像都是一踩几头翘的人才，急吼吼地赚钱，不露声色地挖陷阱、安绊马绳，活得有滋有味。不论小聪明还是大聪明，聪明也不一定会被聪明误，那只是说明聪明有限罢了。聪明不会升跃成智慧，就在于聪明先天就缺乏一些品格。

具有智慧的人最重要的是具备了仁爱之心。尽管仁爱的品格并不能成为冲锋陷阵的利器，但它却是锋利智慧的媒质，是智慧大厦广袤深厚的基础。智慧也只有在宽容博大的德性之上，才会生发出自身的光辉。

智慧式的人物都明白克制的宝贵之处。克制就像一个容器，它不但可以保护智慧的发展不受冲击，也可使智慧沉淀，澄清一些认识，在克制中反省，省思出事物的本质与去向。

所以说，仁爱、克制、省思的天赋，聪明人好像都懂，但真不是他们具有的品德就能获得的。既然如此，那就只好聪明一时，糊涂一时了……

16．理想之光

对事物优劣的鉴别方式，不是横向的，而是纵向的；不仅仅与自己的过去，而是跟自己的理想相参照。

想要娶一个富婆，想赚够 100 万块钱，考上大学，想有一套复式住房，都是生活的一些目标，但一定不是理想。真正的理想从来不会以极其现实的面目出现于环境里，如果有的话，那多半是混淆了生活目标与理想的界限，或者是伪理想。理想必须是来自灵魂的要求。

当前行者把理想视为自己跋涉之路前方、同步顺延的阳光时，一种完善自我的强烈意愿，会像电流一样在生命中爆发出火光，它会吸纳理想的光与热，在交相辉映中，照彻生命历程的过去与未来！理想是极端个人化的事业。在一切重荷屈辱之下，理想的光芒赋予了理想者"虽千万人，吾往矣"的悲壮气概。

理想是永难企及的，但你在无限接近。理想不可能被完全实现。

正因如此，理想才显得格外痛苦与辉煌……

17．善良与竞争

让我们温习一则西方童话——

一头饥饿的小羊迷失于荒原。

一头饥饿的老狼寻觅于荒原。

两者相遇了。

童话告诉人们的善恶之别是如此简单明了：杀死老狼，拯救小羊！想象力丰富一点的童话作者还可以续写下篇，让小羊变成美女，嫁给拯救了自己性命的英俊猎人。如此大团圆的结局的确宽慰着许多幼小的心灵，故事明白无误地告诫孩子们，善良、正直的天意总是帮助弱者的，好心有好报。道德家们也看见了这样的故事，终于放心地说：生活是多么美好哇！

这类习性深远的影响力，足以误导我们起码的认知能力，因为生存竞争的法则与故事的结论可能恰恰相反。那是真理永远站在大炮多的一方，那是狭路相逢勇者胜，那是逆水行舟，不进则退……

18．彻底无关

学会拒绝同一些人交往，是一门越来越重要的功课。

生活的节奏逼迫着人们前行、拼搏，多元化的社会也为大家敞开了繁多的成功门径，要人指点迷津，要人开启心智，自然很重要。但这种人顶多只占你结识人士的百分之几。学会拒绝人与事，某种程度上比推进事业还要关键。

记得鲁迅先生说过，对不值得理睬的人应该以沉默待之。当代哲学家周国平则更进一步，他在《人与永恒》一书中写道："在某一类人身上不值得浪费任何感情，哪怕是愤怒的感情。"这些认识，没有切肤之痛是肯定体会不到的。

记得是盛夏的一个下午，我急于跑过公路去乘车，而劣质的沥青路面在烈日的暴晒下已经大部熔化，它粘住了我的鞋子，粘合力之大，出乎想象，我使出吃奶的力气才挣扎出来。一看，皮鞋的帮线都拉断了大半！

这种粘合力难道不是前进道路上的强大阻力吗？很多人就是这种劣质的沥青。

我们进一步设想，沉默、节制愤怒的感情等等方法还是太原始了，而是应该彻底地不关心才对！这就是说，这种人不论向你提出任何非分的乃至合理化的合作意愿，你就当没听到。他们的所作所为，根本就不在你的视线之内。生活如此忙碌，我们压根儿就没有工夫去多看一眼。

19．不是东西

四川方言中有些很刻毒的比喻，比如讲到某人的丑，就说："远看像朵花，近看像坨牛屎粑。"而有些人高高在上，远看还是个人物，近看真不是个东西！

商业时代为大众提供了很多观赏作秀的机会。一些名流从来就是高起高打，难觅芳踪。现在，名流急于勤劳致富，跳下台来不断握手，摸摸你的衣服，问你冷不冷。在洪灾地区去演出，来一番煽情的演说，然后他开始签名推销他的什么自传，说是为老百姓送来了精神食粮。

这种人并不少见，但商业时代恰恰需要这类人创造利润，也挺符合市场规律。但我们也可以不喜欢！

我一直就想，那些小青年疯狂地崇拜歌星、影星、主持人、电视学者、模特儿，这是他们的自由，但崇拜之前应该有点起码的认知能力。可崇拜就是喜欢，如同爱一个人，并不需要接受教育再去行动。商业时代的特点就是各领风骚三五天，及时消费，谁也不能像万年青那样傻傻地绿得挺贱呀！

我不断调着电视的频道，说不定哪一天，这些人物会从中央台的教学节目中蹦出来插科打诨，那就不是个东西了。

20．倒错的爱

什么是倒错的爱？

有这么一类人，巴不得所爱的人生活支柱倒塌，或者拼命搞垮对方，然后自己又与对方患难共渡，同舟共济。

这种人如果是对待同性朋友，他最大的长处就在于献媚。利用这一点，他可以在艰难困苦的环境里获得命运近似人的友情，从而，使自己平静地生活下去。

这是一种可以共受苦，一定不能同享受的人！他借你的钢笔用用，也可以故意破坏，然后明确告诉你，不小心把钢笔损坏了；他甚至可以自己拿去修理后，再还给你。你的宽容心根本不能洞悉他的目的——这支漂亮顺手的笔已经是修理过的了；已经不那么漂亮不那么顺手了！

这种人如果是待之于异性的话，一般来说，他苦恋的对象条件都要优于他。那么，让对方受到重大挫折，让对方一蹶不振，消除不均衡造成的感情隐患，自己再脚踏实地地作出实惠的贡献，让对方在困难中体会自己的力量与光彩，以一个合格丈夫的姿态让女方投怀送抱。

这种倒错者有希望被阉割的欲望。一般处境很低微，力量弱小，也正因如此，他选择的这类混帐以极的方式，反倒救了他的狗命！

21．陷阱法则

不小心掉进了别人设置的陷阱，你远远没有到立即采取行动的时候。因为你更应该注意脚下，陷阱下面，极可能还有陷阱；或者，另外的人又为你预设了一条出路。处在危机四伏的境况，最重要的事情就是慢下来。更不要像红了眼的赌徒，跳起来就要咬人。

22．升迁法则

一个人不断获得提升，既有原因也没有原因。从表面上看，他所具备的诸如听话、办事得力、善于巴结等等技能，都不是构成其升迁的主要动因，如果是那样的话，上半部就太公事公办了。一定还有我们永远无法知晓的成分，左右着这一格局。因此，这种无处落脚的神秘成分，最后就形成了升迁者的个人魅力。

著名的管理经典《彼德原理》的实质是：一个人终将升迁到他无法胜任的职位。移植到中国，就显示出老外还是太老实。上半部明明知道他是个弱智，是个颠三倒四的家伙，却一边嘲弄他、威胁他，一边重用他、提拔他。在一惊一乍中，使一个毫不出众的人才，最终升迁到他想都不敢想象的职位。

23．走钢丝法则

我们只能承认，生活里有些道路必须以钢丝之路的形式出现，不然，通行的人就实在太多太杂了。

走过去了的人都是胜利者，要命的是，他们立即就准备剪断钢丝。

24．间隙法则

作家黑塞在《库拉因和瓦格纳》当中承认——"人生在失去所有的意思和意义之瞬间，是意味最深长的"。在希望与希望之间，或者在希望与失望之间，间隙总是被人们刻意忽略了的，因为他们害怕坠入空虚的深渊。而实际上，深渊往往是在空虚之前或之后。这个间隙是思想的门扉，如果人们把它扩展，那一定是一个瑰丽的所在。

但这毕竟是文人的念头，普通人卡在间隙里，就直接落到了卡拉 OK 厅的沙发上。

25．献身法则

令人心向往的英雄，与其说失败为其渲染了致命的悲剧性，不如说死亡完美了他人性的光辉。因为在死亡之时，在知不可为之而强为之的时刻，他的雄心与信念从来就未曾沾染坠落的尘埃，就已转化了慷慨的悲怆。把肉身交付之后，把可以延迟的失败，兑现成了提前的胜利，古之为项羽，近之谭嗣同，都是有着"骑士派头"（顾准语）的英雄。

在祭坛上，当耶稣的血流完之后，急于出名的人纷纷抢着那个高台，以至于台下反而空无一人。

26．冷兵器法则

准确意义上的勇士是属于冷兵器时代的。

这段历史十分漫长，一代又一代流传下来的习性，形成一种定识：超人的胆识，强健的肌肉，高强的武艺，即使存在回避公正搏杀的阴谋，例如投毒、暗害、放火之类，在现在看来，从发生到结果之间的距离是比较迟缓的。也就是说，设计的招术，没有超越对手产生反应速度的可能性，双方均有足够的时间来了结一世的恩仇。因而，一代又一代的勇士，把一种粗砺的铁血精神不停修炼，使历史的真实，在修辞的渲染中成为后世为之落泪的神话。

鲁迅先生在决心自食的苦痛中写下过《这样的战士》："已不是蒙昧如非洲土人而背着雪亮的毛瑟枪的；也并不疲惫如中国绿营兵而佩着盒子枪。他毫无乞灵于牛皮和废铁的甲胄；他只有自己，但拿着蛮人所用的，脱手一掷的投枪。"猛士在自己死亡之前掷出的投枪，霍霍飞驰于不义的魂灵之间，他狂啸着刺破空气与夜幕的声响，激活了冰冷的血……

27．布里当的驴子

法国经院哲学家布里当提出了一个十分著名的论点，叫"布里当的驴"——

一头驴子又渴又饿，在它面前等距离放着一捆干草和一桶水，因为驴子不能决定先喝水还是先吃干草，结果死于饥渴。

现在，绝大多数人既想出名，又要赚钱，熊掌和鱼均想收归囊中。他们避免了死于饥渴，但却被活活胀死了。好像比驴子聪明，毕竟做了回饱死鬼。

28．两不碰法则

"不可碰公司的钱，不可碰公司的女人！"

这是挂在世界上最大的百货公司——希尔斯公司墙上的一条标语，这两个戒律维护着希尔斯百年不衰。

再回头看看我们身边风起云涌的腐败分子们，他们实际上触犯最多的就是这两条戒律，我们从来就没有发现过只贪其中之一的人物。

29．先锋法则

罗兰·巴特所说的"先锋之死"是指——因为被其猛烈攻击的中产阶级反而来发现其艺术上的意义，先锋派也就归于死亡！尽管近来我不断目睹先锋们的自甘堕落，但我还是要说，以当下处于被正常压抑状态下的新锐们，渴望成功的欲望远远大于他们的原创力。即使极少数高段位的精英冲刺到人迹罕至的地方后，却放慢前行的节奏等候追踪而至的稀落掌声，他突爆的生力在抵近大限前夕迅急耗尽于吹捧煽动的昏热中。打磨激进偏颇的棱角，修正怪异的路程以期求得迂回与进入，让赤脚而行的刀锋之路钝化为追随者可以通行的小径。在由探险者到教练的身份与功能的蜕变中，先锋试图成为路标。甚至心甘情愿地铺地成路，让后继者们踏着他的身躯，走向绝地……

30．无名法则

激进的东西便于记忆。激进的东西创设全新物质。它总是以不规范的倾斜姿态，盗听和盗取着从身体里流过的秘密话语。激进者提供了一种异质，试图更改既定环境的成分和格局。激进者以强盗般的剽悍，在权力中心的某个领地占山为王。对峙原则的确立，就是激进者的圆满胜利了。

作为激进的近义语汇，先锋却以更前卫的冲锋搏杀于疆场。先锋比激进者走得更远，先锋甚至可能消灭激进的营垒，最终自行毁灭。置身血的沐浴是先锋不可缺乏的生存法则，敢于敞开自己的血管来浇灌大地和对手，也绝不回避以牙还牙以血还血地让对手鲜血淋头，击破铁幕法术，使其呈现原形。

只有先锋，敢于无所谓失败与成功。学者张新颖说过："真正的先锋永远的先锋默默无闻。先锋没有前途没有希望。先锋应该是彻底绝望者的姿态，是一无所求的姿态。世上有永远的独语者，但为数肯定很少，而彻底的独语者，我们无从知道。如果世上没有谁堪称这样的人，那么我们的理想中肯定有这样的位置，我们的理想为这样的人留下了位置。"

31．恐惧制造的威仪

悲怆的心境，必须直面这样的现状——

皓首穷经的学者，逐渐发现，耕耘一生土地，在三寸薄土下，不过是坚硬的岩石，用于堆放垃圾可能更合适。几十年以后，当他知道一切技术的施为也改变不了它的命运时，他又怎么来面对这片生殖了自己信仰、观点和信心的基地？推倒重来，已没有那么多精力与时间了；承认它，又心犹未甘。时间轻轻就刮掉了三寸薄土上的一切……

在清晰的痛苦状态，这种恐惧比死亡更为可叹。于是，这类学者总是设法以极度的威仪来显示自己的位置。

32．一点一点的失败

一个人在行使一件事的过程中，直到他非常清晰地意识到自己必将失败。那么，他还会停下来吗？

这无疑是他人生中"严重的时刻"。我想，绝大多数人会奋力一搏，渴望金石为开，奇迹光临，转危为安。

悲观者会明智地罢手，枯木一样等候天意的摆布。

还有极少数者，会一点一点去损耗，一点一点去失败。就像伍尔夫那样，口袋里装满石头，缓慢走向河心。

失败，可以这样从容不迫。

33．不可扔掉的痛苦

一个人虚弱到无力把痛苦"拧成一股绳"而扔出体外，那就只好把痛苦收拾好，堆成一堆烂柴，寄放行李一样放置到能够承担得起的部位。

一个虚弱的人抱着痛苦取暖，倒在十字街头。

头顶星光灿烂。

34．休耕

我在休耕。

我的土地举起悲哀的手。绿苔荡漾，将树叶的火光尽力吸吮。我将再一次被犁铧剖开，让土地深处的火星，结成庄稼叶片的夜露。

星斗在上，法的律令让悲哀无边而平躺。

35．锈在刃口

将所有的梦蜷缩如种子，将所有的锈在刃口上打开，艳帜高涨，只要它们尚未被厄运磨灭，那就无须回到土地与熔炉。

它们在那里，运行如云的命运，就可能看到大地上的阴影，终于出现了缺口！

词锋断片·缓慢的技艺

蒙面人的含混语气

忙乱久了，我逐渐听到一种寂静，有空空的内心起伏。开始阶段，我以为是诗人常有的一种职业幻觉，当起伏的幅度像一只手拂动我的肋骨时，就意识到一种凛然的异样状态发生着无从控制的事情了……

我从繁乱而多姿的文本中抬起身子，从沉甸甸的思索与板结的公文中托着站立。用脚站立失败之后，又试着用头来站立，当努力被力不从心财富计谋瓦解后，我开始用心来重新站立。

无边的寂静以冰块般的冷澈让我看见雾蒙蒙的现实后面，奔驰的往事显形于天野。

寂静的质地通过实在的触摸来体现，就像一个蒙面人用含混的口气喊着我的名字，他黑漆般的大氅扫拂着我，在风里，一个秘密在即将失效时又被黑夜延长！

而寂静，开始笼罩，开始君临，开始突袭。

寂静中，有关猫科动物的设计也瓜熟蒂落，我怀想中的山猫从划丛中披然站立。我想，如果我的灵魂非要正本清源，那么，灵魂的形状就是山猫静寂里的凝视。

千载难逢的身躯覆盖着我的身体，在颤动的寂静里，我与山猫合一。

我看见我用爪子刨飞的土块，像一块炮弹片削出去，我听见飞舞的弹片在寂静的壳上撞响。我听见碎裂声。就像我的希望与汽车玻璃，在飞驰的当下被飞石命中……

寂寞的香

鲁迅在厦门教学时，住在靠海的一幢楼里。他曾回忆起这段日子："我沉静下去了。寂静浓到如酒，令人微醺……我靠了石栏远眺，听得自己的心音，四处还仿佛有无量悲哀，苦恼，零落，死灰，都杂入这寂静中，使它变成了药酒，加色，加味，加香……"

令人微醉的酒不是人人都把持得了的，何况还加了药！这酒在历经秘密的窖藏后，置于越发喧嚣的环境里，蛰伏于酒中的德性。有血与死亡的勾兑下，那些金属的线响，那些闪颤于剑身上的棱棱寒意，如同渔夫偶然打开了所罗门王锡封的瓶盖，那些弥漫于天地纵横的凌厉，竟让天色显示出如酒的通透和阵阵温暖！

不要企图去喝上一杯，因为这酒不属于任何人。

孤独中的喃喃失语，乃是寂坐于心中的女人不小心发出的声响。

在这个时候，我闻到寂寞的香味。

孤独

说孤独是什么都可以，但我的视角由面对变为进入之后，情况就发生了变化。我不可能用任何喻象来勾勒孤独的面貌，也无从分析它的成分，我只是在努力为之或因某种不期然的意外而进入了一种无力创造与热爱、只能全力去臆想与呓语的时空。我在一寸寸缩小自己，并一点点丢失自己的尊严和形象，在失业失恋的忧郁与蚀本的生意中沉落，起伏的运行中偶然看见一些过往年岁的面庞……

我既不想追寻，也不想理睬，但面庞却像鱼儿追逐香喷喷的鱼饵一样紧紧跟随我。其实，谁是谁的鱼饵远未可知，但也懒得去想了。而悲痛在大面积浸淫之后，反而有些因无所谓而生了的快意，逐渐从悲痛的边缘漫溢过来！

当这种快意像疯狂的海藻一样繁殖开来后，一种暗绿色的生机竟让我倾向于感动，渴望什么人、什么事能让我挺身而出。当我的血被狂奔的绿色烧沸时，又有什么事是不能干的？！这些富氧生物的喧哗与潜伏于骨髓的品质相互呼应，我茫然看着它们互利互惠、和平共处、发动战乱……

我在喃喃自语，我发现那时从心里涌起的句型与词语精怪而透亮，我平素全力以赴所造出的句子与之比较起来竟不堪一击，它不被记忆承认，因为它不属于我的心智。

当我从孤独中一寸寸汇聚起来并站到窗前时，觉得自己简直就像准备跳楼的英雄一样不可一世……

加重、加深孤独的办法很多。比如，去拥挤的百货公司散步，在嘈杂的酒吧枯坐，观看摇滚乐演出。每到环境鲜丽热切时，昏沉的孤独会变得更加饥饿，它伸出爪子，把结痂的心底刨出一个大坑，直到它的趾爪在记忆的底部发出锐利的划声。有忍耐力的人会坚持倾听下去，坚持到心身狂乱，坚持到听见破裂的声音。

孤独正随着元阳一起泄露出身体，而无边的臆想飞驰而来，从创口逆流而上，胶着而游离的躯体已不再是我，而是孤独与臆想起飞或降落的跑道，在一阵阵雄性、嘶叫的震颤中，在目不暇接的紧张观察下，我猛然觉察到孤独是有形体的，在我来不及喊出它的名称之前腾空而去……

两难

忙到今天，似乎一切都该歇息了。就像窗外的冷风扫过大街，而昏暗的路灯，被一层均匀的冰块过滤，在远处艰难地亮着。

　　这么多年来，我何尝会预计到写作已将自己逼迫到如此尴尬的境地？一些记忆中的事件并不遵从游戏规则而越过时光的栅栏，在我的目光深处企图再次浮现，它们突起的棱角以冰块的冷澈放大着封存于其中的血丝和魅力；闭上眼睛，我却更逼真地进入了它们的内部，那些冻而不僵的苦涩和幼稚如同一粒粒种子，随时准备冲垮语言的藩篱而将鲜活的往事与耻辱重新植满空白的意识，以空前的藐视，尽情狂欢于高蹈的梦想。

　　而现实却开始逐步松懈，步步退让，以至于大敌当前分崩离析。这是一片自行退让出的净地。一些参照物改变了位置，另外一些则完全沉坠地下。因而，当往事渐渐占领肉身之时，往事已经真正成为我活着的唯一明证，并同时成为我收支完成后交出的一张收据。现实呢？它不是自行退让，就是成为连同这张收据一并赠送的小商品。在交换的仪式中，在物件与性灵的往返中，那些擦落的碎屑，成为了时间的形象。唯有这个细节，才让我重视并深知，在与不在的关系，是互为可塑的。

　　多年来，秋天到初春这段寒意由浅至深的过程，是我思考的黄金机会，也是我坐吃山空、看见纸钱片片飞走如归雁的时刻。在这一进一出的交易过程里，我渐渐明白，我是最后的赢家。这一方面是出于赌徒的自我安慰，更多乃是蓬勃于收割的稳重与收敛，如荡漾的玉米叶子闪耀出缕缕果实的色泽，已距我近在咫尺。

　　这些情爱与深深怀念，一次次受孕于天鹅之雨的冲刺。在多风的季节里，渴念的嘴唇所吐露的每一个字，正以步步生莲的身姿，吸纳朝雾与夜露，并努力让感官回到迅速流失的时光里。甚至，就像一位娴熟的白铁匠人，依赖半醉的漂浮魔力将器皿精确地重合在生产它的模具之中，而不会因为腐蚀和变形而漏出一丝热气。这就是我所说的往事在时光重现中的成长状态。往事从来就不是寂静的，孤独的，它生活的勇气与能量仍然来自于现实奔腾不息的血气，它永远簇新并光彩熠熠，映照着逐渐老迈的我们和深不可测的城府，并催化着无常的生命。

　　这种往事一再重视极易造成这样的状况——即往事以过去式的存在成为了正在进行式的现在，而时光规律下活着的现时却已被将来式的将在或虚在。因而，仅凭时光隧道式的逆向与顺向流淌已经乏力地露拙了，它已无从完成言词精妙的交媾于事件之时的细腻。艺术绝大部分的目的在于将此永恒地繁衍成符号，期许它永远的"活着"，并徜徉于未来的时空……

巴赫金在《长篇小说的时间形式和时空型》中说："在这里，空间和时间融和成一个精心构思的具体整体，时间变浓了，可以说化成了肉身……变得可以看见；空间也同样变得具体化并富有意义。"如此关怀历史价值（现实）的诗学，在我看来，已经比较吃力地机械地解释着文本。因为我深深感到，时间的肉身已经游离出原来的空间而漂向现时。就像阿斯图里亚斯《玉米人》中那位无头而永远强悍着热血与武功的英雄酋长，他的肉身一直发育在每次抵抗入侵的"现时时间"中。

这样的期许在理论上是成立的。也不是说，它毕竟是建构在良好愿望基础之上。归纳到生命中基本无法验证的悬空设想里，我们的经验只有寄希望于知识的传递去与之相遇了，是偶然或是必然，则只有上帝才知道。

逐渐的，一些从未相处过的幻象开始频繁地光顾于梦，在似睡非睡的边缘地带，在心情郁闷情绪低落的薄弱处，轻易占据了意识。如同遗落的几粒花籽，在块结的土地盛开了朵朵疯狂的罂粟花。她温馨、妖冶地改造着与之接近的一切，她的能指以惊人的辐射将体态转化为能量；她的风韵明白无误地衬映出一个事实，那就是自己对年龄增长的恐惧——像庸俗的花草包裹着一颗并不安分守己的魂灵。由此，悲剧开始落幕了，接下来，是一片无边的黑暗，边缘处冷着丝丝青丝。

时光的粘连性让诸多与之性能相异的禀赋无从立足、无法生根。时间之箭的猎猎之声有时是通过极其迟缓的刺入物体内部的姿态来完成的，有时则是通过改变词性的褒贬、动静、甚至颠倒能指与所能来完成的。可以想象，当我们用以依靠的参照物比如圭臬，其成分已然完成改变之后，这对我们所有累积的经验，将会产生灭顶的威胁。

我开始设想——

灵感凌空于极高处之时，被意外断然没收了翅膀，一连串飞翔的过去在现时猛然煞车，接下来是石头般的重力加速，而那一心向往飞翔的灵魂，仍在余速的惯性状态下可怜地相思着一心相许……

殊途同归

宛如一条冰河，在初春的消融下缓缓流动。那些漂浮的冰块，相互碰撞，时而清脆时而沉闷的撞击声，逐渐替代了回忆的愉悦而成为生机的高音部。究竟是生命向往的猎猎滑翔之声，还是语言本身述说的内敛欢娱，已经很难去进行这样的机械分辨了。只是觉得，不是自己孤立地深入思想的腹地，甚至伴之有可能无从返归的恐惧，而是存在的寻思同语言已经在沉默与信心中缔结了忠贞不渝的盟约。这自然跟浮士德和梅非斯特的条约相去甚远，但同艾滋拉·庞德与惠特曼订立的合同有着某种近似——被激情浇灌的花朵只会朗现于对激情的深切认同之中！这样，我朝着殊途同归的区域，常常进行一次次返乡式的探求。

蚁王如花，蚁后如莲房

一度时期，来自某个生殖着新意的神秘区域的风，锐利地刺中了我的头顶，这就是剑客中剑或诗人中风的结果。在百汇穴的周围，我的绝大部分的感觉与预知被急促云集起来。这仅仅是一次偶然，不同的际遇也可能会取得近似的效应。那是一个喧嚷的深夜，我的感觉乒乒乓乓地撞在一起，那些或纤细、或油腻、或女性化、或急于献身的设想，开始自头顶灌注，被放逐在肉身的循环中。很显然，前两者属于感性材料，后两者可归入知识范畴，至于悟性，那只有看能否与之猝然相逢了。

在一个周天的游历中，许多杂质、陈旧的知识随汗水渗出了身外。我试图放弃诸多修饰手法，比如明喻和暗喻，无论其如何精妙，其代价是构建在对本质磨蚀和异形方式上的。但是，对如此跛脚的策略却又让我一见钟情。因为直陈式的叙述固然守真，但是，在知性化的语言流动中，起着起承转合之力，宣布着结合、离异口令的，是悟性，当悟性窜入一间神秘的房子撩起当事者的黑纱裙之后，一道又一道的暗喻之门，已为之滋润的洞开……

那些永驻的存在之实，并不需要对其高祷"永垂不朽"才万古长青。当寻思从中攫取出部分装入行囊在表达的中途又被寻思取出置于可见的地方之时，唯一的光线必须为之产生，光芒必须为从未相遇的陌生而沐浴、而命名，那唯一的光芒就是语言。如此，可以看到陌生的本质像蚁王一样呼啸着聚集它的臣民，突然向光芒发起了自杀式冲锋。将悖论的叙述啃噬成一具语言的骷髅。它们已为守真而捐躯。它们的躯体填充着语义垮塌的大堤。奇怪就在于，一种雪亮的柔和之光，在封闭的内部急促扩张，非语言的成分很快就取代了既定语言成为此时此在丰润的朗现，一种如吸毒成瘾的回旋力将形而上的诸种框架统统拆卸予以拐卖，以不计优劣和成本的交易，实现对整个躯壳的霸权统治。

蚁王如花，蚁后如莲房。一场芳香都是对不可预计的语言暴乱的重立名目。继之而来的语言狂欢则处于最大能转变的柔软。即：生成着的语言没有被硬性的肉身所挫伤，它像游动于骨缝中的锋刃，在阻碍与困难中，从事着一切从不与对的正面交锋即可立分高下的历险。凡是能够彼在粘滞而伴之滚滚而去的碎屑，都是生成的语言的氏族成员。

如果说，"此在"的语言是个六面晶体，那么构成其结晶的"永在"（我杜撰词汇）均不在六面之中；而处在六面晶体透视中心处的交汇点；言说仅仅是六面晶体面与面交汇的交接线。

在历时性与共时性的交汇处所，在语言的深度和向度的坐标，在六面晶体的内在焦距与外在光源发射点之间，存在着一个首鼠两端的真空地带。这是一个我从来没有为之命名过的部位，它是如此的见风使舵，在小人与英雄、伪善与伪恶、干瘪与丰盈、上升与下隐、交易与放账、证虚与证实之间变脸、异形、易性，这一水火相融的亲爱关系决定了一种凛然的物质即将产生。

在放弃与执著之间，在阴阳怪气与正气之间，必然的模糊弥漫着这场抉择；在鱼和熊掌的放弃与兼得状态下，惊人的能指必然冲破苞叶的裹围而灿然怒放，语言的反向力已使阅读和审美经验凌空悬置，手足无措。一种苍凉的气息竟然托升起朝阳在下坠中腾空飞跃。这一游离不决而又已然完成抉择的不了了之的结果以形式主义的中庸概念了结这一公案。

如此，中性地持中也守真的在以全美的淋漓和饱满体现于"此在"的接缝之中。宛如男女重合粘接体之间的一条线缝。"此在"于此一瞬之中将悟力直返天庭！当开始与结束又与开始重吻重温之时，一个语言周天的循环被圆满，又被初次的经历所欠缺。

零度状态的水与零度状态的冰刚刚被模糊清晰成了一种零度的技术和精神；

审判与休庭同在一时宣布有罪和无罪；

如此，矛与盾的对立只能在这种情状下化合：矛尾刺伤了持矛者；盾牌成为阻挡持盾者反击的累赘。

诗歌大师布罗茨基说过："成为惧怕责任同孩子反感父母的管束具有同样的性质。一个人既不是成人也不是孩子，他大概小于'一'。"

简言之，海德格尔说："思完成存在对人的本质的关系。思并不制造或引发这种关系。思只是把这种关系作为在交给它的交还给在。此一提交在于这个事实：在思中，在成为语言。语言是存在的家。在其家中住着人。那些思者以及那些用词创作的人，是这个家的看家人。"当然了，也完全可能是看家狗和败家子。

既然语言是不断生成着的，那么，处于这个家中的在就无论如何不是永远长存并一成不变的。

米哈伊尔·巴赫金在他平生最生一篇文章的结尾指出："既没有第一个词，也没有最后一个词。对话的上下文没有止境。它们伸展到最深远的过去和最遥远的未来。甚至在最远的过去所出现的意义，也永远无法一次性地最终把握到，因为在未来的对话中，它们将不断更新。"关键性就在于，已经存有过的意义因遮蔽过久而发生了质变和流失。因而，可否这样说，被思把握住的此在，就是发展中的永在的现时情状？！

因为在的发展和衰老、更替，语言同样也存在生老病死，它们互为作用，相轻又相亲。

所以说，我不过是给自己的语言之家另开了一道门。这出于如何更为吻合地表达——在、人、思、言、诗的同一！

所以说，语言话语因罪孽罄竹难书而最终无罪；

所以说，知识历来反权力，而到后来，知识即权力！

拉康有一个重要术语——他者——"无意识是'他者'的话语"。他者不仅指其他的人，而且也指语言秩序，语言秩序既创造了贯通个人的文化，又创造了主体的无意识。他者是一个陌生的场所，而所有的语言都出身于此。人向他者屈服并为他者服务。

这样看来，如果非要用"在"这个术语并让它与"他者"反手腕的话，那么失败的一定是前者。他者以烈焰般的汪洋孕生并收回着一切。如此，他者也是与存在处于同一个层面上的野心，即也是撩起形而上学的裙子一见钟情之后成为暴君，那么，激情消退之后方才开始云雨的结果，多半就成为一个佛兰肯斯坦——他在。

狂欢的酒神

哈桑借用米哈伊尔·巴赫金创造的"狂欢"一语来表现后现代的反系统的、去中心的、颠覆终极观念的、涵着苏生的内在状态要素，巴赫金在其《拉伯雷和他的世界》一书中着力渲染了"狂欢"——

在狂欢节那"真正的时间庆典，生成变化与苏新的庆典里，人类在彻底解放的迷狂中，在对日常理性的反叛中，在诸多滑稽模仿诗文和谐摹作品中，在无数次的蒙羞、亵渎、喜剧性的加冕和罢免中，发现了它们的特殊逻辑——第二次生命"。

这是特有的时间是从时间中的解放，是从相对封闭的和严格的历史板结的坚硬的缓解，它是反仪式的，是对它者的节日庆典，是世界图界上的裂缝和道口——这些裂缝和通口展开在系统的神景、法典、规范的诗景和阶级等级制内部，是"肉体的自由交融"。

在哈桑那里，狂欢是指后现代主义当中一种"一符多音"、"一词多解以致无解"的荒诞性质，语言的器瓷店被公牛冲进之后左右驰骋破碎在声音中的愉悦，是拉康的"他者"一会儿到场一会儿又缺席式的流畅与支吾，是金斯伯格从卡沙迪长达 40 页的长句中获得的一种语言奔驰的节奏突然断裂在无意识的陷阱中奋力跃上地面的感觉……

我们处于世界上距西方权力话语最为遥远的区域之一，这种被忽视所造成的屈辱却被畸形的自强注入了异乎寻常的能指功能而超拔于我们的创造性视界之外，我们的接纳或对此的评说均已被摒弃于权威创造性视界异域，我们的接纳或对此的评说均与创造话语者完全无关。这几乎弱力到了连"读者反馈"这一层次也要尽力争取的地步。现在我想书写下我对汉语中"销魂"的考察，让这一事件来阐述正在进行的试图构建"汉语话语"的梦想。

"销魂"之所以引起我全力以赴的沉溺，来源于感官拥挤不堪并最终击毁概念的设置之后，那是日常生活一次超验的注视与拥有。

与肉体争先恐后不断将其深度翻卷出来之时，一些沉睡的难以触及的悸动开始兴奋和膨胀，以坚韧的想象力扩张着永难定型的形状。一个奇点，一个爆炸的奇点从致命的孔洞中化合着生机，推动着、催生着从未企及的高峰体验与低谷抑郁，在完全失控失速的腾挪中将腐败的知识和空乏的性力逼出视界。联想的范畴是从高峰体验与低谷抑郁之间选择的两条虚线，而现时的扫描则重现为中性的曲线。一切灿烂和悲痛欲绝由此峰回路转。

这种飘逸的奔驰与负重的脱力以及悲伤的昏厥均是驿动的，准确地讲是正负逆向运动的。是内在吸收与外在排泄突然短路的相遇；是肉欲的严肃与理论的松懈，是侵略与迎降忽视和平相处的民主集中；而一些深刻的芳香，已将濒临死亡与跪迎新生弥漫成同一时刻，因为萦绕的龙涎香与蚀骨并抽空骨髓的印度神油已经荡漾无际。

人的意识轻轻沉没了，空白重重飞升起来，它厚实而放逐的疏空已经接受本质，这是一个思维找开肉体之门并在里面走了很久之后设想的一个出口，宛如光线跌入黑洞之后又从白洞中爬起来蜕变成慢速成的时光。一个又一个的陷阱哗然开放，让欲望从中找到了最为准确的体现方式，让语言自行说出游离的每一个细节，主体、恒在、终极关怀已经惬意成一堆素材和单词、声音的娇喘，一个阴谋与阳谋悄然合谋的宏伟蓝图在淫荡的文胸上铺展蜿蜒……

那些逶迤而来的经验显然已经无从挤进璀璨密织的现时，与此同时，想象被性幻想的经幡轻易遮蔽。薄伽丘的逆反话语仅仅处于对肉体的反复浏览，而西西弗斯永在的悲痛都在每一次崭新的重复中升华了坚挺的极乐。因而，自恋、自伤、进击、和睦均在此时统统兑换成了对极限的冲刺。

兴奋被多次修理之后，冲刺成为失控的继续，那些蛰伏而起的理性碎片像狙击手一样不但不能阻止，反而加剧了冲刺的速率。在骤然加速中，言词被巨大的惯性扔在身后，这样，对这一飞速状态的描绘越发变得不可能。这也是我们几乎无法读到精细刻画销魂状态作品的原因，何况，那是一瞬间的"无法言说"……

对个体而言，销魂存在于努力寻求者的一生当中。它的每一次出现，均成为对已在生命的一次总结。但每一次出现，又成为一出不断加剧难度的演出。

吸毒者仅仅靠增加毒品的数量和纯度来维系冲刺，因而对瘾的追求意味却更不可救药地长留于经验中而蔑视经验。同样，那些沉醉于事业（多么光荣的词汇）比如赌博与杀戮或感情中的人们也会出现"中毒"成瘾症状。个别人靠一根绳子窒息自己，使呼吸维持在弥留的惊险中，用稀少的氧气让理性乏力衰竭而使潜意识迅速在"痒晕"中占领全部肉体并使之成为全在的现时主体的行为，但又为意识残留一根头发丝那样的牵挂，以使自己在冲刺撞线之后，靠这根头发丝把自己拽回现实。

语言的建设与破坏均可能出现这种效果。销魂实际上是美的历险。它已从方法衍生为本体，在美学、丑学与平庸之极的深度上，洞开了一个微显着光芒的痉挛灵犀。宛如任脉、督脉已经打通，汇聚于头顶百汇周围的"痒晕"感——蚂蚁的爬行与蜜蜂的嗡鸣，使卑微的生命和强悍的动物归于平等；宛如词汇内暴之后，歧义多至无穷，主要意味早已碎为花粉般的无意义的平面"语晕"状态。

当然，也有人从来就没有被销魂过。

茅塞顿开的时候

A：独处的深夜，突然停电了。停电可以让人更深地滑行于黑夜。

B：大病初愈，出去散步，虚汗刚刚打湿衣服，一阵凉风迎面吹来。

C：集中精力，长久注视繁星中的某一颗，直到头脑混乱。

D：在空荡荡的咖啡馆，故意失手打碎杯子。

E：很久不看书报之后，再来读中国当代小说家的作品，觉得个个都是武林高手。

F：苦写也不出的诗，在梦中清楚看见诗被一把裁纸刀拆散，成字。像目睹情人被强奸。

G：舌尖击溃红唇，绿腰融化。

H：发现意外的事件飞驰而至，不想闪避。

I：一个智者谆谆告诉我，你错了。更多智者也是这么认为。但是，我不想去纠正了。

J：如果说阅读、见识是一种向外用力，而省思是向内用力的话，二力疲软、举而不坚就是当下写作界的基本情况。没有持续的 20 年以上的关注与用力，写作基本上就是处于自说自话状态。写作达到的高度，与内伤成正比。

K：经历必须经过锤打、锻炼、虚构、放大、归并、蛰伏，经历才可能成为经验，而一个不具备经验的人是无从问鼎写作的。

L：不要在历史上成功的个案里（例如卡夫卡），竭力寻找与自己的血缘关系。这是偷懒者的遁词。没有深谙深刻的普遍性意义，就不会明白何为特殊。

M：没有"形式与内容"的比例关系一说。一个无法造型形式的人，一定是没有内容的。

N：去掉文本中所有的意识形态时间、地缘表述，让时间与空间表述回到常态。

O：就文学家而言，从来没有超拔文学之上的思想和哲学。套用郭尔凯廓尔的话，一个人文本所能抵达的边界，就是世界的边界。

P：文本里没有"我们"，只有"我"。人称代词所导航的意识形态话语，来自雄辩术和社论体，必须从文学话语里祛魅。

Q：一个不懂隐喻的人，就永远不懂诗。而一个作家不懂诗，也就不懂文本美学。

R：细节从来是大地建筑的斗拱。大词写作、大词抒情必须终结。个人化的言路才能成为细节的榫头。

S："学者型作家"应该警惕，多读未必益智。常识的堆积钝化了思考的穿刺力，这也是学者成不了思想者的深因；"才子型作家"的缺陷，在于把自己的突发性心智，误以为是世界的最高标准。所以，立志当诗人的，要少看书，读点报就够了。

T：有为文学制度而写作的人，有为自己而写作的人，我赞同为了复原一段真历史而写作。因为写作的版图就是回忆。自问：写作的目的是什么？真实回答了这个问题，你的写作去往哪里，就很清楚了。写作从来寂寞。

U：终极上说，没有"主义"指导下的种种写作，也没有民间／官方、体制／体制外写作，但置身于特定时代，这些二元乃至多元并立的潮流必然会波及个人的写作，那就无须回避。渴望大隐隐于市的"旱地拔葱"式写作是不存在的。

V：时代是一辆朝向未来奔驰的汽车，历史不过是反光镜中的景象。过于关注历史，也很危险。

无须回馈的接受

多年来，我习惯在深夜阅读、写作。

这并不是我惧怕喧嚷。而是那些能够聚合精力并使之闪烁起来的光斑，往往是一张异性的面庞。她从不具体成现实中的哪一位女性，而是飘忽不定的，浮荡在我周围。她在夜色下聚合、狐疑、朗现。我感到她的气息就荡漾在耳际，使我对处理每一个字从不敢掉以轻心。

她是内在的操纵者与外在的首席审读者。

我担心的，在于她是否满意。为此，我必须失去纵情的放荡来支付。

因此，我发现自己居然还有一大优点——在极度温馨的时候，我为此感动得手足无措——索性就体味完从开始到终结的全部过程——除了接受，根本无力去表现，哪怕就是一个字。

构图

构图——

A：一棵向日葵在断裂的履带齿缝间怒放。

B：常青藤缠绕于炮筒幸福成长。

C：一枚冒烟的手榴弹躺在花丛里。

D：一个小孩对着机枪撒尿。

E：和平鸽长着一双鹰爪。

F：少女的背影。手臂青筋虬起，提着一支断了枪托的冲锋枪。

G：恐龙骨架在天安门广场散步。

造句

造句练习——

1．掀起你的盖头来。掀起你的头盖骨。

2．猛犸从诗中出走，让名称永远缺席。

3．咒语。纸人纸马。撒豆成兵。

4．夜雨。秋灯。被虫洞穿的丝绸长裙泄露春色。

5．对着剑刃尽力一吹。

6．宣纸被黄褐色的液体浸淫，显现骨骼图案。

不相关的事情

夜雨潇潇。如魂的人已经远去了。

他的呼叫声在空中如海喷水般膨胀。

如一个巨大的不明飞行物，悬殊在我的窗前。

我恐惧，开始沉入写作。

夜雨潇潇。我梦见古埃及人修筑的金字塔。

永恒的结构来自天空深处的智慧。

工匠们"岁修"的手，浸泡在都江堰刺骨的江水中。

此时，雨季已经来临。

逃离即是返回

一盏铜灯。

一杯酒。

一壶酽茶。

这三件东西与我朝夕相处了很多年。在锈剑嘎嘎出鞘时，岁月逃离钟表。词语在这样的情形下，如何返回本义？

轻与重

读昆德拉《生命中不能承受之轻》。

我想到当学生时的一件事。学校组织去火车站义务劳动，搬运重约二十公斤的木箱，上面的人向下传，我在下面接，一个箱子又传下来，我

双臂运气一托，竟把箱子托飞了。在大家的哄笑里，我知道上当了，箱子
是空的。

　　同样，漂亮的女人终于下定决心让男人一润芳唇，她闭着眼睛等待着
这令人心动的时候，时间过去了，睁开眼睛，才发现男人已远去。——肉
体已经飘起来了，精神反而没有栖身处。当两者还在相互找寻时，生命已
非常之轻——这不纯然是我的观点，却比小说本身更重。

放弃即收获

　　帕乌斯托夫斯基的《金玫瑰》中，有一篇写安徒生的短篇小说——
《夜行的驿车》。对每一位有过对女性特殊感觉并记忆犹新的人来说，都
将唤起不可遏制的回味和想象。在从威尼斯去维罗纳的驿车上，安徒生对
萍水相逢的姐妹履行着自己在诗神面前立下的誓言："我要到处颂扬美，
不管我在哪里看见它。"一切交流都回避了视觉，环境迫使语言和一些神
秘的感觉骤然敏锐了，对异性的想象力，在拥挤的车厢内霍霍盘桓。因为
无法看见彼此，心灵中对美好的神思已经敞亮。如果彼此能够看见的话，
我们的生活岂不是显得太平庸了点吗？生命永远没有飞翔的时候。

　　生活中的童话，比童话中的生命因为更真而倍显美丽，也许因为这
样，反让人只愿去相信童话中的生活，无法承担生活中的童话超凡脱俗的
过程和结果，美丽的真实逼迫我们自惭形秽，宁愿视之为幻象。安徒生多
半就是如此。

　　在我看来，童话的真实性是存在的。当一种神秘的心悸如同冬夜里自
己呼出的道道白气时，隐蔽于夜色深处的火光，都将成为想象力的驿站。
生命就是一辆轰轰行驶的驿车，而一切未可预料的事情等待于路上……

梦一样梦着

2012 年 12 月 21 日一早，醒来的时候，只是知道自己还活着，这是值

得庆幸的事。每在此时，一个同样的噩梦无始也无终地中止了演出，已成了每天醒来时唯一让我心烦意乱的闹钟。生命的节律在这时熄灯。好在天亮了。

眼前，仍然残留着一片噩梦驶过的痕迹，宛如鏖战正酣的搏斗，被意外令人遗憾地终断。这场多次重复播出的一幕，逐渐让人感到，梦也许本来就没有安排结尾。但它反复在我睡意的薄弱处突现，毕竟证明了一个事实：我与梦之间谁也说服不了谁，于是，在斗智与斗力之间，在阴谋与阳谋之间，在血与笑的厮杀厮守中，我们成为亲密爱人。

在战术构思上，我一直把噩梦视为同等量级的对手。如此，一切法则就无需像交通法规那样"一看二慢三通过"。我与它都缺乏一种一招毙命的杀手锏，这就决定了这场持久战的性质；这种搏斗正是我得以知晓自己还活着的唯一证据，我的血气与能力在噩梦千方百计的挑衅中被激怒，它扔在我脸上的挑战的白手套如同耻辱钉在自己的心中，怒放的才智在昂贵的骨髓中疯狂成长，然后以金钱豹似的收敛，无声靠近对手。

然而，狡黠的智慧像雨水一样滋润着空间，噩梦的预知能力促使它以巫师般的咒语让我显形于人民之中，使我一次又一次的苦心反击瓦解于无形，它像风一样扫过我的耳廓，扔下几缕嘶哑的嘲笑。

我无法将它击中，也无从瞄准，它弥散在空气中一晃即逝！

渐渐的，一种惊异发衍成为恐惧，像地下水一样，以巨大的寒气从脚心蔓延而上，血液在逆向冷意的冲击下纷纷为之改道。在意识趋于麻痹的一瞬间，我发现噩梦像一张美丽的面庞，直到冷笑把她的嘴角拉瘪为苍老丑陋的面具，我一惊而悟，而泣，残存的精气以摧枯拉朽之势直捣关节和智力的隐秘部位，在崩溃的边缘悬崖上，困兽的迷乱渐渐归于雄狮君临万物的藐视与自傲，强韧的腰躯抖动着弧步，直逼梦境……

梦与我对峙着，僵持着，梦与我之间的空间渐渐胶着，时间逐步坚硬，以振动大地的心跳之声，我们渐渐着力，抵牾摩擦，然后静止！

树木无风而舞。石笋迅速拔高，一些纤细的回忆寸寸朽坏。温馨的伤感如同我们之间的喘气，让彼此得到现时的满足和幸福。

梦一样的活着。梦一直醒着。在这种时候，如果再去着意是否梦境则是十足的愚行了。

酒意的女人

桌上的酒瓶早已空了，散发出一种气息。昏眩中，我猛然想起了第一次亲吻女人时，闻到的一股酒意。

她是谁？她好看吗？

我的双眼在黑暗里漂泊，可是我什么也看不见——好痛！

只是这么一股酒意，竟一直潜伏在我的内心，不时要发作起来，提醒自己流逝的青春？

这能说明什么？

证明我曾拥有过？证明我已经爱过？好像是。好像远不止这些。

今夜，我读到诗人蓝马的一首诗中的句子——

> 在你面前
> 我只得屈下膝盖
> 因为，我无法独自走向真理。

你相信这样的把爱情与真理的并置和选择法吗？我独自走到今天，碰到一个女人，她没有那股酒意，还是成了我的妻子。

应该说，我是严肃的，甚至可以说，正是这种酒意，才使我奋力爬涉，苦苦寻觅，撞入围城。我建造了家庭，当皱纹恍然爬上了面颊，我才分明感到，她不断从岁月和年轮里散发出来，对我的生活，步步紧逼。

她已经气化了。这一团透明的沉醉，甚至不带丝毫性欲。

我没有勇气进攻，也无法回避；

既不能把持，也没法哭泣。

竟然连她是谁，长得如何也回想不起了。足见那时的她对那时的我来说，是多么不值一提！

我感到羞耻。

难道这股酒意将醉溺我整整一生？

兴许，从来就不存在这样一个人。

我倒宁愿相信她是真实的。我实在不愿看到戏剧化的自己和戏剧化的过去。

日渐沉重的负疚，使我对自己的言行分外留神。因为，我必须对过去与将来负责。

首先是个男人，然后才是诗人、沉思者。

现在，这股酒意又涌上来，悬浮在我的额上，像一只并不细嫩的手掌，以炙烫的温度，直捣我的思想。

她悬浮在我的额上。

不妨触动，让这股酒意，一直散发下去吧。

就像浮士德临终时的高喊一样——

"停一停吧，你真美丽！"

也许，我的尘世生涯的痕迹将比任何时候都更为清晰，难以清泯。抱着这种自足的预感，现在，我享受这一最高的瞬间。

抽象与具体

导师列宁说，没有抽象的真理，真理从来是具体的。

这个说法如果成立，这个真理恰恰是抽象的。

目前，真理已由引导人类戳破冥顽的光亮蜕变成为发现者或佯称发现者手中的钢鞭！

谈论的真理多是为专制寻找的遁词和掩饰。

因而真理时常成为暴力之剑的剑鞘。

既然真理是"颠扑不破的"，可有人为什么又要我们去"誓死捍卫"？

缺席

在奥斯维辛集中营，上帝到哪儿去了？

这是一个无法回答却又不能回避的问题。

有人是这么自圆的："希特勒集中营是迄今为止人类历史上发生的最可怕的、违反人性的总爆发，正是上帝意志的一次意味深远的表达。"

其实，上帝明明已经死于奥斯维辛！

也就是说，被钉死在十字架上的耶稣也不能担保世界不再重蹈灾难。

兴许，他会复活于大战胜利之日的——只要信仰尚存。

这一尴尬的推论同样令我面对尴尬的现实。

面对太多的灾难，使我们对上帝的能力产生了根本性的诘问。

理查德·L·卢本斯特思在《犹太信仰的现状》中说："我们不再相信，上帝有力量去除生存中的一切悲剧性因素，在宗教上让另一位神共同享有那种存在的必要性是可以认可的。"

与其说是对上帝形象的拯救和弥补，不如说是对《圣经》塑造的"全知全能"的一次无可奈何地修改。也同样暗示了秉权者，既然实现不了许下的承诺，人们只能让另一位神共同享有那种存在。

书淫

我发现自己致命的弱点——我已到了没有一天离开过书的程度了。以致有半年时间，我坚持不摸一本书。春雨淅沥的晚上，看着高大的书柜，那一册册灰蒙蒙的书透过玻璃，我听见纸面在空中闪动的声音。奥德修斯用蜡丸封住耳朵来抵御海妖蚀骨的歌声。我闭上眼睛，甚至构想着青春年岁的交欢仪式，以期滑入春梦，让我在缎子般闪滑的芭蕉叶上起飞！当我醒来时，我承认，梦中情人竟是某本书中的人物或写作者……

如此的成瘾症候，我就相信那句"百无一用是书生"的话，并不仅仅是在委顿时期才适用的。

不看新闻

　　我已有几年不看日报、杂志了，这样做并没有什么逆反心理。也不是一心想向帕斯捷尔纳克学习，以某种暧昧的心机来显示一种柔弱的抗议。

　　我只是觉得，对新闻变得无知，反而让自己明白，既然反着理解新闻同样是被动的。因而，知道得太多对改善自己的无知并无一丝好处。

墙壁上沉默的龙泉剑

　　我特意在书房里挂了一把剑。

　　书读得太累，就有拔剑的冲动。我也仅仅只能把剑抽出一会儿，刺杀一番空气后，再快快地插回剑鞘。投笔从戎的书生，或一手抓笔一手拔剑的文人，比如辛弃疾，总让我感动不已。书生剑气，一直提供着我置身红尘的勇气。

　　而在《庄子·说剑》中，庄子三剑看来均已击中了赵文王的要害。天子剑，长；诸侯剑，中；庶民剑，短。

　　但庄周和赵文王都不是理想的剑客，以庄周的书生眼光，谈论的自然是用心杀人的诛心之剑。

　　这就是"形而上之剑"与"形而下之剑"的纸上谈兵了。当一个人已经锋利如一柄剑时，大概就不会去着意剑的长短。

　　心智的锋芒，如果没有实际经历剑光的洗礼和磨砺，又怎么会获得王者之剑的驾驭快感呢？可是，我书房里的剑，从来没有鸣叫！

　　那些金属的沉默，是任何音响也无从模拟并让人感之教化的。学不了秋瑾，那就不妨学学辛弃疾，时时"梦里挑灯看剑"。因此，在人生关键的机遇抉择中，往往都是秉权者利用庶民剑的刀口，以最具现实性和威胁性的搏杀，割舍命运。

2008—2012 年成都

当窃钩者为王，以及裙摆托举者

历史上，一些以小偷小摸为业余爱好的人一旦被抓，就得按律治罪，严重者还要处死。而那些飞天大盗偷窃整个国家，不但不会被治罪，而且还能成为诸侯称霸一方，受世人景仰。所以《庄子·胠箧》里这样说："彼窃钩者诛，窃国者为诸侯；诸侯之门而仁义存焉。"说的是那些小偷小摸的人被抓了现行一定按律治罪，严重者还要处死。但那些飞天大盗偷窃整个国家，不但不会被治罪，而且还能成为诸侯称霸一方，广受世人的香火膜拜。作为中土的历史定律，这已无须再说。我注意到一些个案，即那些正宗的窃钩者是如何为王的。其奇异旅程的峰回路转，不亚于扯着头发直飞月球。

历史上似乎只有三个窃钩者在衮衮诸公里彰显出他们凸凹而诡谲的面容。一个是朱元璋，一个是埃及末代国王法鲁克一世，还有一个较为逼近现实，是前罗马尼亚的总书记齐奥塞斯库同志。三人之中，朱元璋竟然活到了 70 岁，简直是异数。

欧文·华莱士在《名人隐私录》里指出，有"开罗小偷"之誉的末代埃及国王法鲁克，身高达 6 英尺，体重达 300 多磅，据说他尝试与 5000 名女性做爱。除了贪色和热衷收藏高级赛车外，他还有一些匪夷所思的嗜好，具有饕餮的无穷食欲；热爱偷窃，矢志不渝，具有临床意义的偷窃癖。对妇女用品尤其情有独钟，据说他为偷到某支口红而狂喜不已；另外，他对一些保卫措施过于严密且体格过于庞大的贵重物品，由于无法施展身手，只好不惜重金购买。对国王而言，这些特征并不出格，王国、臣民、国库不过是他几只口袋之间的挪移术。

伊朗国王瑞查·帕勒威的遗体经过开罗时，法鲁克立即上下其手，夺得了国王的勋章。某次英国首相丘吉尔访问开罗，法鲁克看上了丘吉尔的家传怀表，实在心痒难耐，期期艾艾出手，技术自然大打折扣，被当场发现。由于英国政府事后抗议，法鲁克才极不情愿地将怀表交出。国王的面子与偷窃的瘾癖可以调和，那就必须冬练三九夏练三伏，法鲁克苦练基本功，他驾临监狱，与一个关押的名偷比学赶帮超，由此更上层楼。

1965 年 3 月 18 日，法鲁克死于意大利罗马的圣卡米洛医院中，时年 45 岁。死前他狂吃一顿超级大餐：12 只大龙虾、10 个牡蛎、8 条鱼、5 碗炒米饭，此外还有数不清的奶酪、果酱、大饼、豆类、蔬菜和水果。法鲁克死于暴饮暴食而非偷窃，结局不太圆满。

法鲁克王朝是埃及王室腐败没落的体现。法鲁克据说书法造诣很高，甚至重视教育，成立了一些传承古老技术的学校，他一度喜欢在巴黎街头径直向陌生美女求欢，似乎忘记了这里并非自己的王土。就是说，他喜欢漂亮的女人与物品，不喜欢大规模杀戮。

但齐奥塞斯库显然要比法鲁克棋高一着，他无须丢人现眼，美女、美物、别墅都像长了脚地蜂拥而来。刘存宽等译《莫洛托夫密谈录：与莫洛托夫 140 次谈话》（菲·丘耶夫日记摘编，社会科学文献出版社 1992 年 3 月 1 版）一书，收有"外国的活动家们"一章，凸显了齐奥塞斯库施展妙手空空的绝技。

身为苏联外交部长的莫洛托夫，妻子波林娜·谢苗诺夫娜·热姆丘任娜是犹太人，被斯大林下令逮捕，莫洛托夫不温不火，一如既往地得到柄权者信任，不能不说这是极权语境中值得玩味的事。但更有意思在于，莫妻被关押几年后释放，历经洗脑工程，她已经不能容忍谁说斯大林的半点不是，花岗岩级别不输于中土的范元甄。可见"苏式"洗脑依然具有临床意义。

莫洛托夫谈话的时间是 1968 年，其时齐奥塞斯库正在台上猛挥巨手。莫洛托夫对记录者强调："在罗马尼亚，现在讲这个故事可能会被关进监狱的。"这段谈话的大意是：齐奥塞斯库在罗马尼亚"解放前"是个职业扒手，曾作为刑事犯被抓进党卫军的监狱。恰好他和被捕的罗马尼亚共产党领导人乔治乌－德治关在一起。这时斯大林下令把乔治乌－德治从党卫军监狱中营救出来，办法是用黄金贿赂党卫军分子。营救人员注意到齐奥塞斯库的技能。他不辱使命，将数量不菲的黄金带入监狱。

1944 年 8 月苏联红军进入布加勒斯特，乔治乌－德治上台，他太忙，没有想起救命恩人，但一件普通的刑事案件引起了他的注意。齐奥塞斯库在新政权下生存艰难，因扒窃再次被捕。这就意味着，他是蹲过新旧两个世界铁窗的人。乔治乌－德治参与了此案处理。他是法治的，待齐服完刑后，乔治乌－德治马上投桃报李。齐奥塞斯库迅速成为"共青团积极分子"，后成为布加勒斯特团市委领导人。其后干脆坐上火箭，迫近最高权力。乔治乌－德治死后，昔日的惯盗当仁不让成为罗共总书记！

柏拉图记录了先哲们努力探讨何为正义的情形。"正义就是有自己的东西和干自己的事情。"第一，"自己的东西"指的是公共权力分配给一已维生、做工所需的工具；第二，公正就是"每个人只做一种合乎他本性的工作"，可以将柏拉图的正义论叫做本性说。对此，卡尔波普尔在《开放社会及其敌人》里分析道：这就跟另一论断异曲同工："保有自己的东西，干自己的事情是公正的。偷你的钱是我自己的计划，因此对我而言执行我的计划是公正的，要具体付诸实施，也就是去偷你的钱。"很显然柏拉图希望我们得出的推论不过是就"某人自己的"这一术语玩了个蹩脚的把戏而已。我真想说：这种"正义"，是齐奥塞斯库之流的"正义"，去他妈的！

这是一个不需要"哲学王"的世界。如果说有，那不过是绝对权力的华丽"新衣"，叙拉古还是叙拉古，但古拉格正在努力实现其城乡一体化。其实，我们该做的不是陷入正义定义的纠葛，而是学会怎么才能让人坚持正义，发现不义。

与朱元璋一样，具有异常丰富底层阅历的独裁者，齐奥塞斯库的乌托邦治国术与朱元璋却是大相径庭。朱元璋杯弓蛇影杀人如麻，大兴文字狱，当然也严厉惩治贪污"自家银子"的腐败分子。

1981 年年初，罗马尼亚的报纸报道了一连串高官的贪污事件。一个矿场主管虚报生产量，获得数十万罗元的奖金（罗马尼亚平均工资不超过2500 罗元）。另一名官僚非法侵吞食品，获得数千万元。这些官僚虽然被公开斥责，但只是受到轻微处分。上述官僚甚至没有被开除出党，都没有被判入狱，但一名普通工人会因偷窃被判入狱 3 年。任何"囤积货品"超过一个月需要量的老百姓，可判入狱 5 年（《国际通讯》法文版第 114期，1981 年 12 月 7 日）。这就意味着，一个来自底层的强力人物，对庇护过自己的底层社会其实从来不会心慈手软。这同样是一条铁律。作家梭罗在《日记》里就这样写道："最老练、最诡诈的政客，不会比一只码头上的灰色仓鼠更富有人情味。"

即便这样的柄权者就是"富有人情味"的仓鼠，情况又如何？！

公元前 250 年，26 岁的李斯尚在楚国上蔡郡做看守粮仓的小文书，就是负责仓内的粮食进出登记。一天他内急狂奔，惊动了厕所内的一只老鼠。这只安身于此的老鼠瘦小干枯，探头缩爪，且毛色灰暗，令人恶心。李斯看见这只老鼠，想起了自己管理的粮仓中的老鼠，它们脑满肠肥，皮毛油亮，整日在仓中大快朵颐，逍遥自在。与眼前厕所中的这只老鼠相比，真是天上地下！"人生如鼠！不在仓，就在厕。"李斯不禁仰天长叹。在老鼠的启发下，李斯第二天就起身，投奔儒学大师荀况，开始了寻找"粮仓"之路。20 年后，他成了秦始皇的丞相，拿出了具有恐怖铁血气味的《大秦律》。

也许真是"人生如鼠！不在仓就在厕"。很多人居然以李斯为榜样，逃离了厕所，跳进了粮仓，但由于欲壑难填，结果反害了自己的性命。但到了像苏东坡无纸写字的地步，自笑像"长夜空咬啮"的"饥鼠"，那么老鼠自救的心术就必然凸显。可是，这样的老鼠绝不仅仅为了一饱了之，他们的贫困胎记注定了他们一旦掌握权力之后，必将荼毒天下。

但有人偏不这样看。那些热情歌颂朱元璋的人，可以无视 1380 年一共处决 2 万余人的胡惟庸案，可以无视 1393 年的诛杀 15000 人的蓝玉谋反案，可以无视朱元璋在各州县设置的"剥皮亭"（官员一旦被指控贪污，即被剥皮，悬皮于亭中，以示警戒），一些电视剧竟然颂其为英雄。有人说，奴才治理奴才是最残酷的，那么，奴才的 N 个管理谱系之下，我就能看见为皇帝新衣托举虚拟裙摆的奴才的奴才的奴才的奴才……

横向而观，早在朱元璋施展恐怖手腕废除宰相制度的前一百年，英国就颁布《自由大宪章》，保障人权，对人民不得随意逮捕监禁。乍一比较，立刻令人万般气短。

2002 年，一位大学的马教授，随代表团访问东欧诸国，回来后写文深切悼念齐奥塞斯库。其文叫《给齐奥塞斯库扫墓》（刊于公安文学月刊《东方剑》2009 年第 9 期），马教授一鸡两吃，同时还写了更为热烈的抒情散文《齐奥塞斯库：平民家和议会宫》（发表在《中华散文》上，后由《领导文萃》2003 年第 10 期转载）。作者把勇敢的米哈依、斯特凡大公与齐奥塞斯库捆绑为彰显罗马尼亚历史三位一体的杰出代表。马教授在前文中咏叹："我至今记得听到齐奥塞斯库被杀时我凄凉而迷惘的心情。"还说："老作家刘 × × 我说到齐奥塞斯库被杀时这样用词：'齐奥塞斯库同志牺牲'。"我想，尔等固然有表达自己感情的自由，如果尔等的自由涉及公众道德伦理底线，就另当别论。应该问一问罗马尼亚的绝大多数人，他们同意这样的杀害了数万人、荼毒国家达 25 年之久的"独裁者"被人民法庭处决叫"牺牲"吗？

我想，这只是尔等的"同志"！

巧合的是，作家赫塔·米勒 1993 年就写出了《她和他：贫穷驱使人们来到齐奥塞斯库的墓地》一文，指出一个愤怒的嗑瓜子的女人不断告诉那些来凭吊的人："他们不配有鲜花和蜡烛，他们拆毁了教堂。"（见《镜中恶魔》，138 页，江苏人民出版社 2010 年 10 月 1 版）不知道马教授在墓地是否遇到这样的捣乱者。

更有意思的是马教授大写齐奥塞斯库的"人权"："我回国几个月后，德国学者顾彬到某大学讲学，我请他到家里过中秋节，跟他聊到我在罗马尼亚扫墓。顾彬好奇地问：你为什么一定要去看齐奥塞斯库的墓？我说：不管他如何独裁，他也有生存权，对不对？只要说到'人权'，西方学者不能不点头。"

我不知道顾彬是否点头。请注意这个奇特的逻辑："不管他如何独裁，他也有生存权。"在此堂皇命题下，是否该给希特勒、希姆莱、戈培尔"人权"？是否该给萨达姆"人权"？既然无视人类道德底线，又还谈什么正义与自由？

马教授在《齐奥塞斯库：平民家和议会宫》里谈及那座闻名世界的议会宫："1984 年开建，建筑面积 33 万平方米，仅少于五角大楼 2 万平方米。工程技术人员和建筑材料全部用罗马尼亚的。不管建这个宫符合不符合罗马尼亚民情，不管建这个宫有多少实用价值，事实是：这个宫成为世界第二建筑。一个小小的东欧国家，建出仅次于五角大楼的建筑，建得如此精美，材料工匠全部出于本国，不能不说是伟大的创造。"

这座耗资 120 亿美元、号称"世界第二建筑"是如何建立的？英国学者杰弗里·雷根指出：单是"为建设'社会主义胜利大街'而拆毁布加勒斯特老城时，许多老人被逐出自己的房屋，露宿街头，挨饿受冻，有的人自杀。根据某个官僚的残忍主意，布加勒斯特的失去家园者被迫签署了拆毁家园的文件，甚至有些人还被索要拆毁的费用。"（《愚昧改变历史》，52 页，山东画报出版社 2007 年 6 月 1 版）不知道这样的拆迁技术，是否就是如今"强拆"的先行者。

2009 年，曾经在人民宫担任建筑设计师的安德烈·潘德勒出版了回忆录《人民宫，大理石的坟墓》，指出："人民宫是一座行政建筑，与市里的其他建筑完全不成比例。说得具体些，人民宫体积比我国正常的建筑的体积大 3000 倍，比正常的建筑长 12 倍，高 12 倍，宽 12 倍。这座建筑这样设计的目的是把所有的国家部门都集中在一起，都在齐奥塞斯库夫妇的公寓附近。他们的公寓面积为 4.5 公顷，也就是说比普通的三室一厅的公寓大 500 倍。"（《旅罗华人报》2009 年 12 月 18 日）这不过是用大理石和水晶堆砌出来的一个奥威尔笔下的"曼纳庄园"罢了。

1961 年，在耶路撒冷对纳粹屠夫艾克曼举行了刑事审判。阿伦特作为《纽约客》的特派记者前往报道该审判，最终形成了《艾克曼在耶路撒冷》。阿伦特提出的一个著名观点是："平庸无奇的恶"：艾克曼签发处死数万犹太人命令的原因，在于他根本不动脑子，他像机器一般顺从、麻木和不负责任。阿伦特对审判的性质和过程还是表达了疑问："审判的目的是表现正义，而不是别的什么"，不是"复仇"及展示"耻辱"。这种眼光超出了对于种族和地方的认同，她着眼的不是受害者，而是行为本身。在这个意义上，阿伦特认为艾克曼应为他的"反人类罪"而不是"反犹太人罪"受审。

毫无疑问，英明领袖犯下的恐怕不是"平庸无奇的恶"，而是有目的的大规模迫害与杀戮。

罗马尼亚流亡作家诺曼·马内阿的三本著作在 2008 年终于出版了汉译删节本，《论小丑——独裁者和艺术家》是深得我心的其中一部。马内阿认为，他曾经生活过的国家存在着一个"新的民族主义—社会主义政权"，是纳粹主义和斯大林主义的综合体，外加一种迎合西方口味的时髦的话语形式。在其间进行区别是没有什么必要的，即是说同大于异。同的是一致的领袖原则、国家主义、意识形态至上；同的是警察奴役和全面统治；同的是强制性、秘密性和欺骗性。在马内阿看来，罗马尼亚的极权社会与时俱进，无非更带"历史的迷彩"。

他写道："生活里充满了拖延，怀疑和恐惧像肿瘤一样疯长，精神分裂症全面暴发。随着时间不断被国家占用以致最终被彻底剥夺，私人生活被一步步地缩减直至最后消失。""到处都可以看到那个被称为权力的恶魔在阴险地不断扩张。在家里，在思想里，在婚床上，到处是黑暗的权力。在这个黑洞里，是恶魔般的残暴和根深蒂固的愚昧。"

过去了的，其实永远不会完全过去。在独裁政权垮台之后的岁月里，马内阿提醒人们不要过快忘记极权统治下混乱的"地下势力走廊"："孩子们中间有独裁者，专制的幼儿园老师中有独裁者，已婚的夫妻和未婚的情侣、父母、祖父母、同事和雇工中都有独裁者。最显而易见的是，他坐在高高的宝座上，操纵着整个国家、整个世界。"

独裁政权毫无例外地一再验证这样的规律：凡以暴力和阴谋维持的权力与地位，最终必将为暴力和阴谋所毁。铁幕必将锈蚀，水幕必将干枯，竹幕必将轰毁，高压下的金光大道必将长出倒刺。

在这样的背景下，"不管他如何独裁，他也有生存权"的朗声呼吁，是基于怎样一种玄妙的道德？这些都是常识，远不是高深学问。听一听下面的常识之论——

马克·里拉在《当知识分子遇到政治》里分析了这样的知识分子："欧洲的知识分子不过是待在书斋内的神游叙古拉城，并用有趣的、时而闪烁智慧的想法打发那些民族的苦难，他们永远不会正视那些人的眼睛。杰出的教授、天才的诗人、著名的记者，他们用自己的天赋努力说服所有可能的受众去相信，现代的暴君是解放者，只要透过恰当的视角，就可以看到，暴君们无意识的犯罪是高贵的。如果有人想写一部诚实的 20 世纪欧洲思想史，那么他真的有很好的耐力，得忍得住别吐。"其实，当下的中国很多高标"自由"的知识人不过是在睁着眼睛梦游物质主义的"太虚幻境"，并在明亮的路灯下故意拐入狂热民族主义的大会广场，奋力托举着那条看不见的裙摆，以此获得一种权力瘾癖的释放。

让我们大家一起学习安徒生的童话，再念一遍："可是他身上什么也没有穿呀！"

问题在于，托举裙摆者无一例外全身整饬，都穿上了精美绝伦的新衣迎接盛大的节日。然而，在后极权时代的路灯照耀下，他们的新衣竟然发出了"隐身"的特征，身子消失了，只有头、手、脚在虚拟的连接中秘密活动。所以说，他们托古举今，反而是主角了！可惜的是——这是幻觉。

我前不久买了一张 DVD——《布加勒斯特东 12 点 08 分》。这是一部值得铭记的影片，既让我联想起隐喻"正午的黑暗"，想起赫塔·穆勒的小说，又让我意识到那是一个历史临界点。小镇上经历过那场革命的马内斯库教授，在那个火光飞溅的历史时刻，怎能压抑住自己的心情？影片中的开头和结尾都有路灯闪灭的镜头，路灯隐喻非常清晰，路灯是逐渐熄灭的，还是逐一点亮的？黑夜如张开的大氅，它要带走什么？它就是革命，就是噩梦醒来后的一天。人们已经难以确认：这就是自己的、可以纵情的黑夜，而非那个恐怖、逮捕的黑夜？

具有巧合的是，2004 年了，赫塔·穆勒获得康拉德 – 阿登纳基金会授予的文学奖，结果基金会和一些其他机构收到了来自罗马尼亚的大批惯用的诬陷信："夜里 12 点差 1 刻，碧吉特·莱尔曼家的电话铃响了，12 点整是基金会主席伯哈德·福格尔家，12 点 1 刻是约阿希姆·高克家。谩骂、威胁配上纳粹的《霍斯特·威塞尔之歌》……"（《安全局还在行动》，《外国文艺》2010 年第 1 期）一个是正午，一个是子夜，在这 12 点 08 分的前后，麇集着多少裙摆托举者虚构的话语权力啊！可是，赫塔·穆勒还是获得了 2009 年诺贝尔文学奖。

路灯下，尔等还是可以与自己的影子一道自由的畅想，自由的扫墓，自由的怀念，但是，万不要继续捏造告密，更不可在马路上高呼口号惊扰别人的睡眠。

2010 年 8 月 27 日成都

纯粹的苦行

> 骡子们互相蹭痒，使伊拉斯谟想到了各种各样的阿谀奉承之辈。"阿谀奉承并不总是可鄙的。夹杂着爱的阿谀奉承……唉，雄辩的大部分就是由这些东西组成的，医学的大部分也是由这些东西组成的，可以说，诗则完全是由这些东西组成的。"
>
> ——摘自克里斯蒂安·罗什等《哲学家的动物园》

1586 年，意大利博物学家、哲学家齐奥万尼·德拉·波尔塔（Giovanni Della Porta）完成了玄学式论著《论人的面相》，意欲阐明人类肉体与心灵的关系。他认为，每个动物都有一种确定的激情，依此类推，与动物长得相似的人也会有这种激情。驴子愚蠢，骡子顽固，兔子胆怯，公牛沉默，猪肮脏贪婪等等。博物学家进一步说：如果一个人与某个动物相像，"就可让他明白，他的行为方式与那个动物也会相同。"估计驴子是不会有人引为知己的，而骡子更是断子绝孙，但有些人的确长着一张驴脸，简直不蠢都不行。

历史上，围绕骡子的性力以及"无后"的文化说教，一直甚嚣尘上。《伊索寓言》第九卷里，《骡子》一文就说有匹吃大麦长大的强壮骡子，总是自言自语说："我父亲一定是一匹能奔善跑的马，我非常像他。"有一天，因为需要，骡子不得不被拉去不停地跑路。回来后，他才愁眉苦脸地想起自己的父亲是驴子。伊索的结论是："人们如遇好运出了名，也千万不要忘记自己的本性，因为生活如同潮起潮落，前途难以预测。"这跟出名有关系吗？如此劳苦的骡子，竟然一想起父亲就立即英雄气短，看来，所谓阶级"血统论"的渊源，可以在此找到源头。类似的骡子出生论，在拉·封丹的寓言诗里也有记载。

骡子是马和驴子跨行爱情的结果。天生就是苦役的象征，没有繁衍能力，只有一次性生命。"铜骡、铁驴、纸糊的马"，是指骡的体质强于马，弱于驴。骡子没有骏马冲天的萧萧的长鸣，但比骏马更忠诚驯服，骡子没有毛驴苦哇苦哇的悲鸣。骡子从不要求。骡子力大，但也有着要命的秉性——骡子脾气。一头骡子若是扭了性子，它的脚便如石笋，无论怎样鞭打，也无济于事。

骡子是脱离生命被人异化的"异形"。骡子就是骡子，它不明白世界上的事情，它更不需要把苦行视为靠近上帝的唯一道路。骡子唯一明白，苦役就是生命的全部。而且，唯有在苦行里，骡子才能体验到活着的意义。这一残酷的认识论，很容易让人联想起希腊神话里的西西弗。

西西弗因一再行骗、遭受诸神惩罚，最后在地狱中不停地把一块巨石推上山顶。石头又滚下山去，而他必须把这巨石重新推向山顶。在作家加缪眼中，西西弗无疑是现代人荒谬处境的写照，因为像西西弗一样，他们在从事毫无意义的劳动，他们看不到生命的价值、存在的意义。他认为西西弗是一个荒谬的英雄，更是一个人类的榜样，因为他是自己命运的主人。人们从西西弗身上看到了自己同样可以得到的幸福："他爬上山顶所要进行的斗争本身就足以使一个人心里感到充实。应该认为，西西弗是幸福的。"

这是不是就可以引申出——骡子就是幸福的呢？估计坐在温暖的壁炉边喝着热咖啡的文化人会代替骡子回答这个问题。看看沉默如石头的骡子吧，它们什么也没有表示，一种因长年苦役而历练出来的淡定，如同它们干枯的皮毛。骡子永无休止地劳动，而且吃得很少。人们赞扬这样的好牲畜。有骡子的人都幸福了。

值得一提的是伟人华盛顿。1793 年，华盛顿在日记中写道："我在提高农场效率方面从不吝惜。"他改进了美国人的养猪方式，他的另一项试验则给美国农业带来了深刻影响。1785 年，两位欧洲贵族分别送给他一头公驴。华盛顿让它们与母马杂交，生出了美国第一代骡子。他发现骡子比马更强壮、耐力更久，吃的饲料却比马少。于是他将骡子迅速推广，结果赚了不少钱。

所以，在"神贫主义"的基督教语境下，骡子倒是对"利益的走卒们"具有绝大的启示。有时在农村的夜晚，我偶尔会听见骡子的叫声，低沉、断续，毫无美感，像破裂的瓦器。

2006 年 12 月 29 日傍晚在雾气弥漫的成都

黑夜里的黑牛

> 如果幸福在于肉体的快感，那么就应当说，牛找到草料吃的时候是幸福的。
>
> —— [古希腊]赫拉克利特

不同文化背景的人，即使面对同一种东西，得出的结论完全可能是不同的。克里斯蒂安·罗什与让—雅克·巴霍尔合著的《哲学家的动物园》里引述古罗马诗人卢克莱修的话：牛是介于狮子和鹿之间的动物。诗人选择了两种具有极端意义的动物，是希望牛具有一种中庸性质："牛的生活得益于比较温和的气候；牛对愤怒和恐惧无动于衷，永远不会被气晕了头，也不会被刺骨的严寒弄得四肢麻木；狮子残暴，鹿胆怯，牛介于这两者之间。"这也许是西方人的"牛观"，但我以为，卢克莱修的这个见解十分空泛，远没有体现牛的德性。

牛既是通灵之物，又是祭坛上的牺牲品。远在史前时代，原始人就已经用牛骨随葬，这是椎牛祭神之始。巫师把宰杀的牛肩胛骨留下来，挂于室内，或埋在山脚，不让人畜干扰。他们认为牛骨有通神的作用，他们尤其喜欢祭祖用的牛骨，认为它更加灵验。在东方语境中，由于农耕文化的缘故，牛的地位尽管如同低伏的大地，但牛是大地的动词，是希望的拽动者，它被赋予各种光晕是很正常的。但沉默的牛并不领这个情，它们从生到死就是奉献，甚至，推开了背上的文化之光，继续行走于苦难之中，牛用弯角把天空里的彤云顶开，它不需要这些装饰，用脊背托起了夕照和弯月。甚至，牛就是为了丈量苦难才委身于这个世界的。因此，每每看到一些人议论牛角之争，说"中国的水牛角的形状不同于非洲水牛，实在对生存斗争不利，既不能御敌，又无从自卫，毫无优越之处"之类，我就想说，牛来到这个世界，的确不是来搏杀的。

更准确点说，牛几乎就是忍辱负重之征象。牛以一种时间的慢性，稀释了过于沉重的意象，因为慢，反给人们一种悠闲、知足的印象；再因为牛的庞大体格，又被加入了愚蠢等等含义。谢林是黑格尔和荷尔德林的朋友，提出了"绝对同一"哲学，却被黑格尔讽刺为"黑夜里的黑牛"。但如避开这层讽刺，"黑夜里的黑牛"的确可以成为思想者由"未明"走向命名的漫漫历险历程。

革命者罗莎·卢森堡（1871—1919）与牛有一段因缘很少为人所知。列宁对她的赞美是："她是一只鹰，翱翔在资产阶级的鸡群之上！"既然是雄鹰，即使在长期的监狱生活中，她也从来没有停止过观察。她丰富感情特别表现在对一群水牛的态度上。那些水牛产自罗马尼亚的草原，是战利品，拖着沉重的货车到监狱里来，受到赶车士兵的毒打。她特别描绘了她站在一头淌血的水牛面前的心情：

> 那牲口望着我，我的眼泪不觉簌簌地落下来——这是它的眼泪啊，就是一个人为了他最亲爱的兄弟，也不会比我目睹这种默默受难更为痛心了。罗马尼亚自由而肥美的绿色草原，遗落到多么遥远不可及的地方去了！那里阳光普照，微风轻拂，和这里多么不同啊！那里鸟儿清脆地鸣啭，牧人富有旋律的呼啸声也和这里多么不同啊！可是在这里——这个陌生的恐怖的城市，这阴郁的厩舍，这些搀杂着烂稻草的、令人作呕的腐朽的草料，这些陌生的、可怕的人们，以及这殴打，这从新的创伤潺潺流出的血滴……

　　啊，我的可怜的水牛啊，我的可怜的兄弟，我们两个都是那样无力、疲惫，但在痛苦和怀抱着热望这几点上我们是相同的。

　　这一段文字出自被敌对者称之为"嗜血的卢森堡"撰写的《狱中书简》。看看吧，卢森堡深入并升华了这些痛苦，她并不像宗教人士那样一味地悲怜，而是在这无尽的苦难里，寻找到一种来自大地的力量。她获得了真谛之光，获得了"活下去"的无尽后力。她甚至为自己的女性革命者的身份而深感骄傲，我们不妨重温一番罗莎·卢森堡的名言："当大街上只剩下最后一个革命者，这个革命者必定是女性。"

　　法国哲学家史怀泽说："伦理不仅与人，而且也与动物有关。动物和我们一样渴求幸福，承受痛苦和畏惧死亡。如果我们只是关心人与人之间的关系，那么，我们就不会真正变得文明起来，真正重要的是人与所有生命的关系。"严格地说，我正在思考的问题，也是处于这个范畴的。于是，每到我感到忧郁时，我脑子里偏偏又想起了在烈日高照下，一头耕牛吃力地犁着干裂的土地，它仿佛是我的灵魂，浸在黑暗的深水里，偶尔，露出慢滞的眼光。黑夜里的黑牛……正如罗莎·卢森堡所言：过去我存在，现在我存在，将来我存在！

　　而值得一提的是，1919 年 1 月 15 日，带有犹太血统的德国左翼政治家罗莎·卢森堡和李卜克内西就是在"伊甸园"公寓被受到当局纵容的极端民族主义分子杀害。凶手之一、一个名叫荣格的士兵，正是他在"伊甸园"旅馆里开枪击中卢森堡，并和同伙一起把她的尸体抛向护城河，他曾这样回答询问："这个老母猪已经在河里游了！"保罗·策兰据此写下《你躺在》中钉子般的诗句："……那女人／母猪，不得不在水中挣扎，／为她自己，不为任何人，为每一个人——"（见王家新译作《保罗·策兰后期诗选》，《诗歌 EMS》总第 60 期，42 页）这种悖论式的刺骨咏叹，让我洞悉卢森堡那来自黑夜中火样的壮丽。

　　对这样的思索，法国诗人勒内·夏尔（1907—1988）则提供了另外的答案。在《四种迷人的动物》当中的《公牛》，使我们目睹了一场尖锐的死亡对峙：

> 你死时，夜不再降临
> 被嘶喊的黑暗所包围
> 太阳在两个相似的尖点上
>
> 爱的猛兽，剑中真理
> 互相刺杀的一对在众人中独一无二

　　犄角之间的距离，既是爱与真理的交汇点，又是生与死的临界点。何去何从，并未困惑住世界。汉娜·阿伦特在她的《黑暗年代的人们》中也有专门叙述："卢森堡的死成为德国两个时代间的分水岭。"这是否就是犄角之间的分流？

2006 年 10 月在成都

一个随笔主义者的世界观（代后记）

面膜下的明快与犹豫

我阅读奥地利作家罗伯特·穆齐尔（1880—1942）的汉译作品，从《没有个性的人》到《穆齐尔散文》，差不多持续了一个月。我的感觉不是曲径通幽那种，只觉得我像一只飞蛾，在越来越危险地靠近火苗，无法刹车，直到火啃噬掉羽翼的边缘，青烟斜飞，我就大口呼吸自己的一股股肉香，开始下坠……

穆齐尔生长在一个颇有名望的家庭。17 岁进维也纳军事技术学院，1903 年进柏林大学攻读哲学、心理学、数学和物理。1908 年获哲学博士学位。1906 年出版长篇小说《学生特尔莱斯的困惑》获得好评。获博士学位后放弃在大学任教机会，选择了作家的职业。后又出版短篇小说《协会》、《三个女人》以及剧本《醉心的人们》、散文集《在世遗作》等。

根据翻译家张荣昌先生的介绍：穆齐尔穷尽毕生之力，没有完成《没有个性的人》。这显然是一部超级小说，第一卷（包括第一部《一种序言》19 章和第二部《如出一辙》104 章）初版于 1930 年，奠定了穆齐尔的世界声誉。与许多德语文学大师一样，穆齐尔写作态度极其缜密，一些章节他修改竟达数十遍，直到自己认为完全满意时为止。后在出版商的再三催促下，又有 38 章在 1933 年面世，这就是第二卷第三部（《进入千年王国》）。这两卷三部 161 章便是今天呈现在中国读者面前的译本。后来，希特勒占领奥地利，第三部的另外 20 章（即第 39 章至第 58 章）的出版便受到阻挠，此后，穆齐尔生活在贫病交加之中。1938 年，他流亡瑞士，从此便渐渐为世人所遗忘。但是穆齐尔笔耕不辍，直到逝世前一天的 4 月 14 日，他仍在润色书稿……

1952 年，即穆齐尔死后 10 年，著名出版家阿·弗里泽首次整理出版了包括作者遗稿在内的新版《没有个性的人》，全书共两卷，2160 页，汉译约 100 万字。我仔细观察着穆齐尔死后制作的面膜照片，额头上有两道非常深刻的皱纹，而比较起他暮年时代的照片，可以发现面膜上的穆齐尔还悄悄藏匿了靠近眉弓的那一条皱纹，哪里去了？我想，穆齐尔大概把它收回到额头里，继续他随笔主义的思考。或者，他金蝉脱壳了。

随笔主义是穆齐尔在《没有个性的人》里独创的一个概念，是主人公乌尔里希的生活理念与思考方法，同时也作为一种美学风格灌注在穆齐尔的创作当中。徐畅博士在《可能的文学——罗伯特·穆齐尔的随笔主义》（《外国文学评论》2003 年第 2 期）一文里认为，"随笔主义"的雏形是乌尔里希青年时代奉行的一种把当前的生活视为假设／可能的生活态度。核心就在于不把眼前的现实看作绝对的和最终的，而是仅仅将其视为无穷可能性中的一种，视为一种像数学假设一样不具备长久有效性的临时状态：

> 他的天性中有一种自我发展的意志，这种意志不允许他相信任何完善的事物，但是他遇到的所有事物却又显出一副完善的样子。他隐约觉得，这种秩序并非如它显现出来的那样稳固，没有哪件事物、哪个自我和哪个原则是确定的，一切都处于一种看不见的但却永无休止的变化之中。不稳定中比稳定中包含着更多的未来，而当前只不过是人们尚未走出来的一个假设（罗伯特·穆齐尔：《没有个性的人》，张

荣昌译，作家出版社 2000 年版，第 288 页）。

对生活的种种不确定，弥散到笔端的，不仅是现代主义肇始阶段特有的狐疑、孤独气息，而且是纷至沓来的"假设"与瞬息万变的"可能"性推论。这是一个作家调动文学形象的"试错法"，他渴望接近答案，但这似乎不是生活中的那一种难以逃脱的、无法宰制的结局，而是依据自己的思想向度，按照思想的逻辑而终然抵达的一个地界。这又表明了随笔不是情绪的涂鸦。

这就意味着，随笔主义不但是一种生活态度，更是一种向内心纵切的思考方式，闪烁玻璃的碎光。就一个作家而言，它已经意味着一种明确的、有意识的试验精神：差不多就像一篇随笔按段落顺序从不同的角度去处理同一个事物但却并不从整体上去把握它一样。

穆齐尔实际相信，用随笔主义的方式，他能够"最正确"地看待和处理世界与自己的生活。他笔下的乌尔里希，俨然就是他派遣到文学中从事冥想战斗的影子武士。

1938 年他在托马斯·曼的赞助下流亡瑞士，住所离当时名满天下的詹姆斯·乔伊斯仅几步之遥，可是他竟从未想过去拜望后者。诺贝尔文学奖得主、奥地利小说家、剧作家埃里亚斯·卡内蒂回忆穆齐尔时写道："他是一个战士，又像一只乌龟般的敏感；他拒绝一切的态度使他在人际交往中显得极度傲慢，同时他又非常渴望帮助，内心极其不安，以至于他在和他妻子常去的咖啡馆总是只选择同一个座位，在这个座位上他可以始终看到门，因为他非常怕出现意外……"（吴勇立：《"没有个性的人"——穆齐尔素描》，《世界文学》2003 年第 2 期）

既然已经放弃了一切个性，成了"忍者神龟"，那就只能从事壳中思考了。

在此，我们不妨简略梳理一下随笔的渊源。

"随笔"（Essay）一词源于法语的 essais，其拉丁语本意即是"尝试、试验、试笔"，在此，随笔作为一种"试验性"文体的特点，已经被穆齐尔深刻领悟并在写作中有意识地运用了。

在我看来，自古希腊始，随笔的源头就是口头语，动机是辨析、演绎、靠近真理。它汇集了演讲、辩难、问答、自语等等形态。古希腊的演说家将雄辩术推至登峰造极，而左右政治家命运的也正是雄辩术。比如，吕西阿斯是一名雄辩的天才，由于地位低下，他被剥夺了当众演讲的资格。于是他就把自己的天分转移到撰写演讲稿上，成为著名的演讲撰稿人。在羊皮／纸上矗立起来的雄辩言辞，是否就是随笔的起始？其实，叫"随口"文体可能更接近雏形。

索绪尔对于人们拘泥于书面语（比如文学）非常不满：但是在这一方面，语文学考订有一个缺点，就是太拘泥于书面语言，忘却了活的语言；此外，吸引它的几乎全都是希腊和拉丁的古代文物（《普通语言学教程》，商务印书馆 2002 年版，第 18 页）。从鲜活度而言，显然口语高于书面语。这固然反映了索绪尔对后世西方文学"喋嚅症候"的不满，声音高于语言，声音先于语言，声音具有在场意义。但他所言并不完全适用于汉语。

随笔主义固然是穆齐尔提出来的，但并非空穴来风。我们在英国随笔的演变中，就一再目睹了随笔的机变。

蒙田固然是思想大家，而他把文集命名为《Essais》，并非出于礼仪性的谦逊。尝试性而非正儿八经反省自我、独抒己见。这种不拘形式的尝试性随意态度与深邃、博大的思想相糅合，正是蒙田随笔文体形成的基础。蒙田的《Essais》引入英国以后，译为《Essays》，英语原意也为"尝试"、"试笔"，并带有论说文的意思。

蒙田自己承认："我所描写的是自己。"对此，孟德斯鸠所言："在大多数作品中，我看到了写书的人；在本书中，我看到了思想的人。"也许过于彰显思想的力道，季羡林先生在《漫谈散文》里，有一段议论涉及蒙田："蒙田的《随笔》确给人以率意而行的印象。我个人认为在思想内容方面，蒙田是极其深刻的，但在艺术性方面，他却是不足法的。与其说蒙田是一个散文家，不如说他是一个哲学家或思想家。"（《1998 中国最佳随笔》，辽宁人民出版社 1999 年版）季先生论说颇精到，但也把蒙田称为散文家，可见事情的难办。

鲁迅把 Essay 译为"杂笔"，看来鲁迅更多的注意到了文体的杂芜；而随笔之随，更暗含了随心而为之意。

既是随心，随笔的试验精神就是随笔最高的精神宗旨，悄然贯注于思想层面与文体嬗变。

既是试验，随笔的宿命就是历险。

话说回来，这还能保证壳子里的安然而思吗？

不管怎样，鉴于杂文和随笔本质上都是以议论为其内在的魂灵，它们从散文的方阵里遗落，坠生民间，分别形成了独立的文体。

我注意到，在汉语写作中流行了十几年的人文随笔，它从来就没有被从未命名的"人文散文"置换过。林贤治先生对人文随笔的解释很清晰：抛弃学院立场，坚守民间，以此立场表明一个非学院的民间价值向度。我认为，随笔不但是散文界的撒旦，也是文学散文的异端。散文需要观察、描绘、体验、激情，随笔还需要知识钩稽、哲学探微、思想发明，并以一种"精神界战士"的身份，亮出自己的底牌。

散文是文学空间中的一个格局；随笔是思想空间的一个驿站；

散文是明晰而感性的，随笔是模糊而不确定的；

散文是一个完型，随笔是断片。

这没有高低之说。喜欢散文的人，一般而言比较感性，所谓静水深流，曲径通幽，峰岳婉转；倾向随笔者，就显得较为峻急，所谓剑走偏锋，针尖削铁，金针度人。

面对一棵果树，我的朋友白郎使用了一个类比，散文会对这棵果树的生长、开花、果实、色泽、气味等等进行全方位描绘，并勾连自己的情感记忆，得出情感性结论；随笔是掰开果实，品尝味道，让果酸在味蕾上找到那些失去的！并获得理性品析的结果。如今，汉语人文随笔已逐渐出现一种趋向"打通"的努力，这是值得期许的。

所以，不能结果的花，自然是花；

但剑身的锈，却不能叫锈。

断片是对思想的深犁

而在德国浪漫主义作家的文体当中，随笔铺天盖地，摇曳多姿，最引人瞩目的乃是"断片"的丛生。

断片并非碎片，更非整体的碎屑。

断片是有意为之的，断片是对思想的深犁。

"断片"不是"片断"、不是伟人"语录"，也不是拉罗什福科的道德"箴言"（那种通篇找不到一个"我"字，而是充斥了"我们"的虚拟群体道德话语的"箴言"不在此列），"断片"特指古希腊以降的一种思想性文体。从古罗马奥勒留《沉思录》到留基伯、奥维德的断片文献，从帕斯卡《思想录》到尼采《查拉斯图特拉》，从施勒格尔《雅典娜神殿》到利希腾伯格的《箴言集》再到俄罗斯的"狂人"罗扎洛夫的大量断片，体现出思想大于文学的特点。就汉语写作而言，从张申府的《所思》到鲁迅的《热风》，从萌萌的《升腾与坠落》到陈家琪的《人生天地间》，却逐渐使思想的彰显与意象的深植达到了某种均衡。

"断片"不但是德国浪漫主义者阐述文艺理论的一种形式，而且是他们打捞梦境、触摸天庭、神游太虚的一种历险文体。他们已经将"断片"的灵活性和开放性功能，发挥到了随心所欲的地步。从施莱格尔的《雅典娜神殿断片集》到诺瓦利斯的《断片》和《新断片》，从歌德的断片再到本雅明的断片，断片成为了浪漫主义者记录思想的吉光片羽。所以有学者断言，没有"断片"，就不会有德国浪漫主义者们对后世文艺理论批评界的影响。

从思想层面而言，浪漫主义者意识到，全面真理是不可能达到的。人们只能永远处于一种接近全面真理的状态，而问题和结论永远处在一种运动中的、开放的状态，所以，"断片"就成为了他们朝觐历险之路上的一副木掌。

从高处着眼，断片就是个体思想者逾越天堑与宏大叙事的一根钢丝。

法国思想家让·波德里亚在《冷记忆3》也写道："断片式的文字其实就是民主的文字，每个断片享有一种同等的区别。最平凡的文字却能找到非凡的读者。每个人都会轮流获得权利，以享受自己那光荣的一刻。"此话的第一句，即为断片文体的底牌。

常识告诉我们，思想必须通过它最"对位"的文体来表达。文体之变，宛如兵器之于技艺的重要。显然，文体意识是由文本在读写过程中的自有功能所决定的。它主要体现在两个方面：为写作提供了编码程序；为阅读暗示了解码方式。我再提示一个如下的言路：思想往往是在思者毫无准备的情形下光临的，它总是以缓慢的姿态出现，让思者松弛下来，准备好盛接它的器皿。它以一个形象、一个反诘、一个断片的彰显来还原我们渴求的形象。时间被劝化了，空间柔软而浑圆，思想得以打开，使黑暗进一步黑下去，黑得雪亮；思想使光进一步纯粹，就像刀口上飘过的细雪……

当思想使思者无声地受孕于一瞬之时，当事人就能感觉到，思想是一件需要精心准备的后事，是让大面积的时光通体流过而无须阻拦的时刻，什么事也不能干，就让它通过。这让我想起了伽达默尔在《存在·精神·上帝》中道出的思想实质："所谓思想，就是在思想中工作。因为思想的激情令他震颤，如同受着凌驾在他之上的暴力的胁迫和一个被果敢地提出的问题的激发一样。"

但，思想是一件需要放弃"用力"的工作。思想是一种富有意味的慢。有时，"比缓慢更缓慢"。

卡夫卡日记里有很多断片，洛特雷阿蒙所呈现的多为断片（法国诗人蓬热说："打开洛特雷阿蒙，整个文学便像一把雨伞般翻转过来，合上他，一切又立即恢复正常。"），佩索阿的《不安之书》也是断片，准确诠释了随笔主义的峰回路转。再如钟鸣的《徒步者随录》，梁小斌的《梁小斌如是说》《独自成俑》，刘恪《词语诗学·复眼》和《词语诗学·空声》，张炜的众多随记，均是汉语断片的典范之作。

我们看到思想之流连续不断。但事实却非如此。我们将会发现，每两个思想之间都有间隙。当过去的思想过去了，而未来的思想尚未开起时，你将发现当中有间隙，心性就在其中显露出来。因此，思想就是要让思缓慢下来，让间隙越来越明显。明显到一朵花盛开，凋谢，结果，然后，看着果实从枝头落下，慢镜头一样，落在间隙里，成为一棵草……这种对思之片刻的空前重视早就引起了前人的警惕，诗人瓦莱里就说："要什么样黄金般辉煌的时刻，才能补偿因失去片刻光阴而产生的痛苦？"形成思想的过程是间隙、断片而飘零的，间隙使之得以畅流，断片使之完整，飘零使之有根。在若断若续的耦合中，弱力的构造开始用持续的忍耐力展开它强的一面。

这就意味着，最适合个人思想表达的文体，往往是断片式的，而非体系性、制度性的高头讲章。

按照 Leech（1975：188）的观点，词化是将某些语义成分"包合"在一起形成一个词，使之在句法上当作一个不可分割的整体来使用。进一步可以发现，遍布在断片文体当中的动词，加上不同的修饰语可以表达多种语义，语义具有极大的包容性。动词除了基本语义，一定还兼有某些附加语义，它们之间的横向缩略为词，在语义学中被称为"词化"。当然还有各种缩略语的词化方式。词化促使了隐喻文体的进一步凝聚与内陷。隐喻网络的一致性，构成了主体的象征。在我看来，词化程度越高的文体，就越能反映写作者精神的层次性。这些布局看起来有些像暗道机关，识门径者幡然抵达，闲人止步。构成了一种敞开、分岔、清晰、迷惘的格局。但走出米诺斯迷宫的丝线，却是强韧的理性。

在我看来，如果说断片文体的弱项，恐在于递出思想的刃口之后，却无法展示思想的起承转合，结论陡峭而尖利，易授人以柄。但退后一步想想，大凡极具冲击力的思想，矫枉过正，总有些"偏激"——这话，又往往是中庸之辈竭力把芝麻放大为西瓜并企图绞杀异端的习惯性证词。

在此，我无意再做繁琐的分析了。我提出这些问题，目的在于提示随笔主义在汉语中的文体意识还将进一步丰满和强化。它将受到文体规律和实践的双重左右，以一种不断嬗变的态势，趋近思想的说出、落地生根和圆成。

这样的随笔会斜睨纤细的散文，会反对宏大叙事，会反对大词写作，会反对制度性散文。这样的随笔没有武器，如果非要自卫的话，那就是随笔中的断片。

这样，我心目中的随笔主义逐渐就清晰了——

它的价值立场是高扬理性自由的。在前行过程中尽管有无限的可能，但关注每一个可能就是打通靠近自由的路途。

它的文体意识具有试验精神，具有不确定的文体特征。断片是思想的犁沟，构成一种逶迤放射的隐喻文体。

无须架空形象来梳理思想。把理念还给思想，让理念流动在思想之中。

鉴于随笔的主题私人性、结构随意性、感情亲和性，就无须回避在思想演绎过程中对情绪的接纳。

我在蜀地的言路

多年以来，我的随笔写作偏重思想言路。是置身个人生活深处的回顾与探幽，我在个体的、碎裂的、独木难支的思考中，写下的文字，如果它们是一地的碎片，拼合起来的光，注定要大于一块镜子的光学时空。

但博尔赫斯好像这样说过："左右相反的鸟在镜中离去。"

有时，看看周围风起云涌的文学党人，还在忘情修造一些走向空中的巴别塔，但他们的装修策略过于简单，一些取自海德格尔魔下的诸种词句，墙体的瓷砖拼贴，塔身在低云的掩护下，得到了遁词般的呵护。想起来，他们既然无法向叶芝那样独守巴里里塔，把头颅埋入星群和回忆，那就不妨听听诗人杨炼的话，可能更接近现实：他的塔是向下修筑的，一级级通向地心深处。

2009年5月中旬的某个上午，突降暴雨，我在诗人、收藏家钟鸣家听他谈蜀玉文化。雷鸣电闪中，他高亢的语流擦亮一屋子的古物，硬玉闪出诡异之光。镌刻在玉刀、玉斧上的古蜀文字，张开翅膀。

我注意到，蜀人的祖先鱼凫，以打鱼为生，后来杜宇教会老百姓耕作种桑，古蜀国进入农耕社会。而三星堆的发现，将古蜀国的历史延伸到5000 年前。

请注意《韩非子·说林》的一段话："鳝似蛇，蚕似蠋。人见蛇则惊骇，见蠋则毛起。然而妇人拾蚕，渔者握鳝，利之所在，则忘其所恶，皆为贲诸。"蚕是益虫，蜀是毒虫；蚕、鳝鱼是善良的，蜀、蛇则是恶毒的；蚕代表中原主流的农耕性、编织性的主流文化，蜀则是西南一翼特立独行的祭祀性、消解性文化。

孔颖达疏《尔雅》说："虫之孤独者蜀，山之孤独者亦名蜀也。"这里的"虫"并非指蚕，而是指与蚕相似的一种毒野虫。其意由《尔雅·释山》引申而来："大山山亘，属者峄，独者蜀。"意为孤独之山谓之蜀山。蜀人呼"一"为"蜀"，汉代蜀地大学者扬雄《方言》说："一，蜀也，南雄谓之独。"所谓："一者，道也。"想到这里，我有点开悟了。

蜀地古来就是与中原相对峙的吗？就像一个人在对峙一个积累深厚的奥吉亚斯牛圈，就像蚩尤的脑袋被主流者砍下来，球一样踢。

思想必须在具体时空当中进行，"发生"一词在英文里作 take place，意思就是"找一处地方"。是的，我只是在几千年之后的蜀地之上工作、生活、写作，但是我逐渐清晰地意识到，放弃全部的个性，让一个人面容模糊，成为一个思想者，让思想成为了自己的影子内阁，如同一棵树，回到了火柴盒，它只能想象、只能预测自己举起火的时刻。

我想到了汉语当代文学里的一种命名现象：文学人总是喜欢从西方哲学那里借鉴术语，然后予以翻新处理。其实，无论加入了怎样的修饰，甚至与原初定义南辕北辙，但总难以摆脱错位的宿命。1955 年 8 月海德格尔在法国诺曼底所作的《什么是哲学》的讲演中，老海指出："如果我们用希腊耳朵听到一个希腊词语，我们就会追踪它的 Legein（说话），它所说的直接的、当下的显现。它所显现的乃是当下存在于我们面前的东西。通过可以听见的希腊词语，我们直接处在事物本身的在场之中，而不是首先处在纯粹的词语——符号的在场之中。"这还进一步意味着，你用汉语文学的耳朵贴近海德格尔的贝壳，存在贝壳、在场贝壳、诗意贝壳、栖居贝壳，听到的未必是大海的涛声，而多半是自己耳朵里的嗡嗡声——记得几年前，美尼尔氏综合征就这样困扰我的耳朵。

我们是不是可以像穆齐尔那样，从文学现实、而非通过异己的耳朵来厘定自己的思想向度？

所以，对我而言，远没有诗人雪莱《西风颂》中"冬天来了，春天还会远吗"的昂扬乐观，因为，有很多人是没有春天的；我也没有像波伏娃在《人总是要死的》当中体现出来的那种生死观，那个得到永生的、经历了欧洲六百年风云的人物——雷蒙·福斯卡，他在漫长的生涯中明白了永生乃是一种天罚。既然如此，死固然是一种解脱，那么活着，活着思考，就是我热爱的工作。

最后一点，如果一个巨大的意外命令我终止自己的工作的话，因无法抗拒，我也会终止。我会想起"和光同尘"的气息。

使事物变得熟悉起来并不困难，困难的是：要能够让熟悉的事物再度陌生。就如同我向落日举行柔术一般的鞠躬，然后从胯下看出去，就发现那些巍然的巴别塔，顶着一个球，塔居然是向下修筑的，一级级通向大地的黑暗……

2009 年 6 月 6 日九眼桥，7 月 2 日改定

图书在版编目（CIP）数据

倒读与反写 / 蒋蓝　著 . — 北京：东方出版社，2013.9
（生命呼吸·当代散文名家丛书）
ISBN 978-7-5060-6502-3

Ⅰ . ①倒…　Ⅱ . ①蒋…　Ⅲ . ①散文集—中国—当代　Ⅳ . ①I267

中国版本图书馆 CIP 数据核字 (2013) 第 151346 号

倒读与反写
（DAODU YU FANXIE）

作　　　者：蒋　蓝
策　　　划：张　杰
责任编辑：姬　利　　王丽娜
特约编辑：哈　曼
书籍设计：张志伟　　知墨春秋设计工作室
出　　　版：东方出版社
发　　　行：人民东方出版传媒有限公司
地　　　址：北京市东城区朝阳门内大街 166 号
邮政编码：100706
印　　　刷：环球印刷（北京）有限公司
版　　　次：2013 年 10 月第 1 版
印　　　次：2013 年 10 月第 1 次印刷
印　　　数：1—6000 册
开　　　本：710 毫米 ×1000 毫米　1/16
印　　　张：15.5
字　　　数：210 千字
书　　　号：ISBN 978-7-5060-6502-3

发行电话：(010)65210056　65210060　65210062　65210063

www.ingramcontent.com/pod-product-compliance
Lightning Source LLC
Chambersburg PA
CBHW070524100726
47907CB00004B/972